세상을 향해 쏜 노인의 물총

세상을 향해 쏜 노인의 물총

김진규 지음

새녘

차례

서문

우리처럼 한 평생 산을 의지하고 살아가는 사람들에게
산은 단순한 자연이 아니다.
산은 곧 커다란 생명체요 시들지 않는 영원한 품 속이다.
산에는 꽃이 피고 꽃이 지는 일만이 아니라
거기에는 시가 있고, 음악이 있고, 사상이 있고, 종교가 있다.
인류의 위대한 사상이나 종교가
벽돌과 시멘트로 된 교실에서가 아니라
때 묻지 않은 자연의 숲 속에서 움텄다는 사실을
우리는 상기할 필요가 있다.

– 법정스님 〈물소리 바람소리〉 중에서…

얼마 전 작고한 법정스님의 책에서 읽은 한 토막처럼 나도 한 평생을 신문과 펜을 의지하고 살아왔다. 나 역시도 나의 기사 한 줄에 시와 음악과 사상과 종교를 담으려 노력했음을 자부하며 살아 왔으나 과연 법정스님처럼 부처님 앞에서 부끄럽지 않을 수 있을지는 모르겠다.

기자 시절에 일본의 한 거물 언론인의 책을 읽은 기억이 있다. 그는 책에서 "일생 동안 3권의 책을 쓰지 않는 언론인은 기자로서의 자격이 없다"라고 술회한 사실이 있다. 나는 이 이야기를 마음 속으로 금과옥조로 여기고 실천해 왔다. 그리고 언론인으로 종사하는 동안 매사에 비판의식이 강한 '시시비비是是非非'로 일관된 삶을 살았다. 이것이 사회부 출신 기자들 사이에서 '기자협회장 추천'으로 이어져 협회장을 역임한 계기가 되지 않았나 싶다.

이 책은 내가 40여 년간 언론계를 종사하고 정년퇴직한 후 네 번째로 펴내는 책이다.

이제는 인생의 황혼기에 접어든 때를 맞아 팔십 평생을 정리하는 글을 남기고 싶어 이 책을 펴내게 되었다. 특히 이 책은 노인이 되어 보는 세상살이의 이모저모를 내 느낌대로 펜이 가는 대로 써내려 간 것이다. 지혜로운 삶을 살고자 하는 후진들에게 조금이나마 도움이 됐으면 하는 바람이다.

2015년 초겨울 호수공원의 한 바람을 맞으며
김진규 씀

1부

나라 장래를 걱정하다

도처에서 명明과 암暗이 엇갈리고 있지만 그러면서도 명이 암보다는 조금 더 강한 나라. 한 구석은 썩어 문드러져 냄새가 물씬 나지만 다른 한편에선 선진先進의 새싹이 날이면 날마다 솟고 있는 나라.

매사에 걱정이 앞서는 노인들의 눈엔 정말 한국이 '걱정스런 나라'로 보이기도 하지만 그래서 오늘도 희망을 저버리지는 못한다.

세월이 흐르면서
당신의 몸은 걸어다니는 자서전이 되어서
친구나 낯선 사람에게
네 삶의 크고 작은 난관이 있었음을 말해 준다.

마릴린 퍼거슨

백봉白捧 흑봉론黑捧論

먼저 '백봉 흑봉론' 이 제목의 의미부터 풀어봐야겠다.

중국의 혁명지도자 모택동 이후 등소평이 등장하면서 '백묘白猫 흑묘黑猫론'을 제창해 지금도 중국 현대화를 향한 그의 집념이 많은 사람들의 입에 회자되고 있는 터여서 우리도 이 '백봉흑봉론白棒黑棒論'을 우리나라 선진화의 어엿한 한 방편으로 삼았으면 하는 것이다. 흰 고양이든 검은 고양이든 쥐만 잡으면 그만이라고 하듯이 우리나라의 경우도 선진화에 가장 장애가 되는 것이 '부정부패'같다. 이것을 삼제하는 데 백봉(깨끗한 몽둥이)이든 흑봉(더러운 몽둥이)이든 몽둥이의 성격을 가릴 때가 아닌 듯하여 감히 '백봉흑봉론'을 내세워보는 것이다. 더 쉽게 비유해서 말하면 미친개를 잡는데 깨끗한 몽둥이면 어떻고 더러운 몽둥이면 어떠냐를 생각해 보자는 것이다.

나는 요즘 신문과 TV 뉴스를 잘 보지 않는다. 정치판이고 뭐고 모두 도둑놈, 협잡꾼들의 뉴스뿐이니, 스트레스만 가중되어 노년이 편하지 않기 때문이다. 나는 우리나라가 선진국이 되려면 먼저 부정부패를 깡그리 척결해야 한다는 소신을 늘 굽히지 않고 있으며 이 점은 젊었을 때부터 꾸준히 강조해온 터이다.

대한민국 역사상 이 과업을 수행할 수 있는 기회가 한번은 있었다. 그게 바로 5.16 쿠데타이다. 지금도 이 쿠데타의 당위성에 대해서는 많은 학자들이 왈가왈부하고 있지만 "부정과 부패를 일소하고…"로 시작되는 공약만 제대로 이행되었더라면 다른 과오는 이에 묻힐 수도 있었을 것이다. 그러나 불행히도 이 공약은 워커힐 부정, 증권파동, 새나라 자동차 스캔들 등으로 시작된 군부 지도자들 스스로의 부패로 말미암아 공염불이 되고 말았다.

그후 전두환정권, 노태우정권 등에 이르면서 줄줄이 썩어 마침내는 대통령들 자신이 정권이 바뀌면서 오랏줄에 묶이는 수모를 겪지 않았던가. 문민정부, 민간정부가 들어선 후에도 각계의 부패, 특히 숱한 공직의 부패를 그때그때 과감히 척결하기란 여간 어려운 과제가 아니게 돼 버렸다. 현 정권 역시 현직 공직자의 부패를 과감히 수술하는 데 다소 힘이 부치는 면도 없지는 않을 줄로 안다. 그러나 그렇다고 방임할 수는 없는 일이다.

정권이 바뀌면 전 정권의 비리를 들춰내는 수사가 더러 이뤄지지만, 언제나 전 정권 측에서는 '표적수사'니 '보복수사'니 하고 시비를 걸며 제동을 걸어온다.

표적수사든 보복수사든 간에 깨끗한 몽둥이든 더러운 몽둥이든 간에 '부패'는 뒤늦게라도 척결해 나가야 언젠가는 우리도 '깨끗한 공직', '선진 한국'을 이룰 수 있을 것 같은 희망을 가져보지 않겠는가. 이것이 내일을 생각하는 다수 국민의 마음일 것으로 나는 믿는다.

손자가 왜 조부모를 죽였을까?

대학 휴학 중이던 손자가 70대의 조부모를 무참히 살해한 사건이 보도됐다. 여러 미디어의 기사 내용은 사건 발생만 보도했지, 사건이 일어난 원인에 대해서는 소상히 밝히지 않았다. 각 신문을 훑어봐도 모두가 수박 겉핥기식이다.

조부모는 가해 학생 부모와 약 1킬로 쯤 떨어진 곳에서 따로 살았고, 평소 고부姑婦간에 사이가 좋지 않았으며, 최근에 손자의 이성교제를 반대한 것 등이 사건 전말의 전부이다.

이 사건에 대해 노인들이 특별히 관심을 갖는 것은 '나의 손자 사랑에 혹시 잘못된 점이 없는가?'를 반추해보고 싶어서이다. 그런데 여러 신문을 훑어봐도 왜 손자가 조부모를 그토록 무참히 죽일 만큼 원한을 가졌는지에 관해서는 명확한 취재가 되어 있지 않다. 많은 할아버지 할머니들은 이 점이 궁금한 것이다.

통상 우리네 집안을 돌아보건대 고부간에 사이가 나쁜 경우는 왕왕 있다. 그래서 손자가 엄마 편을 들어 평소 엄마를 괴롭히던 할머니에게 나쁜 감정을 가질 수는 있을 것이다. 그렇더라도 이것은 할머니에 한한 것이지 할아버지를 싸잡아 죽이고 싶은 마음을 먹은 동인이 됐다고 보기는 어렵다. 최근에 조부모가 자기의 이성교제에 대해 반대한다는 말을 엄마한테서 자주 들어 그 화풀이를 했다고 보기에도 얼른 수긍이 가지 않는다.

이런저런 사유에 대해서는 가정에 따라 정도의 차이가 있으니 한마디로 말하기는 어렵다. 다만 대체적으로 보아 고부간에 갈등이 있는 것은 십중팔구 시어머니의 고루함과 무지無智 탓이라 하여도 과히 틀리지 않을 것이다.

현대의 할아버지 할머니가 손자를 어떻게 사랑하고 양육에 관여하느냐 하는 문제는 가정마다 다를 수 있을 것이다. 이 점에 관한 나의 사견私見은 이렇다.

손자는 아들의 자식이다. 그러니 구체적인 성장 · 양육 과정은 전적으로 자식들의 몫이고, 할아버지 할머니는 적당한 선에서 내리사랑만 하면 되지 않을까 싶다. 손자에 관한 속담에 '와서 좋고, 가서 좋고'라는 말이 있다. 어차피 끝까지 책임질 대상도 아닌 것을 가지고 사사건건 이러쿵저러쿵 하는 것은 현명하지 못하다는 생각이다. 그렇다고 이번에 참변을 당한 조부모가 그렇게 시시콜콜 간섭을 했는지의 여부는 보도가 허술해서 알 길이 없다.

이번 사건에 관한 도하 각 매체의 보도는 심층 상보(박스 해설물)가 없는 점에서 낙제이다. 이 패륜적 사건이 났다는 것보다는 '왜 이런 사건이 났는가?'를 널리 알려, 이것을 교훈 삼도록 해야 했기에 말이다. 이 점이 몹시 아쉽다. 이대로라면 손자에 대해 다소 반성하고 싶은 할아버지 할머니도 뭘 어떻게 반성해야 할지를 알 수가 없지 않는가?

고양이 목에 방울 달 사람?

부정부패 왕국으로 이름난 러시아의 한 도시에서 공직 투명도를 높이기 위한 방안으로 "공무원의 뇌물수수 사건을 신고하면 4200만원(우리 돈)의 포상금을 주기로 했다"는 외신보도가 전해졌다. 이 보도에 따르면 올 상반기의 러시아 공직자 뇌물사건은 지난해보다 10%가 더 늘어서 부패관료가 챙기는 돈이 한해 정부예산의 3분의 1과 맞먹는 1200억 달러에 이른다는 것이다.

국제투명기구가 발표한 부패지수에서도 러시아는 세계 179국 중 143위로 최하위권이라고 한다. 그래서 러시아는 메드 베데프 대통령 취임 이후 부패와의 전쟁을 선포하고 정부 산하에 '반부패 특별위원회'를 만들어서 내년부터 이 기구를 본격 가동할 태세다. 이웃 중국도 공직자의 부정부패에 관해서는 러시아에 못지 않다. 관료들의 부정부패는 대체로 '독재국가'에서 그 빛을 발하게 마련이다. 관료들이 통치자 한 사람의 비위만 맞추면 국민이야 잘살던 못살던 상관하지 않아도 되니까 말이다. 이 점에서는 우리나라도 크게 예외는 아니다.

5.16 쿠데타 이후 30여 년 간의 군사독재 시절에 부정부패는

깊이 뿌리를 내려서 지금도 그 후유증이 곳곳에서 고개를 내밀고 있다. 우리의 현재가 일당독재국가는 아니나 과거에 해먹던 공직자들의 행태, 그리고 민원인의 못된 관행은 현재도 사라지지 않고 있는 것이 현실이다.

우리나라가 지금 국민소득이 어떻고, 무역수지가 어떻고 하면서 세계 10위권의 '준 선진국' 행세를 하지만 정치인을 포함한 전체 공직자들의 부정부패 관행이 사라지지 않는 한 선진국에의 도약은 어렵다 할 것이다. 물이 새는 양동이에 아무리 물을 담아봤자 고일 리는 만무하다. 우리도 한시 바삐 '부정부패 척결기구'를 법제화하고 고발인을 광범하게 포상하는 등 범국민적으로 밀고 나가지 않으면 '부정부패의 일소', '국민간의 대화합'은 요원하다 할 것이다.

누군가가 과감히 나서서, 고양이 목(공직자)에 방울을 달아야 한다. 이 역할은 현직 대통령이 훨씬 하기 쉽다. 다음 대통령 후보자가 선거공약으로 내세우는 것보다 결단하기가 용이하기 때문이다. 우선 공직자들의 물밑 저항을 덜 받을 테니까 말이다. 단 그 입법화 과정에서 이 특별법은 언제부터 시행하되 그 이전의 범죄는 묻지 않는다는 단서를 다는 게 순리일 것이다. 우리나라의 백년대계를 위해 작심하고 고양이 목에 방울을 달 사람, 그런 위업을 이룩할 지도자는 정녕 없는 것일까?

병역비리를 없애는 길

병역兵役비리 사건이 우리 사회에선 연중행사처럼 터져 나온다. 어느새 병역비리 쯤은 당연히 있는 만성 관행으로 자리를 잡은 느낌이다. 병역기피의 수법도 날로 지능화되어 수사의 손길이 미치기가 여간 어렵지 않다. 멀쩡한 어깨를 병역기피의 수단으로 수술할 정도면 이들의 인식을 '헌법상의 신성한 병역의무' 따위로 설득할 때는 벌써 지났다고 본다.

그럼 우리사회에서 병역의무를 기어코 면해야겠다고 생각하는 사람들은 대체 어떤 부류인가? 적어도 여태까지는 이른바 정부고위층, 사회지도층, 부유층 인사들의 자제, 연예인, 운동선수 등이 그 주축을 이뤘었다. 이유는 있다. 첫째 "남들이 간다고 '내 자식'마저 보낼 수는 없다. 훈련도 받고, 기합도 받고, 잘못하면 총기사고도 발생하는 그런 위험한 곳에 '내 자식'을 보낼 수는 없다"고 생각하는 일부 인사들의 발상이 문제다. 둘째 연예인, 운동선수 등은 활동수명이 중요한 시기에 2년을 "군대 가서 썩을 수는 없다"고 생각한다. 적어도 여태까지 병역문제로 사회를 어지럽힌 부류는 크게 보아 이들 두 계층이었다. 그렇다고 그동안 정부가 무슨 뾰족한 방안을 내놨나 하면 그런 것도 아니다. 매스컴에서 조금 떠들다가 잠잠해지면 그것으로 사건은 잊혀지곤 했다.

정부가 정말 이 문제만은 기어코 뿌리 뽑겠다면 길은 있다. 관계 전문가들이 모여서 병역복무를 하지 않고는 고위공직과 공공단체장, 대학교수 등의 자리에 오르지 못하도록 하는 입법을 만들 필요가 절실하다고 본다. 최근에도 정부 고위공직자 10여 명의 아들들이 미국서 출생해 이중국적을 갖고 있다가 병역의무를 벗어나기 위해 한국 국적을 포기하고 미국으로 유학간 사실이 들통 났다.

우리에겐 '노블리스 오블리주'의 전통이 없다. 아니 이와는 반대로 전쟁이 나면 고위층이나 부유층 자제들은 이리저리 피하고 서민들만 맨발로, 맨손으로 적을 막은 역사가 고스란히 남아 있다. 임진왜란 때도 그랬고, 6.25 동란 때도 그랬다. 좋은 것은 양반이나 고위층 부유층이 맡아서 하고 거추장스런 것은 서민 자식들의 몫이 아니던가 말이다.

이제는 세상이 많이 바뀌었다. 위정자의 결심 여하에 따라 병역을 앞다퉈 필하겠다고 나설 길을 찾아낼 수도 있다고 본다. 병역 실역實役을 필하지 않으면 정부고위 공직, 대학교수 등의 자리에 오르지 못하게 하는 법률을 제정한다면 지도층, 고위층의 자제들은 거꾸로 "병역복무를 필하게 해 달라"는 청탁을 병무청에 하게 될 지도 모른다.

"하지 말라, 하지 말라"고 할 것이 아니라 "안하면 이런저런 불이익이 있다"고 해 봐라. 짧은 시간 안에 병역비리는 말끔히 사라지고 오히려 '현역 복무'를 부탁하는 역현상이 벌어질 것이다. 이것이 현 한국사회의 얄팍한 속성이다. 요컨대 위정자의 실천의지가 문제이다.

농자천하지대봉農者天下之大鳳

옛부터 '농자천하지대본農者天下之大本'이라는 말이 전해온다. 우리의 조상들은 추석이나 설날이면 북과 꽹과리를 치고, 동리 안팎을 돌며 주민의 결속을 다지고 풍년을 기약하곤 했다. 그야말로 서민들의 애환이 담긴 민속으로, 지금까지 그 전통이 면면히 이어져 오고 있다. 그런데 이 '농자천하지대본'이라는 말이 언제부터인가 '농자천하지대봉'이라는 말로 비하되어 농민들의 가슴을 아프게 하고 있다. 기실 농자천하지대본이라는 말은 옛날 왕조 때 양반 귀족들이 자기들은 농사를 안 지으면서 토지는 잔뜩 소유하여 비싼 소작료를 받아 챙기는 대신에 농민들에게는 '농자천하지대본'이란 말로 그 긍지(?)를 일깨우곤 해왔던 것이 아닌가.

그러나 요즘은 이른바 '산업화시대'니 뭐니 하여, 그리고 WTO, FTA 등의 시속 흐름에 따라 외국의 값싼 농산물이 마구 들어오고 농촌의 젊은이들은 도시로 일자리를 찾아 떠나곤 하여 형편이 말이 아니다. 한때는 경작 농민들을 위해 정부가 마련한 '직불금제도'를 농사를 안 짓는 도시 화이트컬러, 그 가운데서도 고급 공무원들이 챙겨가는 사례가 감사원 감사로 드러나서 세상을 들끓게 했었다.

이래저래 시골서는 아기들의 울음소리를 못 들은지 오래 됐고, 더구나 요즘은 정부의 미지근한 농촌대책 때문에 작물이 잘 되면 값이 떨어져 걱정, 못 되면 못 되는대로 소득을 얻지 못해 걱정이다. 작금에 배추 풍년이 되자 배춧값이 형편없이 떨어져서 농민들이 운반비도 안 나온다며 숫제 배추밭을 트랙터로 갈아엎는 일이 보도되기도 했었다. 뭐가 '농자천하지대본'인가? 이 말은 자고로 양반 벼슬아치들이 고달픈 농민의 심정을 달래는 수사修辭에 지나지 않았던 것이다.

농민을 위한다는 농협도 그들 임직원 스스로를 위해 살아온 지 오래되었다. 그러니 오늘날 '농자천하지대봉'이라는 자조自嘲가 세상에 공공연히 나돌고 있는 것이 아닌가. 그렇다고 농민들이 자신의 일을 위정자나 국회에 맡겨두고 하늘만 쳐다볼 일은 더더욱 아니다. "하늘도 스스로 돕는 자를 돕는다"는 격언이 있다. 다소 늦은 감은 있지만 이제부터라도 농민의 일은 농민들이 스스로 목소리를 높이는 길 밖에 달리 방도가 없을 성 싶다.

세상이 우째 이리 더럽노?

산에 가면 온통 산이 아름답다. 공기가 청정하고, 물도 맑고, 인심도 훈훈함을 느낄 때가 많다. 산도 우리 땅이요, 도시도 우리 땅인데 도시 사람들이 사는 속세는 우째 이리 더러운지 모르겠다. 나는 일찍부터 아이들에게 "의롭지 않은 돈을 손대지 말라"고 누누이 가르쳐왔다. 물론 나도 현역시절에 그렇게 살아왔다고 자부한다. 그런데 요즘 세상은 어디를 가나 온통 구정물통 같다.

뉴스를 보면 온 세상이 흙탕물에 뒤범벅이 돼 있다. 처음이 안 보이고 끝이 보이지 않는다. 국민들이 여야의 정치판을 불신한 지는 오래됐고, 공기업은 공기업대로 썩어문드러진 지가 오래이다. 그러니 사私기업은 사기업대로 갖은 편법과 불법을 동원하여 자기네 잇속 챙기기에 바쁘다. 그렇게 못하는 자가 바보 같은 세태다. 일전 이명박 대통령은 국민을 향한 연설에서 '공정公正한 사회'를 역설했다. 그래서 무엇이 달라지려 하는가? '부패척결위원회' 같은 무슨 별다른 기구라도 움트고 있는가?

지금은 그렇다 치자. 하다못해 다음 대통령 선거에서는 희망의 싹이 보일까? 지금으로서는 여야는 물론 각계의 위아래가 다 썩어 '과감한 대수술'을 하기 전에는 가망이 없어 보인다. 그건 그렇다 치자. 행정부처의 최고책임자인 '장관'의 위상은 어떤가? 근래에 30살된 딸로부터 '친자확인소송'을 당한 현직 장관이 있었다. 1심에서는 피고인 장관 아버지가 DNA 검사에 응하지 않아 패소하여 항소심에 계류 중이다. 그런데 재판부에서 다시 DNA 검사를 하려고 하자 이번에는 일본으로 출장을 핑계로 도피했다고 한다. 개인으로서야 30년 전의 일을 이제와서 고백할 수도 없는 사정이 있을지 모르겠다. 그렇더라도 이런 혐의를 가진 사람이 계속 장관 자리에 앉아 공무를 봐도 아무 탈이 없는 것일까? 국민들은 이런 사람이 버젓이 장관 자리에 앉아 있는 모습을 곱게 볼 리가 없다. 오히려 해괴하다고 해야 옳을 것이다.

이런 비상식, 이런 파렴치가 공공연히 통용되는 사회를 누가 공정한 사회라 하겠는가? 지금도 기업의 부정을 털다보면 그에 연관된 정치인들이 고구마넝쿨처럼 엮이어 나온다. 확정 판결이 날 때까지는 무죄로 추정하는 법리를 존중해서인가? 고위공직자는 얼마만한 중죄를 저질러야 철퇴를 받게 되는 것일까?

공기업인 '서울메트로'를 한번 예로 들어볼까. 내가 알기로는 서울메트로도 적자가 이만저만 아니라고 하던데 요즘의 서울메트로는 매일같이 공사판이다. 멀쩡한 1층 계단을 에스컬레이터로 바꾸고 겨울 온풍장치를 전체 승강장에 설치하고 공기청정기를 군데군데 배치한다는 등 시민의 눈에 보이는 것만 해도 큰 돈 드는 공사가 수두룩하다.

이 모두가 이용 시민을 위한 것이라면 할 말은 없다. 만약 이것이 개인기업이라면 기업이 빚이 잔뜩인데도 오직 이용고객을 위해서 이런저런 편의를 모두 시행할 수 있겠는가? 속이 훤히 들여다보인다. 오늘 우리의 공직사회, 정치사회 이 모두가 국민을 위한다기보다는 그 핑계로 자기네들 잇속 챙기기에 바쁜 것 같아 안타깝다. 다른 나라의 예로 보면 오랜 군사독재에 시달려 부패했다가도 민정으로 돌아서면서 이런저런 참신한 지도자가 나와서 부패를 척결하곤 하던데.

고위공직자 재산공개 왜 하나?

해마다 공직자윤리위원회가 고위공직자들의 등록재산을 공개한다. 올해도 어김없이 공개는 됐다. 그런데 "이렇게 할 바엔 아예 하지말지, 왜 섣불리 건드려 위화감違和感만 조성하느냐?"는 목소리도 적지 않다. 며칠 전에 발표된 공개내용을 보면 "국회의원은 4명 중 3명꼴로 지난해에 비해 재산이 늘었다"는 등등 일반 서민들이 보기엔 꼭 약오르기에 알맞다. 언제 재산신고 잘못했다고 처벌 받은 사람이 있는가? 언제 재산신고 누락했다고 인사에 불이익을 받은 공직자가 있는가?

최근 국세청 그림로비 의혹사건에서 보듯이 상류층에서는 그림과 같은 고가의 미술품들이 오히려 주요한 뇌물(재산)로 둔갑하고 있는 성향마저 없지 않다. 고위공직자들의 재산등록대상에 엄연히 고가의 미술품이 포함돼 있는데도 실제로 재산으로 신고되는 경우는 찾아보기가 어렵기에 하는 말이다. 관련 부처에서는 고위공직자의 집을 일일이 찾아다니며 확인하지 않는 이상 미술품과 같은 재산의 신고누락을 적발할 방법이 없다고 말한다. 이 바람에 최근엔 허술한 고위공직자 재산신고 제도가 뇌물을 양산하는 또 다른 형태가 돼버렸다는 주장도 제기되고 있다. 그렇다고 해서 동산 · 부동산 등에 대한 재산신고가 정확히 이뤄지고 있느냐 하면 그런 것도 아니다. 이토록 고위공직자의 재산공개가 허술하게 이뤄지고 있는 것은 '있으나마나'한 처벌 규정에 그 원인이 있다고 전문가들은 지적한다.

현행 규정상으로는 재산을 누락해서 신고한 사실이 발견되면 공직자윤리위에서 소속 부처에 해당 공직자에 대한 징계나 해임을 요구할 수 있고, 더 나아가서는 수사까지 의뢰할 수 있게 돼 있지만 실제로 징계까지 이어진 경우는 거의 없다. 오히려 피부양자가 아니면 재산공개를 거부할 수 있도록 한 규정 등이 공직자 재산공개제도의 엄연한 허점이라고 지적하는 사람도 있다.

고위공직자의 이런저런 재산공개 소식이 뉴스로 나올 때마다 일반 서민들은 "도둑질은 높은 놈들이 다 해먹고" 하며 개탄하기가 일쑤다. 일반 시민의 위화감만 조성했지, 국민화합 내지 부패척결에는 전혀 도움이 되지 않는다고 힐난하는 소리가 여기저기서 들려온다. 이렇게 눈 가리고 아웅하는 식으로 할 바엔 차라리 하지 말던지, 하려면 제대로 하던지 하라는 말이다.

속물俗物들아, 놓아라! 놓아버려라!

지금부터 내가 쓰는 이 글은 어렴풋한 그 뭔가로부터 계시啓示를 받은 것이다. 두서가 없을지는 몰라도 모두가 진실에 입각한 '무서운 얘기'임을 먼저 밝혀둔다.

속물들아, 놓아라! 안 놓으면 네가 망하고, 종내는 나라가 망한다.

정치속물들아! 탐욕에서 벗어나라. 권세와 재물과 명예, 이런 것에서 벗어나라. 멀리 볼 것도 없다. 그 카리스마 넘치던 이승만李承晩 자유당 정권의 허망한 패망을 보지 않았느냐? 약삭빠른 정치政治는 민심民心을 잡지 못한다. 천심天心은 더더욱 못잡는다. 역사가 이를 가르쳐주고 있는데도 그렇게 모르냐? 안보이냐?

경제인들아! 이 돈에 찌든 속물들아! 돈이면 다 될 것 같지? 권력도 마구 쥐고 흔들 것 같지? 천년만년 살 것 같지? 아니야! 진실을 바탕에 두어야 된다. 옛날부터 "부자가 삼대三代를 못간다"는 말이 있다. 지금은 '기업'의 형태로 천년만년 갈 것 같지? 아니야, 허망한 거야. 역사를 통해 뭘 배웠나.

법조인들아! 너희들은 스스로 고고한 척 하지? 명예와 권세를 한 몸에 다 지닌 듯하지? 이미 썩어 문드러진 것을 세상은 알고 있다네. 너희들만 이걸 모르지? 무전유죄 유전무죄無錢有罪 有錢無罪, 이보다 더 실감나게 법조계를 대변하고 있는 말이 어디 있어? 세상은 너희들 속을 모르는 줄 알지? 다 알아! 간혹 '양심의 소리'가 나오기는 하더라마는… 쯧쯧.

교육자들아! 너희들은 옛날부터 고고한 처만 하지? 사람들은 다 알아. 왜 대학등록금이 천정부지로 오르고 있는지를. 옛날에는 덕망이 높은 인격자가 사학私學의 총장, 학장 노릇을 했지. 그런데 요즘은 흡사 대기업의 CEO처럼 이윤 많이 내는 사람이 장땡이야. 쯧쯧, 이러니 교육계가 썩을 수밖에.

공직, 공기업, 사회도 썩을 대로 다 썩었다. 고리古里 원자로 발전소에서 과거 10년 동안 가짜 인정서류로 통과한 부품을 납품 받아오다가 적발됐다지. 그것도 자체 감사가 아니라 퇴직한 전 직원의 고발로 말이다. 정부예산을 공직자끼리 또는 업자들과 내통하여 필요 · 불필요를 가리지 않고 마구 해먹는 사실이 곳곳에서 들통이 나고 있다. 이것도 수법이 서툴고 뒷심이 약한 작자들한테서 말이다.

묻지마 범죄, 세상에선 모르는 사람에게 이유 없이 칼을 휘두르는 등의 행태를 두고 이렇게 말하지. 실은 보편적 복지가 아직 이루어지지 않은 미국과 일본에서도 우리보다 잘 사는 만큼, 그만큼 더 많은 묻지마 범죄가 횡행하고 있다. 우리가 정치 사회 일반을 이들 '선진국'을 본뜨고 있으니 그럴 수밖에.

요즘 나에게는 전직 언론인을 대우해서인지 KBS로부터 시시콜콜한 뉴스까지 문자로 날아온다. 이런 것은 하나도 반갑지 않다. 진짜 두렵고 궁금한 것은 이북以北의 동정動靜이다. '부자 몸조심'이라지만 언제 어떤 형태로 우리를 엄습해올지 모르는 적敵을 우리는 눈앞에, 코앞에 두고 있다. 지금 남한의 제반 형편으로 미뤄볼 때 실로 겁나는 것은 북한의 움직임이다.

중국中國의 모택동 공산당 정권에 무너진 장개석 정권, 호지명 공산정권에 무너진 자유월남自由越南. 이 두 정권이 이른바 '빨갱이들' 손에 넘어간 것은 순전히 '부패' 때문이다. 이 점은 한결같다. 장개석 정권 때의 군 부패상을 한 가지만 얘기해볼까. 공산당 첩자가 장개석 정권의 일선 사단장에게 접근하여 사단장과 사단의 무기武器 일체에 관해 상담商談을 하여 합의가 되면 모일 모시를 정해 사단 전 병력을 무장해제한 채 산지山地로 구보를 시키고 그 사이에 사단의 각종 무기를 털어가게 했다는 것이다. 절치부심한 장개석은 대만臺灣으로 피난 나와 "부정부패를 일소하리라"고 굳게 마음먹고, 1차로 밀수와 관련된 둘째 며느리를 공개 처형하기도 했다. 그렇게 해서 한때는 대만이 부정부패가 없는 나라의 상징처럼 보이기도 했으나 세월이 흐른 지금은 '도로 아미타불'이 되고 있다는 전언이다.

우리에게 참으로 무서운 것은 북한의 마수魔手다. 지금은 북한의 인권, 살림살이가 최악의 경지여서 그렇지 조금만 나아지면 우리를 넘보게 마련이다. 물론 '지금은 아직'이나 우리 주변의 부정부패가 어느날 도를 넘으면 우리가 언필층 주장하는 흡수통일을 비웃으며 남반부 적화赤化의 야욕을 드러낼 것임을 한시도 잊지 말아야 한다.

우리 사회는 지금 천지도 모르고 '깨춤'을 추고 있는 것은 아닌지 적이 염려된다. 우리가 자칫 마음 다지기를 소홀히 하고, 물질에 취하여, 재물에 취하여 덤벙대는 사이에 북한의 마수가 어느덧 뻗쳐옴을 한시도 잊지 말아야 할 것이다.

윗물이 맑아야 아랫물이 맑지

흥사단 투명사회운동본부가 최근 수도권의 초중고교생 각각 2천 명을 대상으로 윤리의식을 설문조사한 결과에 고교생 10명 중 4명 이상이 "10억 원이 생긴다면 잘못을 하고 1년 정도 감옥에 가도 괜찮다"고 응답한 것으로 나타났다. 정말 충격적이다.

10억 원이 생긴다면 1년간 감옥행도 무릅쓰겠다는 응답자의 비율은 고교생의 경우 44%에 달했고, 중학생은 28%를 차지했으며, 초등생 중에서도 12%나 같은 대답을 했다는 것이다. 가치관이 형성되기 전인 어린 학생들 사이에서도 물질만능주의가 팽배해 있다는 얘기가 아닌가?

학생들의 응답을 바탕으로 '정직正直지수'를 산출한 결과 초등생 85점, 중학생 75점, 고교생 67점으로 학년이 높을수록 윤리의식은 더 낮아지는 것으로 조사됐다.

문항별로 보면 "남의 물건을 주워서 내가 가져도 괜찮다"고 생각하는 비율은 초등생 36%, 중학생 51%, 고교생 62%였다고 한다. 사이버 공간에서의 부정행위에 대한 인식 역시 학년이 높을수록 급격히 악화되는 양상을 보였다고 한다. 전반적으로 가정에서의 정직지수가 학교나 친구 등 다른 공간에 비해 상대적으로 낮았고, 고교생은 그 차이가 더욱 두드러졌다는 것이다.

이런 조사결과에 대해 흥사단 관계자는 "학년이 올라갈수록 부모가 성적 위주로 학생을 교육하는 바람에, 가정에서 올바른 도덕적 인격형성이 이루어지지 못한 탓으로 보인다"고 분석했다. 교육을 받을수록 도덕적 가치관이 확립되고 윤리의식이 높아져야만 하는데 현실은 그 반대라는 사실이 정말 안타깝다. 이런 조사결과는 서울, 경기, 인천 지역에 거주하는 학생들을 대상으로 이뤄졌다고는 하지만 전국으로 따져도 별 차이는 없을 듯하다.

세상이 어찌 돌아간다는 뜻인가. 자라나는 초중고 학생들의 사고思考가 이럴진대 우리의 앞날이 암담하다는 생각을 지울 수가 없다. 하기야 이들 청소년이 오늘의 부모한테서 무엇을 배우겠는가? 우리나라의 장래를 위해 심히 곤혹스러운 일이라 할 것이다. 그러니 어쩌겠는가? 학교에서의 도덕교육을 보다 강화하는 등 대책이 시급하다는 생각이 앞선다. 정말, 이건 아닌데 싶다.

'국민과 기업', '국민과 정부' 사이가 너무 멀다

민주사회란 '국민과 정부' 그리고 '국민과 기업' 사이가 가까운 사회를 말한다. 그런데 오늘의 우리 사회는 국민과 정부, 그리고 국민과 기업 사이가 너무 멀게 느껴진다. 공직사회가 국민과 너무 먼 것은 그 사이에 '더러운 돈'이 끼어있기 때문이다. 그래서 '소통'이라는 게 없고 '진솔한 대화'가 없다.

삼성정밀공장의 가스누출 등 최근에 잇달아 불거진 여러 기업의 가스누출 사고는 결국 기업이 국민을 주인으로 대접하지 않고 있다는 증거다. 애초에 공장을 지을 때도 그 입지를 정부 또는 자치정부와 의논할 뿐 인근 주민과는 협의하거나 불편을 감안하지 않는 것이 통례다. '주민은 공장 옆에 살고 있을 뿐'인 것이다. 그러니 가스 누출사고가 빈발하고, 사고가 나도 임시 땜질만 하면 그만인 것이 오늘의 현실이다.

러시아 체르노빌 원전原電사고가 비록 천재天災라고는 하지만 일본 후쿠시마福島의 원전사고는 애초에 국민을 도외시한데서 빚어진 것이라고 봐도 된다. 이런 점에서는 사기업私企業이나 공기업公企業이나 그 접근방법이 대동소이한 것이다. 지난번에 일어난 원전사고에서 우리는 국민을 우습게 보는, 자기들의 호주머니만 생각하는 작태를 똑똑히 보았다.

국내 원전은 공기업인 한국수력원자력이 독점 운영하는 체제이다. 게다가 원자력은 일반인의 접근을 철저히 통제하는 성역聖域이어서 특유의 폐쇄적인 조직문화를 형성하고 있었다. 위조서류로 수입한 부품들이 10년 동안 아무런 제동 없이 원전에 납품됐다니 알만하지 않은가. 이런 사실이 알려져서 뒤늦게 부품을 교체한다면서 200만kw을 공급해온 영광 5, 6호기를 멈춰 세우는 소동을 빚었다.

한수원의 조직문화를 설명하는 키워드가 '가족주의(familism)'이었다고 하니 알만하다. 그 동안 적발된 원전 납품비리는 대부분 오랜 친분으로 엮인 직원과 업체, 직원과 직원 사이의 유착 결과였다라고 하니 놀랍다. 국내 원전이 자랑하는 90%대 가동률, 0.3%대 고장률도 생각해볼 대목이다. 원전은 정기적으로 충분한 정비를 해줘야 안전성이 높아지는 것인데, 우리의 경우는 여기에도 한참 못 미친다는 분석이다.

정부나 공기업이나 사기업이나 그 공정성은 '사람'의 문제다. '윗물이 맑아야 아랫물이 맑지'의 정도를 벗어나서 '아래 위는 물론, 사방이 모두 혼탁한 것은 아닌가' 걱정된다.

영어 제국주의

우리나라는 적어도 문화적으로는 '영어 제국주의'에 눌려있거나 '영어 식민지'에 살고 있다해도 지나친 말이 아니다. 영어를 모르면 도통 행세를 할 수 없는 사회가 되어버렸다. 그래서 국제중학교가 인기고, 코흘리개도 이름을 영문자로 써서 가슴에 달고 다니며 조기 해외영어연수, 조기유학이 판을 치고 있다. 이 바람에 어느덧 우리말도 제대로 못 쓰는 경우가 다반사다. 가령 우리말의 '-든지', '-던지'나 '다르다'와 '틀리다'를 혼동하는 경우는 비일비재하다. 가게 간판을 봐도 영문자가 태반이다. 증권시장 상장주식의 회사 이름도 영문자로 되어, 저것이 무엇하는 회사인지 모르는 경우가 숱하다. 심지어 보통 가게의 '개업', '휴업'도 'open', 'closed'로 내달고 있는 판이니 말이다.

우리말에 진정한 위협요소가 있다면 영어 제국주의와 더불어 그것을 내면화한 영어 광증 내지 영어 사대주의가 아닌가 싶다. 물론 한글이 조선시대나 일제 때처럼 천대받거나 위기에 처해 있다고는 말할 수는 없다. 하지만 어딘가 조화롭지 못한 상태에 놓여 있는 건 사실이다. 영어학원에 SAT시험문제가 유출돼 돌아다니고, 그 바람에 시험이 연기되고 하는 넌센스가 연출되고 있는 세상이다.

세계에서 우리처럼 영어공부에 시간과 돈을 많이 쓰는 국민이 또 있을까? 우리처럼 미국 석사, 박사 학위가 우대 받고 영어구사능력이 사회적 지위와 소득 자체를 결정하는 사회가 또 있을까? 오늘날의 영어 사대주의는 처절한 생존경쟁 때문이라고 할 수도 있다. 영어능력은 사私교육에 돈을 얼마나 들이는가에 따라 결정되기도 한다. 큰돈을 들여서라도 이들을 '검은 머리 백인'으로 만드는 세상이다.

내가 중고교생 시절이던 50년대에 영어는 중요한 입시 '필수' 과목이었지만, 제2 외국어로써의 '독일어' 선택도 그 비중이 만만치 않았다. 하지만 지금은 독일어는 오간데 없다. 이런 흐름은 근년에 나온 컴퓨터와 영어 일색인 각종 프로그램 등의 영향이 크다는 생각이다. 컴퓨터를 깊이 파고들려면 영어 아니고 배길 수가 있어야 말이지. 물론 지금은 어쩔 수 없이 영어와 더불어 살아가게 돼 있지만 이를 수용하는 지혜와 주체성은 가져야 한다. 교육 현장의 영어 광증을 성찰하고 '더 합리적이고 바람직한 영어 교육 방안이 없을까?'를 당국이 폭넓게 성찰했으면 싶다.

세계 속의 '한국' 입지는?

거창하게 '한국의 미래'를 조망해 본다. 도대체 한국이라는 나라는 이 세계 속에 어디쯤, 어떤 위치에 있으며, 향후 어떻게 뻗어나갈 것인가? 어느덧 팔십 노인이 되다보니 이런 거창한 질문을 갖게 된다. 결론적으로 말해서 '한국은 칠전팔기七顚八起하는 나라'이다. 그리고 '한국 국민은 참 용한 민족'이다. 만세萬世를 누릴 기력을 타고났다 할까? 끈기가 남다르다 할까?

인류의 문명은 고대 이집트로부터 발상되어서 발칸 반도의 그리스, 로마 그리고 한때는 중국도 기氣가 성했지만 오늘의 대세는 남북미와 유럽이 좌지우지하고 있다. 20세기 들어서는 '동양 3국'(중국, 일본, 한국)이 세계사에 우뚝서리라는 역사학자들의 예언도 있듯, 21세기에 와서는 이 말이 실감날 정도이다. 그러나 '동양 3국'이라 하지만 한국은 중국이나 일본에 비해 국토의 넓이나 인구가 턱없이 모자란다. 더구나 한국은 지정학적地政學的 위치가 안 좋아 항상 중국 아니면 일본의 침략을 감수해야 했다. 이런 양상은 지금이라 해서 과히 틀리지는 않는다. 더군다나 한국은 고유의 땅 덩어리마저 제2차 대전 승전국의 흥정에 말려 두 동강이 나고, 참혹한 6.25 동란을 겪는 등 전체적인 국세는 여전히 꼴찌를 면치 못하고 있다. 그러면서도 동양 2국 틈에 끼어 당당히 고개를 내밀고 있는 위세는 가상하다.

지금은 기술로는 당당히 일본을 제치고 세계 1위를 구가하는 면면이 적지 않다. 한때 전 세계를 풍미하던 일본의 전자산업, 자동차산업, 조선造船산업 등을 지금은 우리가 밟고 일어서 당당히 세계 10위권의 경제력을 구가하고 있다. 이런 저력이 어디서 나왔을까?

동양 3국 중 국민의 청결성은 일본이 1위, 한국이 2위, 중국이 3위로 꼴찌다. 이것은 동양 3국을 두루 여행해 본 사람이면 대충 알 수 있다. 일본은 거리나 사람 사는 곳곳이 두루 청결하고, 중국은 아주 지저분하며, 우리는 중간에 속한다.

국민 개개인의 정직성은 어떨까? 중국인은 대체로 음흉하고 정직하지 못하며, 일본인은 정직한 편이다. 이 점에서도 한국인은 중간쯤 된다. 다만 일본인은 단결을 잘하며, 단결을 하면 일본 제국주의 때처럼 '악마'의 모습을 드러낸다. 한국인은 단결을 잘 못하는 반면, 개개인의 능력은 탁월할 때가 많다.

오늘날 한국경제가 세계를 겨냥하게 된 것은 모두 개개인의 출중한 재능 덕분이다. 그러나 답답하게도 단결력은 퍽 모자라 파당으로 세월을 보내는 경우가 적지 않았다. 이 점은 조선조의 4색 당파 역사나 오늘의 정계 양상, 골이 깊은 지역감정의 양상을 봐도 알만하다. 그래서 한국민을 "흩어지면 살고, 뭉치면 죽는다"고 비아냥대는 소리도 있다.

그 옛날 부처님은 장차 불교가 왕성해질 땅으로 동양 3국을 내다봤다. '예불禮佛' 장 가운데 "지심귀명례, 서건동진 급아해동 西乾東晉 及我海東"이라 하여, 불교가 동양 3국에서 왕성할 것임을 예지하였다고 보는 해석도 있다. 그 가운데서도 한국은 지정학적인 위치가 나쁘다고 하지만 "오히려 더 잘 될 것"이라고 보는 견해도 있다.

일본은 알다시피 태평양 환지진대의 표면에 자리해서 "향후 몇 십 년 안에 일본 열도가 침몰할 것"이라는 설이 심심찮게 나돌고 있다. 그럼 중국은 어떤가. 바야흐로 공산당 일당 독재와 부패가 극에 달해 아파트 건축 현장에서는 '현관 쇠 문짝'이 '두부 문짝'이 되는 바람에 주민의 원성이 극에 달하고 있다는 보도가 있다. 대나무 가지로 현관 쇠 문짝 모형을 만들고 그 위에 굵은 종이조각으로 문짝 모형을 입힌 다음, 갈색 페인트칠을 해서 쇠 문짝처럼 보이게 만든 문짝을 주민들은 '두부 문짝'이라고 부른다는 것이다. 건축업자와 공직자들이 결탁하여 준공검사를 엉터리로 하는 등 부정과 부패가 돌이킬 수 없을 정도라고 한다. 부패가 극에 달하고 있을진대, 이것이 망조亡兆임은 명약관화하다.

한국도 부패하고 있지만 이 정도는 아니다. 우리는 오직 하나 '남북이 평화로운 가운데 통일로 나아가는 것'이 겨레의 숙제로 남아 있는데 과거에 조상들이 저지른 침략侵略의 '악업惡業'이 없는 점 등으로 미뤄서 배달겨레에겐 행운이 다가올 것으로 확신한다. 이것이 팔십 노인이 후대의 행복을 바라며 기약해보는 소망이다. 결코 아전인수我田引水가 아니다.

언제까지 '악惡의 유산'을 안고 살아야 하는가?

나는 이따금 '우리가 어떤 민족인가?'를 생각하며 우리의 '조선왕조 500년의 역사'를 생각한다. 우리의 조상들은 후손들에게 무엇을 물려주었는가.

역사가들은 '조선의 개국'을 흔히 '혁명'이라고 부른다. 단순히 왕조의 성씨姓氏가 바뀐 것만을 뜻하지 않고 정치, 사회, 문화, 경제에 대한 전반적인 변화를 뜻한다고 말한다. 심하게는 '조선'이 이룬 '혁명'과 비견할 수 있는 것은 '러시아 혁명'밖에 없을 것이라고 주장하는 학자도 있다. 이 조선 혁명의 기획자는 정도전鄭道傳이었고 그들의 이데올로기는 성리학性理學이었다. '성리학'하면 조선왕조 500년을 지배한 이데올로기이자 정치 이념의 중심인 셈이다. 그래서 고려의 불교를 배척하고 성리학이 이룬 업적이 무엇인가? 인의예지仁義禮智 성리학은 확실히 '명분名分'을 중시하는 학문이다. 물론 조선조의 개국 명분은 있었다. '혁명'이라고 칭할 만도 하다. 이성계의 혁명은 정치, 사회, 문화, 경제에 대한 전반적인 변화였다. 고려의 귀족들은 장원莊苑을 중심으로 하는 문화 경제적 기반을 꾸려 나가면서 그 화려함이 극치에 달했다. 고려의 귀족들은 독립적인 사병私兵조직과 그 조직을 움직여 세운 공으로 인정받은 농토를 바탕으로 거창한 '장원문화'를 이룩했던 것이다. 이성계李成桂가 혁명을 일으킬 만했다. 성리학의 혁명은 고려사회처럼 자유롭게 풀어놓거나 이슬람처럼 금기 안에서 행하도록 하지는 않았다. 그 철학은 그것대로 장점을 지니고 있었다. 그래서 조선왕조 500년의 역사가 후손들에게 무엇을 남기고 가르쳤는지를 새삼 돌이켜보게 되는 것이다.

그러나 나는 이런저런 점에서 '조선조 500년'을 '치욕의 역사'라고 정의한다. 1910년의 한일합병韓日併合으로 나라를 망친 것도 큰 죄이려니와 도대체 이들 조상에게서 배울 것이 없다. 1592년의 임진왜란任辰倭亂을 볼까? 무능한 선조宣祖가 4색 당파의 싸움에 휘말려서 왜놈들의 침략의 기도를 오판하여 7년여에 걸쳐 백성들이 얼마나 많이 죽고, 얼마나 많은 고초를 겪었는가. 날이면 날마다 당파 싸움을 일삼던 의정議政, 이도吏道의 타락 부패,

철저한 반상班常 신분제에 따른 '상놈' 천대, 갑甲이 을乙을 짓누르는 사농공상士農工商의 문화, 노블리스 오블리주(권력과 재력을 가진 자의 솔선수범)가 전혀 없는 풍토 등을 고스란히 유산으로 남겼다고 본다.

외침으로부터 나라를 지키는 것은 가난하고 무지한 백성들의 몫이요, 가마를 타고 도피하는 것은 양반 족속들이었다. 전쟁이 나면 죽음으로 나라를 지키는 것은 힘없는 백성들의 몫이요, 상류층은 가진 수단을 다하여 그 책무를 면탈하는 등의 행태가 지금도 우리 주변에서 다반사로 일어나고 있다.

고전소설을 보면 "네 이놈! 네가 네 죄를 알렸다" 하고 무고한 백성을 관아에 끌고 와 곤장을 치고 백성들의 재물을 노략질하는 장면이 나온다. 춘향전에선 사또가 여염집 처녀를 자기에게 수청들지 않는다고 매질을 하는 장면도 나온다. 나는 지금도 공직자의 부패, 가렴주구苛斂誅求, 갑甲의 횡포, 이런 문화가 그 옛날 조상들한테서 물려받은 '악惡의 유산'이라고 단언한다.

우리 겨레는 언제까지 이와 같은 악의 유산을 안고 살아야 하는가. 세종대왕이 '한글'을 창제한 것은 정말 천재일우千載一遇였다. 조선왕조 말기에 대원군이 쇄국鎖國정책 등으로 명성황후와 권력 다툼을 하는 사이에 일본 제국주의가 나라를 침탈한 쓰라림이 문득 되살아나 울분이 치민다.

이것이 '새 노예제'의 단면인가?

요즘 우리는 AS전화만 걸면 곧바로 달려와 친절하게 수리를 해주는 30대 전후의 대기업 근로자들을 이따금 만난다. 속으로는 "젊은이들이 대기업의 일선 종사자로 열심히 일하고 있구나!"하고 대견스레 여긴 적이 여러 차례 있다. 그런데 이들이 하루 12시간 일하고도 어떤 때는 집에 150만원도 못 가져가는 어려운 신세의 근로자들인 줄은 정말 몰랐다.

이 사실은 어느날 성공회대 사회학부 김동춘 교수의 글(인터넷 한겨레신문)을 보고 처음 알았다. 김 교수의 칼럼은 "삼성전자 협력업체 서비스 노동자가 자살을 했다"로 시작된다. 그 근로자는 "너무 힘들었어요. 배고파 못살았고…" 라는 요지의 마지막 글을 남겼다고 한다. 그러면서 김 교수의 글은 '피 끓는 고발'로 이어진다.

대기업이 자신의 필수 업무를 수행하는 근로자들을 직접 고용하지 않고 간판도 사무실도 제대로 없는 '종이회사'를 만든 다음에 그 회사가 모든 일을 책임지도록 해놓은 회사의 근로자가 바로 일반 시민이 접하는 'AS근로자'라는 것이다. 이 하청업체의 모든 노무관리는 원청회사의 지위 감독이 아닌 문서상의 별개 회사에 존속돼 있는 것처럼 되어있다.

법적 시비에 휘말리면 노동부나 법원은 근로자들에게 "당신이 이 대기업에 직접 고용되어 있다는 증거가 불충분하다며 대기업의 손을 들어준다"는 것이다. 그러면서 기업가 단체는 직접 고용을 해서는 기업경쟁력이 없다고 변명을 늘어놓는다고 한다. 조선의 양반사회 논리나 노동시장을 유연화해야 기업이 산다는 논리는 모두 강자의 이익을 그럴듯하게 포장하고 있다. 비통함에 가슴이 아프다.

"비록 천출일지언정 아들임을 부인하지는 않았던 조선시대의 사대부보다 사용자이면서도 사용자가 아니라고 하는 이 시대의 위장도급은 훨씬 교활하고 기만적"이라고 김 교수는 지적한다. 겉으로는 우리 사회가 민주주의적이고 근로자는 노동 3권을 누릴 수 있다고 하지만 실제로는 정상적인 노사관계는 존재하지 않는다는 것이다. 사람을 고용하고도 "난 너를 고용하지 않았다"고 눈 가리고 아웅하는 이런 자본주의, 이런 국가는 전대미문이라는 것이다. "이런 양상은 오늘날 지구상의 천민자본주의 국가에서 자주 일어나고 있다"면서 김 교수는 끝을 맺는다. 이것이 '새 노예제'의 단면인가?

성매매를 생각한다

우리나라에는 오래 전부터 이러지도 저러지도 못하면서 겉으로만 '엄히 단속하는 척' 하는 사회문제가 하나 있다. 다름 아닌 성매매에 관한 문제다.

2004년 9월 성매매 특별법이 시행되면서부터 단속 자체가 더욱 강화돼 심심하면 단속뉴스가 터져 나오곤 하니, 명분으로 보면 당연히 단속하고 우리사회 어느 곳에도 발을 못 붙이게 해야 옳지만, 실제로는 명분대로, 법대로 되는 일이 아니다.

지난날 자유당 시절에 서울의 '종삼(종로 3가)'은 집창촌으로 유명했다. 당시는 반半공창이나 마찬가지였다. 그런데 군사정부가 들어서면서 이를 강력히 단속하자 슬금슬금 그 자리가 바뀌었다. '종삼'이 없어지고 천호동 홍등가, 미아리 텍사스촌 등으로 그리고 그 존립 실태마저 변질되어서 퇴폐 이발소, 안마 시술소, 스포츠 마사지, 노래방 등에서 성행하다가 최근에 와서는 인터넷 채팅을 매개로 하는 사태로까지 걷잡을 수 없이 번져가고 있다. 결론부터 말하면 정부가 아무리 강력히 단속을 해도 끝내는 근절할 수 없다는 것이 통설이다.

성매매는 그 역사가 길다. 고대 이집트에서도 성매매는 있었고 그 당시에 이미 직업개념으로 자리를 잡았다고 보는 학자도 있다. 남녀가 서로 합의하에 일정한 금액을 주고받으면서 이뤄지는 일종의 상행위여서 그 단속 또한 쉬운 게 아니다. 이 문제를 둘러싸고 업주와 경찰 간에 자주 뒷거래가 행해지곤 한 것도 익히 아는 사실이다. 어느 나라, 어느 칼자루로도 다루기 어려움은 물론이고 인간사회 '필요악'의 한 요소로 뿌리를 내린지가 오래이다.

성매매가 청소년 교육에 미치는 영향이나 여성의 인권, 사회의 윤리 어느 면으로 봐서도 공공연히 찬성할 사람은 없다. 문제는 어떤 권력이나 정책으로도 이를 깡그리 근절할 수는 없다는 데 있다.

외국의 예를 한번 알아보자.

독일은 성매매를 합법화하고 있다. 성매매에 종사하는 여성들은 일반 노동자와 같이 국가에 세금을 내고, 포주도 세금을 내게 되어 있다. 터키도 공창제도를 인정하고 있는 것으로 알고 있다. 대만의 경우는 70년대에 이발업만 해도 법적으로 3가지 종류가 있었다. 이발소, 이발청, 이발원으로 이발소는 우리가 일반 이발소처럼 순전히 머리깎기를 본업으로 하는 곳이고, 이발청은 국부 마사지를 해주고 응분의 봉사료를 받으며, 이발원은 우리나라의 이른바 퇴폐 이발소처럼 윤락행위를 하게끔 허가돼 있었던 것이다. 물론 이에 따른 세금이나 종업원의 건강수칙 의무는 있었다. 일본의 경우는 공창제도로 정당화 되어있는 것은 아니나, 음성적으로 용납되어 있어 우리나라처럼 이따금씩 업주와 윤락녀들이 철퇴를 맞는 등의 난리를 겪는 일은 거의 없는 것으로 안다. 따라서 우리도 단속으로 뿌리를 뽑을 수 있는 일이 아닐 바에야 사회적 합의로 머리를 짜내는 것도 생각해볼 문제가 아닌가 싶다.

성매매에 종사하는 여성들이 대체로 사회의 약자이고, 이것을 직업으로 하여 먹고 살 수밖에 없는 계층일진댄 한번 심도 있게 정책을 전환해보는 것도 좋을 성싶다. 서슬 시퍼런 여성단체를 생각하면 '누가 고양이 목에 방울을 다느냐?'가 문제이긴 하지만 말이다.

노무현 전 대통령의 죽음

나는 개인적으로 노무현 전 대통령이 서거한 2009년 5월 23일(토)을 죽을 때까지 잊지 못할 것이다. 친형제의 뜻하지 않은 죽음 이상의 충격이 나를 엄습해 왔기 때문이다. 이날 아침에도 평소처럼 거실에 앉아 TV채널을 이곳저곳 뒤적이다가 SBS에서 "노무현 전 대통령 투신 중태, 사망" 이라는 급박한 긴급뉴스를 보고 순간 멍하니 정신이 나간 기분이었다. 그때부터 나도 모르게 우왕좌왕하며 평소와는 다른 하루를 보낸 느낌이다.

나는 언론계를 은퇴한 후 현실정치에는 도통 관심을 두지 않는 것을 신조로 삼고 있다. 정치에 관한 뉴스는 안 듣고 안 보는 것이 노년 스트레스 해소의 한 방편이라고 생각하고 있기 때문이다. 그러나 노 전 대통령의 죽음 자체는 정치가 아니지 않은가? 나도 모르게 온몸이 나른해지고 식욕도 떨어지는 등 여간 충격을 받은 것이 아니었다.

나는 평소 노 전 대통령과 일면식도 없다. 그러나 그의 생애가 퍽 마음에 들어 그를 마음속으로 격려해왔다. 가난한 시골농부의 아들로 태어나 대학도 못 다닌 경력이 그렇고, 평소의 정치소신이 그렇고, 우리나라와 같은 보수적인 정치 풍토 속에서 기적적으로 젊은이들의 전폭적인 지원을 받아 대통령에까지 당선된 그 저력이 또한 놀라운 것이다. 그래서 마음속으로 은근히 지지했고 뭔가 도와주고 싶었던 것이다. 물론 선거 때도 그를 찍었고. 하지만 그의 정치역정은 역시 생각했던 대로 순탄하지는 않았다. 턱없는 이유로 탄핵을 받아 일시 대통령직을 정지 당하기도 했으며, 저래서 임기나 채울 수 있으려나 하는 걱정이 없지도 않았다. 당시도 한나라당의 국회의석이 민주당보다 많을 때이다. 이것도 정치학의 기본논리로 따지면, 당시 한나라당은 엄청나게 잘못을 저지른 것이 된다. 왜냐하면 정치학에서는 바로 지금의(up to date) 국민의사(대통령 선거 따위)는 그 이전에 치러진 민심(총선 따위)에 앞선다는 논리가 성립돼 있었던 것이다. 다시 말해 최근에 국민의 지지로 당선된 대통령을 그 이전의 총선에서 다수 의석을 차지한 정당이 탄핵할 수는 없다는 논리 말이다. 이 문제는 결국 헌법재판소에서 사필귀정事必歸正이 되긴 했지만 말이다. 그러고도 얼마나 많은 매스컴이 노 전 대통령을 흔들었는가? 나는 누가 뭐래도 노 전 대통령이 한국의 민주화를 적어도 몇 단계는 발전시켰고, 과거의 권위주위 정권, 권위주의의 상징이던 청와대를 민중의 품으로 돌려주었다는 점에서 노 전 대통령을 평가코자 한다. 그런데 답답하게도 그의 뒤를 이은 정권들이 하나같이 권위주의 시대로 돌아간 것처럼 되어 버렸다.

폐일언하고 나는 우리 국민의 현명함을 믿는다. 여태껏 이 정도의 민주주의를 가져온 힘도 다 국민으로부터 나왔음을 모르는 사람은 없다. 우리 국민은 머리도 좋지만 정의에도 강한 측면이 있다. 가까이 4.19혁명이 그렇고 오늘의 대한민국을 이룬 저력 하나하나는 모두 국민의 성숙한 힘에 의해 이뤄진 것으로 믿고 있다.

이런 생각을 할 때마다 "넌 언론계에 있을 때 뭘 했느냐?"는 반문을 스스로에게 하게 되며, 이 점이 늘 부끄럽게 여겨진다. 요즘은 더구나 불경을 통해 '묵빈대치默擯對治'라는 말을 배워 나의 뜻에 거슬리는 일은 되도록 피하려고 하고 있으나, 노 전 대통령의 서거와 이와 관련된 이런저런 일에는 관심을 떨쳐버릴 수가 없어 이 글을 쓴다.

독재자가 던져주는 '신선한 충격'

몇 년 전 6월 어느날 나는 푸틴 러시아 총리에 관한 TV뉴스를 보고, 그 순간 충격을 받았다. 푸틴 러시아 총리가 인구 2만의 소도시를 방문하여 시골 근로자들의 임금을 체불한 러시아의 최고 갑부를 불러놓고 "바퀴벌레 같으니" 라고 억세게 몰아붙이는 장면을 보았기 때문이다. 푸틴 총리는 정부 관계자들이 동석한 자리에서 체불기업 총수를 불러 세워 종이와 볼펜을 던지며 "체불임금 83만 파운드(약 16억6천만원)를 지불하고 공장 문을 열겠다고 서약하라. 그렇지 않으면 정부가 공장을 인수하겠다"고 윽박질러 서약을 받아낸 것이다. 임금을 못 받고 있던 근로자로서야 이렇게 통쾌한 즉석 처방이 또 어디 있겠는가.

푸틴이 누구인가? 그는 구소련의 정보기관 출신으로 러시아 대통령을 두 번 연임한 뒤 물러나지 않고 자기 휘하에 있던 인물을 대통령에 앉히고 자기는 총리로서 대통령 못지않은 권력을 휘둘렀고 다시 대통령이 된 특유의 '독재자'가 아닌가. 세계의 정치제도 사상史上 헌법에 따라 연임은 두 번에 한하니까 연임에 안 걸리는 '총리' 자리를 차고 앉아 국정을 좌지우지한 일 자체가 희한한 일이다. 그런데도 이런 정치행태가 국민들에게 통하는 것은 러시아 특유의 일이요, 후진적 정치체제 때문인 것으로 가벼이 치부해온 터이다.

고대 그리스의 철학자 아리스토텔레스는 "집권자가 진정 국민을 위해 정치를 한다면 '독재정치'가 가장 좋은 통치 체제"라고 일찍이 설파했었다. 다만 현실 정치에 있어서는 그것이 이루어질 수 없는 것이 통례니까 차선책으로 '삼권분립의 대의 민주체제'를 많은 선진국에서는 채택하고 있는 것이다. 요컨대 최고 통치자가 자기 일족과 가진 자의 편이냐, 아니면 다수 국민의 편이냐가 관건인 것이다. 국민의 처지로서는 독재를 하던 말던 국민의 편에 서서 국민을 잘 먹고 잘 살게만 해주면 그것으로 그만일 수도 있는 것이다.

오늘도 세계 곳곳에서 '정변이다' '쿠데타다' 하며 소용돌이 치고 수많은 사람들이 총칼에 희생되고 있는 것도 집권자가 자기를 위하느냐, 국민을 위하느냐의 갈림길에서 방황하고 있기 때문이 아니겠는가. 푸틴의 어찌 보면 '쇼' 같기도 한 재벌 길들이기에 우리의 눈길이 가는 것은 어째서인가?

발상부터 틀린 검찰

최근의 우리 검찰 동향을 보고 의아할 때가 더러 있다. 검찰은 통상 일반 국민에게 '법치주의의 보루'로 알려져 있다. 그런데 작금의 검찰은 법치주의의 보루라기보다 '일인지하 一人之下에 만인지상萬人之上' 같은 인상을 준다.

옛날 조선시대에는 영의정領議政이면 임금 한 사람을 제외하고는 모두 자기 발아래에 있어, 그 밖의 백성들에게는 마음 내키는 대로 할 수가 있었다. 오늘의 검찰이 옛날 왕조 때처럼 위로 임금(지금은 대통령) 한 사람을 빼고는 무소불위無所不爲의 존재라고 스스로 생각하고 있는 것은 아닌지 의아스럽다.

검찰이 검찰총장 후보자 사퇴에 결정적 역할을 한 민주당 박모 의원의 국회 청문회 정보 입수 경위와 제보자 등에 대한 수사를 한다는 보도를 접하고 느끼는 제일감이다. 박 의원이 국회 인사청문회에서 한 발언이 구체적으로 무엇인지에 대해서는 "후보자 부인의 관세청 면세점에서의 명품 가방 구입 등등" 으로만 알고 있다. 그러나 검찰은 이 언저리를 캐고 싶어서 "공공기관의 불법적인 정보 유출 행위는 처벌 대상"이라고 말했다는데 대해서는 참으로 황당한 느낌이다. 발상 자체가 큰 문제다. 이건 국회의원이 청문회서 발언한 것도 문제 삼을 수 있다는 얘기가 된다. 나아가서는 이것이 국회의 인사청문회 제도 자체를 뿌리채 흔드는 꼴이다.

신문기자에게는 기사를 쓴 소스(취재원)를 절대로 공개하지 않을 권리가 통상적으로 인정돼 있다. 이는 기자의 취재원을 보호하여 국민이 알 권리를 보다 무겁게 지켜주려는 데 그 1차 목적이 있음은 물론이다. 하물며 국회 발언에 대해 면책특권이 있는 국회의원의 원내 발언을 두고 "공공기관의 정보유출 운운" 하는 것은 참으로 얼토당토않은 일이다. 검찰이 이런 이치를 뻔히 알고 있으면서 이러는 데는 공직사회에 엄포를 놓아 내부 입단속을 함으로써 윗선에 잘 보이려는 의도가 숨어있기 때문일 것이다. 그러나 이것은 앞서 노무현 전 대통령의 일가족을 까발려 수사함으로써 '윗선에 한 건 한 것처럼 내보이려다가' 결과적으로는 검찰조직이 와해될 정도의 역풍을 맞은 사실을 까맣게 잊은 것과 진배없다.

아무리 잘못이 있다손 치더라도 일국의 대통령을 지낸 사람과 그 가족의 '확인되지도 않은 비리'를 아침저녁으로 언론에 브리핑하다시피 하여 몇 달 동안 망신을 주고, 심지어 전직 대통령을 소환해서 "거짓 진술을 하면 관계 피의자와 대질신문 하겠다"고 하여 전직 대통령을 일개 잡범 다루듯 하는 등의 보도가 나올 정도면 검찰은 오로지 위만 볼 뿐 국민 여론 따위는 관심없다는 태도 밖에는 되지 않는다. 이러고서야 어찌 검찰이 검찰답다고 하겠는가. 민주주의 나라의 검찰 위상은 결코 이런 것이 아니다. 흡사 군사독재 시절에 검찰이 사법부조차 우습게보고, 영장을 한번 신청했다가 기각되면 두 번, 세 번 다시 신청하여 기어코 받아내고야 마는 그런 무소불위의 발상이 아직 남아 있는 것은 아닌가 하여 적이 염려스럽다.

이승만과 김구

김구金九 선생이 생전에 지내던 경교장京橋莊이 선생의 기념관으로 복원된다는 소식이다. 만시지탄이 없지 않으나 지금이라도 당연히 해야 할 일이었다.

이승만李承晩 전 대통령과 김구 선생은 두 분 모두 민족의 대지도자요 독립투사임에는 틀림이 없다. 그러나 두 분의 생애, 그리고 사후死後의 평가는 너무나 다르다. 한 분은 대통령을 지내고 다른 한 분은 안두희의 총탄을 맞아 비명에 가셨으니 그야말로 세상의 흔한 잣대로 보면 '극과 극'이 아닌가.

해방 직후를 겪는 두 분의 생애와 사상은 너무도 거리가 멀었다. 이 박사는 미국을 등에 업고 당시의 국제정세를 꿰뚫어서 남한 단독정부라도 세우자 했고, 김구 선생은 어떻게 해서든 남북통일 정부를 세우려고 노력했다. 당시로서는 이 두 노선은 도저히 합치될 수 없는 영원한 평행선이었다. 그리고 49년 어느 날 김구 선생은 경교장에서 안두희의 총탄에 맞아 무참히 쓰러졌다. 이 죽음을 두고도 당시 얼마나 말이 많았던가. 군의 정보기관이 배후에서 안두희를 조종한 것으로 드러났으나 많은 사람은 그 배후를 이승만 박사로 의심했다. 그도 그럴 것이 범행 당시 초급장교이던 안두희는 그 후 육군대령으로까지 특채 진급하여 한때나마 호사를 누렸으니 그런 오해를 받는 것쯤은 당연했다.

그러고 60년 세월이 흘렀다. 길다면 길고 짧다면 짧은 이 세월을 반추해보면 삶의 손익계산은 오히려 김구 선생 쪽이 더 무겁다. 해방 당시 이 박사는 이화장에, 김구 선생은 경교장에 자리한 것으로 돼 있으나 경교장은 이제 겨레의 촉망 속에 기념관으로의 복원을 눈앞에 두게 되었고, 독재자의 말로를 걸어온 이 박사의 이화장 자리에는 어느 누구도 눈길 한번 주지 않는다. 그 뿐인가. 김구 선생은 자손이 왕성해 해마다 제사다 뭐다 하여 추념행사를 받들고 있으나, 이 박사의 경우는 양자로 세웠던 이강석 마저 4.19의 북새통에 역사의 뒤안길로 사라져 그야말로 볼품이 없다. 당시로서야 한 사람은 3선 대통령, 다른 한 사람은 비명에 간 지도자로서 비교조차 되지 않았지만.

그러나 60년 세월은 길고도 짧은 것. 그야말로 영榮이 욕辱이 되고 욕辱이 영榮이 되는 '영욕의 세월'을 우리는 지금 눈으로 똑똑히 보고 있다. 이런 것을 두고 새옹지마塞翁之馬라고도 하던가. 지은 대로 받는다는 부처님의 '업業' 가르침이 너무나 생생하게 다가온다.

이승만, 박정희 그리고 김대중

김대중 전 대통령이 많은 국민의 애도 속에서 국립묘지 현충원에 안장됐다. 자리는 이승만 전 대통령과 박정희 전 대통령 묘지의 중간 지점이라고 한다.

이 세 분에게는 세 가지 공통점이 있다. 하나는 파란만장한 생애를 거친 대통령이라는 점이다. 두 번째는 세 사람 모두 조강지처를 버렸거나 버린 결과가 됐다는 점이다. 그리고 세 번째는 조강지처와 헤어져 재혼을 한 것이 대체로 성공적이었다는 점이다.

우리나라 속담에 "조강지처를 버리면 복을 못 받는다"는 경구가 전해온다. 조강지처 불하당糟糠之妻 不下堂(조강지처는 마루 아래 내려가게 해서는 안 된다는 뜻)이라는 말도 있다. 그런데 이런 경구도 큰 인물에게는 적용되지 않는 모양이다. 김대중 전 대통령에 관해서 특별히 남기고 싶은 말이 있다. 우리나라에서는 말할 것 없고 전 세계적으로도 이토록 '파란만장한 삶'을 사신 분이 또 있을까 싶다. 투옥에 고문에 사형선고에 망명에 납치에 가택연금에 그리고 삼세판만의 '대통령 당선', 실로 보통 사람으로서는 생각조차 하기 어려운 생애가 아닌가?

특기할 것은 위 세 분이 생애를 거치는 동안 우리나라는 "민주주의를 위해 웬만큼은 피를 흘리고 그 결실을 본 나라"로 성장했다는 점이다. 보라! 3선 개헌을 억지로 하고 장기집권을 꾀하던 이승만 자유당 정권을 젊은 학도들이 4.19혁명으로 타도하지 않았던가. 그리고 5.16쿠데타로 시작해서 이른바 '유신 사태'로 영구집권을 노렸던 공화당의 박정희 정권도 외부 민주세력의 도전과 같은 내부 세력의 갈등 바람에 무참히 쓰러졌다. 그리고 12.12쿠데타로 이어지면서 항거에 항거를 거듭하며 자라난 것이 전 국민의 민주화 의지요, 그 소용돌이의 핵이 이른바 '김대중 선생의 투쟁'이라 할 것이다.

그동안 우리겨레는 4.19혁명, 그리고 광주 5.18민주화운동 등을 통해서 수많은 피를 흘린 결과로 오늘의 '이만한 민주주의'를 쟁취한 것이며, 이 투쟁의 앞줄에는 항상 김대중 선생이 있었던 것으로 우리는 기억한다. 비록 김대중 선생은 갔어도 민주주의를 지키려는 '민족의 혼'은 의연히 살아남아, 배달겨레의 앞날을 지켜줄 것으로 확신한다.

또 언론의 자유 후퇴인가?

나는 40여 년간을 오직 언론계에만 종사해서인지 지금도 '언론자유의 침해'나 '언론 탄압' 등의 문제에 이르면 피가 거꾸로 솟는 의분義憤을 금하기가 어렵다. 그런데 며칠 전에 또 언론의 자유가 한참 뒤쳐졌다는 보도가 나왔다. 언론 자유를 목적으로 설립된 국제적 기자단체인 '국경 없는 기자회'가 올해 연례보고서를 통해 한국의 언론 자유 순위를 2008년의 47위에서 올해는 무려 22단계나 내려 '69위'로 기록했다는 것이다.

덴마크, 핀란드, 아일랜드, 노르웨이, 스웨덴이 공동 1위를 차지했고, 일본은 17위를 기록했다. 북한은 조사대상 175개국 중 최하위권인 174위라고 한다. 우리나라는 지난 10여 년 동안 꾸준히 언론의 자유가 신장돼 오다가 이명박 정권이 들어선 이후 여러모로 후퇴되는 조짐을 보여 왔다. KBS의 정연주 사장 해임과 YTN 사장 경질 등의 문제가 적지 않았다. 최근에는 MBC도

위기에 처해있다는 설이 파다하다. KBS 정 사장이 강제로 쫓겨난 이유는 회사에 막대한 손해를 입혔다는 '업무상 배임'이 문제였다. 그런데 이 문제는 얼마 전 법원에서 정 전 사장의 손을 들어줘서 문제가 없다고 판결하지 않았던가.

지난날 박정희 대통령, 전두환 대통령의 군사독재 시절에 우리 언론은 가히 정권의 시녀 노릇을 해왔다. 그러다가 김대중 대통령, 노무현 대통령 시대에 이르러 언론의 자유는 꽃을 피웠다 해도 과언이 아니다. 그러던 것이 이명박 정권에 이르러 다시 후퇴하는 느낌을 주고 있다. 미국의 쇠고기수입 문제를 둘러싼 MBC 'PD수첩 수사'를 보면서 세상이 다시 군사통치 시절로 돌아가는 것은 아닌가 하는 의구심을 떨쳐버리지 못하던 터에 외국 언론단체의 눈 또한 이런 문제를 그냥 흘려보내지는 않았던 것이다. 알다시피 언론의 자유는 그 사회의 성숙도를 보여주는 민감한 지표이다.

지난 정권에서 살아있는 권력에 대한 가차 없는 비판을 보면서 많은 사람들이 언론의 자유를 만끽한다고 느꼈는데 어느 순간 도로 아미타불이 된 것인가. 이명박 정부는 상식을 배반하는 일을 저지르면서 방송을 손아귀에 넣으려고 하고 있는 것 같다. 이 점은 근간의 방송 뉴스가 예전의 날카로움을 잃어가고 있는 데서도 여실히 드러난다.

언론이 입을 다물면 국민은 험한 꼴을 당하기가 십상이라는 게 역사의 가르침이다. 언론의 자유가 만개한 나라와 그렇지 못한 나라를 살펴보면 그 답은 저절로 나온다. 각 언론 매체가 대통령이 바라는 대로 국가의 시책을 '전달'하기만 한다면 그 언론은 더 이상 언론이 아니다. 정부는 정녕 모든 매체가 또 다른 '국정홍보처'이기를 바라는가?

공공부문 노사관계를 생각한다

우리나라는 엄연한 민주주의 국가다. 이미 다양성을 위주로 국민의 의식도 상당 수준 성숙돼 있다. 이것이 우리 사회의 저력이요, 국제사회에서 입지를 굳혀가는 기틀이라고도 생각된다. 그런데 근자에 공공 부문 노동자들에 대한 정부의 전 방위적인 억압이 심상치 않다. 시국선언을 한 공무원에 대한 징벌, 철도노조의 단체행동 불법화, 공공기관의 단체협약 불인정, 전국 공무원노조의 설립신고 거부와 민주노동당 가입 및 후원금 제공 교사 공무원에 대한 수사와 엄단방침 등등이 당사자들의 숨통을 죄고 있다.

현 정부가 아니더라도 우리나라에서 공공부문 노조에 대한 시선이 곱지 않은 일면이 있는 것도 사실이다. 그러나 그간의 우여곡절 끝에 교원과 공무원 노조가 합법화되고 있는 것 또한 부인할 수는 없지 않은가? 정부의 기대처럼 공공부문 노조에 대한 국민의 시각이 다소 차가워지고 있는 점이 있기는 하지만, 국제사회의 노동 기본권에 대한 보장 압력은 도리어 거세지고 있다.

정부가 자주 들먹이는 OECD 국가 중 교사와 공무원의 단결권을 우리처럼 부정하는 국가는 없다. 공무원의 정치적 중립은 우리 사회의 불문율이며 헌법적 규정이다. 하지만 거기에는 '그럴만한 틈'을 두고 있다. 우리나라와 비슷하게 공무원과 교사의 정치적 중립을 엄격히 규정한 일본도 교사의 정당가입이나 후원을 금하지는 않고 있는 줄로 안다. 공무원과 교사가 정부를 위해 일하는 것과 시민으로서의 권리를 행사하는 것과는 분리해서 생각해야 할 측면이 있다는 것이다. 정부는 "네가 국록을 먹고 있으면서 엉뚱한 짓을 해?" 하고 옥죌 것이 아니라, 개개인의 의사 표현의 자유도 받아들이는 아량을 보여야 한다. 이것이 공공부문 노사관계의 세계적 흐름이 아닌가 싶다.

좌파左派와 우파右派

요즘 정치판에서는 '좌파'니 '우파'니 하는 낱말이 자주 회자된다. 아직도 여당 일각에서는 '김대중 대통령 시대' '노무현 대통령 시대'의 10년을 통틀어 '잃어버린 10년'이니 '좌파 정권 10년'이니 하고 매도한다.

'좌파'니 '우파'니 하는 말이 왜 작금에 와서 사람들의 입에, 특히 정치인들 사이에 많이 오가는가? 이것은 해방 후의 좌파와 우파의 싸움과 6.25동란 이후의 '빨갱이 증오' 바람 등과 무관하지 않다고 본다. 그 처참한 6.25를 겪은 세대는 '빨갱이'라면 정말 이를 간다. 그런데 최근에 와서, 특히 이명박 대통령 집권시절에는 여당 주변에서 자주 '좌파'라는 말이 사용되고 있다. '좌파정권'에 '좌파판사' '좌파교사'를 넘어 '좌파스님'이라는 말까지 나오고 있다. 말이 좌파지 이 말의 뒷배엔 '빨갱이'라는 뜻이 은근히 담겨있다. 과거의 빨갱이 보듯 '좌파'를 보려한다는 느낌이다. 이 얼마나 무서운 편 가르기인가?

요즘 정치판에서는 '지도자'라고 하면 언필층 '국민화합'을 들먹인다. 하지만 이 '좌파' '우파'라는 말은 국민을 '내편 아니면 적敵'으로 매도할 때 자주 쓰는 말이 아닌가. 현역 정치지도자의 입에서 이런 '막말'이 예사롭게 튀어나오는 현실이 정말 안타깝다. 박정희 군사정권 때 '인혁당 사건'으로 빨갱이 아닌 빨갱이가 되어 사형 당한 사람들이 재심에 의해 무죄가 선고되고, 국가에서 보상금을 지급하는 판국인데도 말이다. 이런 어휘의 남용이 국론을 통일시키기는커녕 도리어 더 멀리 이간離間시키는 결과를 빚지는 않을까 하여 정말 우려된다.

지도자보다 다부진 국민

2010년 축구 월드컵의 조별 예선전에서 우리나라가 그리스와 첫 대결을 할 때 전국 곳곳에서 엄청난 국민의 함성이 터져 나왔다. '대한민국'을 연호하며 목청을 한껏 높였다. 나는 이 모습을 TV를 통해 지켜보며 우리 국민들이 본시부터 얼마나 강인하고, 애국심 있고, 다부진 겨레인지를 새삼 통감했다. 골 하나 넣을 때마다 아파트가 들썩들썩할 만큼 요동을 쳤다. 그것도 어른들의 목소리가 아니라 자라나는 10대들의 절규가 압도적임을 체득하고는 우리나라는 앞으로도 국민이 단합하면 안되는 일이 없겠구나 하는 강한 인상을 받았다. 이 얼마나 희망찬 일인가.

우리 국민은 국난을 겪거나 온 나라가 어려움을 당할 때마다 화합하고 한데 뭉친 역사를 갖고 있다. 이른바 '지도자'들이 자기 욕심만 챙기고 당파싸움이나 할 때 어진 백성들은 분연히 일어서서 나라를 지킨 사례가 한 둘이 아니다. 우리가 오늘날 이만큼 사는 것도 그 알량한 '지도자' 덕분이 아니라 기실 천성이 부지런하고 명석한 백성들 덕분이라고 자위해 본다. 16세기 말 조선조 중엽 임진왜란을 당했을 때를 보자. 율곡 이이 같은 선비가 국난에 앞서 '10만 양병설養兵說'을 주창하고 국방을 튼튼히 해야 한다고 외쳐도, 멍청한 선조宣祖 임금은 당파싸움에 밀려 좌고우면 하는 사이에 나라는 왜군에게 초토화되고 자기는 의주로 도망을 가는 고초를 겪지 않았던가. 어디 그 뿐인가. 물자도 없는 나라에서 '거북선'을 만들어 왜군을 무찌르던 이순신 장군을 향해 "혹시 역심逆心이나 품지 않았나?" 하고 의심하여 하옥下獄시키는 등 나라의 최고 지도자로서는 있을 수 없는 우愚를 범해 수백만 백성을 나락에 빠트렸었다. 그래도 백성들은 나라를 지키자고 곳곳에서 맨주먹으로 의병義兵을 일으켜 의주義州로 도망간 임금 대신 나라를 지키겠다며 수많은 백성들이 순국을 했다. 그토록 국난이 심각할 때 이른바 '지도자'라는 양반 벼슬아치들은 뭘 했나? 나라가 5천년의 역사를 면면히 이어오고 있는 것은 순전히 우리 어진 백성들의 '단합된 힘' 덕분이 아닌가 생각된다.

근세사는 또 어떤가? 고종高宗 임금의 아버지가 역사에 없던 산生 대원군이 되어 나라를 좌지우지하다가 참다못해 들고 일어선 명성황후 일가와 권력다툼을 하는 사이에 나라는 어언간 멸망의 길로 들어서는 것이 훤히 보인다. 해방 후는 어떻고? 이승만 독재와 부정부패, 부정선거에 맞서 젊은 학생들을 중심으로 분연히 일어난 것이 4.19혁명이다. 군사독재 때는 또 어떻고? 박정희 정권이 영구집권을 꾀해 광분할 때 부마釜馬항쟁이 일어났고, 이 소용돌이틈에 권력자끼리 암투가 일어난 결과가 박정희 대통령 시해사건이다.

그 다음을 이어 12.12쿠데타로 정치군인들이 집권을 했을 때 이에 항거하여 일어난 것이 광주光州 5.18민주화운동이다. 그 후로도 이른바 '장충체육관 대통령 선거'를 오늘과 같은 대통령 직선의 민주헌법으로 탈바꿈하게 한 것도 학도들이 일으킨 6.3 항쟁 덕분이 아닌가?

나라가 잘못되고 위급할 때마다 우리 국민은 뭉친 힘으로 기지機智로 나라를 바른 길로 살려냈다. 이토록 우리 국민은 위기 때마다 엄청난 괴력을 발휘해 나라를 구해왔다.

나는 나이 팔순의 고령이지만 '권력다툼, 부정부패만 일삼는 엉성한 지도자'가 아닌 현명한 후손들의 힘에 의해 우리나라는 오래오래 '대한민국'을 구가하게 될 것으로 확신한다. 누가 뭐래도 우리겨레의 미래는 밝다.

북한 3대 세습의 원죄原罪

배달겨레의 한반도 반쪽인 북한에서 전제왕조도 아닌 공산주의 국가에서 '3대 세습'이라는 세계 역사상 그 유례를 찾아볼 수 없는 부끄러운 일이 발생했다. 그동안 '김정은'이 3대 세습을 하느니 어쩌니 하는 보도가 나올 때도 "설마, 설마" 했다. 아무리 인민을 노예로 삼고 있는 집단이라 해도 설마 그렇게 까지는 못할 것으로 여겼다.

그런데 이 기막힌 일이 막상 현실로 드러난 것이다. 우리와 같은 한민족이 저지른 일이라는 것부터가 참으로 부끄럽다. "전 세계가 우리 민족의 속성을 얼마나 얕잡아 보겠는가. 또 우리와 한 핏줄을 타고난 북한의 백성들은 앞으로 얼마나 더 고초를 겪어야겠는가" 하는 것이 뇌리를 떠나지 않는다. 무엇보다도 북한의 어진 백성들이 불쌍하고 안쓰럽다.

이런 기막힌 현실을 그저 한탄만 하고 앉아 있기에는 북한 2천만 주민에게 너무나 미안한 일이다. 권력에 심히 취하면 이럴 수도 있구나! 전제왕조가 아니라도 백성을 무자비하게 억누르면 이럴 수도 있구나! 하는 개탄이 앞선다.

나는 이 원죄原罪를 2차대전 종말 당시의 미국과 소련에서 찾고자 한다. 결론부터 말하면 이 두 나라 지도자가 상황을 오판誤判하여 우리 겨레에게 '분단' 그리고 '공산 독재 3대 세습'이라는 전대미문의 아픔을 안겨주었다고 생각한다.

1945년 2차대전의 종말을 앞두고 미국이 소련의 전력戰力을 오판하여 "한반도를 38선으로 나눠서 북쪽은 소련이, 남쪽은 미국이 점령하자"고 제의한데서 사단은 발생했다. 승전을 코앞에 두고 얄타에서 미美소蘇영英 3상회의가 열렸을 때, 미국이 일본 관동군의 저항 등을 의식하여 한반도 점령에 소련을 억지로 끌어들인 데 있다. 이에 대한 기록은 2차대전 전사戰史 이곳저곳에 남아있다. 당시 미국은 독일군과의 싸움에 지쳐 다 죽어가는 소련의 국력을 크게 오판하여 '한반도의 분할 점령'을 유도하고 소련이 그렇게 하면 "전후 복구비를 지원해 주겠다" 는 등으로 회유했다. 소련으로서야 일거양득으로 그렇게 하지 않을 이유가 없었던 것이다. 이 점은 얄타비밀협정 당시 미국의 루스벨트 대통령이 러스크 대령(당시의 대통령 보좌관, 후일의 국무장관)이 내미는 한반도 지도와 그 허리를 자른 38도선을 보고 '38도선'이 무엇인지조차 몰라 "38선이 뭐냐?"고 러스크 보좌관에게 물었다는 기록으로도 입증된다. 다시 말하면 당시 미국은 아무 전력戰力도 없는 소련을 일본군 퇴치에 끌어들이고, 그 대가로 38도선 이북의 소련 점령을 회유(?)했던 것이다. 그 결과 소련의 독재자 스탈린이 북한을 점령하고 보니 "이제는 영원한 속국으로 만들어야겠다"는 욕심이 생겨서 당시의 민족지도자들을 다 제치고 소련군 소령이던 김일성을 앞잡이로 내세웠으며 이것이 민족 분단의 비극, 6.25동란으로 이어졌다. 그리고 마침내는 '김일성 부자손父子孫 3대 세습'이라는 세계 어느 역사에도 없는 '희극'으로 우리겨레에게 수모를 안겨주고 있는 것이다. 이것들을 말끔히 정리하고 통일하는 것은 가까운 후일의 우리 후손들 몫이다.

동서독이 통합한 지 20년이 되는 오늘에 이르기까지 그 분단의 여러 가지 아픔이 씻겨나가지 않고 후손들을 여러모로 괴롭히고 있는 현실을 우리는 주시해야 한다. 가까운 시일 내에 통일이 된들 남쪽에서 질 부담은 여간 큰 것이 아니다. 이런 큰 짐을 우리는 본의 아니게 미국과 소련 지도자들의 오판으로 감수하지 않을 수 없게 된 것이다. 이 부끄러운 역사를 어떻게 씻을 수 있을 것인가. 또 장차 이 엄청난 과제를 우리의 후손들은 어떻게 감당해야 한다는 말인가.

무너진 교권, 그 책임은?

작금에 이르러 초중등 학원가에서는 '학생 체벌 금지'를 둘러싸고 논란이 적지 않은 모양이다. "옛날에는 학생들이 선생님 말씀이라면 무조건 따랐는데 지금은 가히 교실이 난장판이 됐다"고 한탄하는 소리도 많이 들린다. 요즘의 학생들이 선생님을 우습게 보는 것은 전적으로 학생들의 질이 나빠졌기 때문일까?

보도에 따르면 전남 순천의 한 중학교에서는 50대의 여교사가 수업중 딴 짓을 하는 여중생을 지도하는 과정에서 서로 머리채를 잡고 몸싸움을 벌이는 기막힌 일이 벌어졌다고 한다. 정말 있어서는 안 될 일임에 틀림없다.

우리나라도 해방 후 60년대 전후까지는 이러지 않았다. 다소 감정적인 이유로 학생을 체벌했다곤 해도 그다지 문제가 되질 않았다. 그만큼 교권은 신성시되어서 감히 학부모나 학생이 어줍지 않은 이유로 선생님에게 반항하고 덤비는 것은 전혀 용납되지 않는 사회 분위기가 조성돼 있었던 것이다. 그러나 지금은 다르다. 이른바 교사가 촌지 풍토에 서서히 빠져들면서 교권은 땅바닥에 떨어지고 말았다. 교사들 스스로가 '촌지'와 '교권'을 맞바꾼 것이라고나 할까? 물론 지금도 도덕성을 갖춘 훌륭한 교사가 없지는 않지만, 대다수 교사가 학부모의 돈봉투에 현혹되면서 알게 모르게 신성해야 할 교권은 타락하고 만 것이다. 심지어는 학생이 학교에서 담임선생님에게 홀대를 받았다 싶으면 집으로 돌아와 엄마에게 "엄마! 지난번에 선생님에게 봉투 안줬어?" 하고 물어보는 사례도 있다고 들었다. 오늘날 초중고 학원에서 교권이 이토록 위협받고 있는 것은 학생들의 버릇이 작금에 와서 갑자기 나빠진 탓이 아니라 그럴만한 이유를 많은 선생들이 스스로 제공했다고 봐야 한다.

그렇기로 교사들의 책임만을 탓하고 방치할 수는 없는 일이다. 교육 당국에서도 교사가 자긍심을 갖고 교육에 전념할 수 있는 여건은 조성해줘야 한다. 교육과학부에서 보다 근본적인 현장 보완대책을 서두르고 있다고 하거니와 각 지방 교육청에서도 그들 나름의 대책을 만들어, 더 이상 체벌금지가 문제 학생 방치와 학교 교육 혼란으로 이어지지 않도록 대책을 강구해야 한다. 이유야 어쨌든 그 책임이 어느 쪽에 많이 있든 간에 현실적으로 다수 학생의 학습권이 침해되어서는 안 되겠기에 말이다.

죽산 조봉암의 무죄판결을 보고

거물간첩으로 낙인찍혀 사형을 당했던 죽산 조봉암이 반세기만에 대법원에서 재심 무죄판결을 받았다. 나는 얼마 전 이 뉴스를 듣는 순간 참으로 인생무상人生無常의 만감이 교차했다. 내가 진보당 사건을 접한 것은 1958년 올챙이 수습기자로 일선 경찰서를 뒤지고 다닐 때였다. 그 당시는 자유당 정권의 말기였지만 이승만 대통령의 서슬에 국민의 눈과 귀는 거의 막히다시피 했던 시절이었다.

죽산 조봉암 간첩사건이 1심에서 무죄로 판결이 났을 때 당시 치안국과 대검은 발칵 뒤집혔다. 이승만 대통령의 카리스마에 눌려 너나 할 것 없이 권력층은 죽산을 간첩으로 몰아가는데 혈안이 됐었다. 당시 1심에서 5년 유죄판결을 내렸던 판사는 권력에 눌려 옷을 벗어야 했다. 그 무렵엔 올챙이 기자의 눈에도 죽산을 간첩으로 모는 바람이 뻔히 들여다 보였다. 주역은 당시 치안국장 J씨, 그리고 대검의 정보담당 O검사였다. 이 둘이 죽산을 간첩으로 모는 '권력 작전'의 지휘자였다. 이 북새통에 감히 누구 한 사람 '에헴' 기침소리도 내지 못했다.

나는 당시 올챙이 기자여서 대법원의 판결 취재는 못했다. 하지만 사형이 집행된 죽산의 시신이 서울 중구 장충동 자택으로 옮겨지는 모습 등을 현장 취재했다. 취재라 해봤자 그저 지켜봤다고 하는 편이 옳을 것이다. 당시 장충동 죽산 자택에는 일가친척들이 모였으나 경찰의 제지로 울음소리도 내지 못했다. "공연히 곡소리를 내어 민심을 어지럽게 해서는 안 된다"는 게 경찰의 엄포였다. 그리고 망우리 공동묘지로 영구차가 떠나갈 때에 각 신문사의 취재진이 뒤를 따랐다. 그러나 이것도 망우리 입구에서 경찰에게 제지되어 어느 기자도 장례 장면을 보지는 못했다. 그때도 세간에선 간첩이란 증거가 없으니 "죽산은 간첩이 아니라 이승만의 정적이 되어 억울한 죽음을 당했다"는 말이 공공연히 나돌았다.

그럭저럭 반세기가 지나 죽산은 무죄선고를 받았다. 그러나 무죄선고를 받아 무엇할 것인가? 본인은 벌써 죽고 없는 것을. 오늘에 와서야 무죄 뉴스를 듣는 우리로선 어찌 인생무상을 읊조리지 않겠는가. 이승만은 죽산 사건 이후 3년도 못돼 4.19혁명으로 하야下野를 하고 하와이로 망명을 했다가 돌아와서 온 국민의 눈총을 받으며 생을 마감했다. 물론 죽산보다야 좀 긴 수명을 누렸지만 자기 뜻대로 천년만년 권세를 누린 것은 아니니 지금에 와서 보면 이승만도 결코 제대로 산 것이 아니다. 인생무상의 눈으로 보면 그야말로 오십보백보가 아닌가? 권력재판으로 살인을 한 사람보다는 도리어 반세기가 지나서나마 무죄판결로 죽산은 만천하에 명예를 회복한 셈이 됐다.

진보당은 당시 통일정책 정강에서 "6.25의 죄과를 범한 북한의 반성과 책임규명은 평화통일의 선행조건이 아닐 수 없다"고 명시하고 있는 터이다. 이번에 대법원도 무죄판결로 진보당의 통일정책 정강이 "대한민국을 부인, 말살하는 데 있지 않고 도리어 그것을 육성하고 혁신하여 진실로 민주화하는 데 있음을 확신한다"고 본 것이다. 이로써 죽산은 뒤늦게나마 '사법살인의 피해자'에서 '건국의 주역'으로 자리매김하게 된 것이 아닌가. "착한 권력자는 없다"는 명언이 새삼 뇌리를 스친다.

뻐꾹새를 닮은 얌체 군상群像

'뻐꾹새' 하면 보통은 정겨운 이미지가 먼저 떠오른다. 산길을 가다가 '뻐꾹뻐꾹' 하고 우는 뻐꾹새 소리를 들으면 어딘지 모르게 정감이 가곤 한다. 음악에서도 '뻐꾹 왈츠'는 일반에게 퍽 친숙한 음곡이 아닌가. 그런데 최근에 나는 TV의 한 동물관련 프로그램에서 뻐꾹새가 얌체 짓을 하는 모습을 보고 깜짝 놀랐다. 이른바 '탁란託卵'을 하는 얌체 새가 뻐꾹새라는 것을 처음 알고 '정겨운 이미지'는커녕 만정이 떨어졌다. 탁란이란, 제 알을 제가 품지 않고 자기보다 몸집이 작은 뱁새 등의 둥지에 몰래 알을 낳는 것으로, 뱁새가 알을 품고 부화해 먹이까지 먹이며 기르는 것을 인근 나무에서 살피는 얌체 새가 뻐꾹새인 것이다.

지구상에는 이 같은 얌체 짓을 하는 탁란조가 약 1% 있다고 한다. 더구나 갓 부화한 새끼 뻐꾹새는 뱁새가 낳은 알을 엉덩이로 땅바닥에 떨어뜨려 죽게 하며, 자기만 살려고 어미뱁새가 물어다주는 먹이를 독식하는 짓을 서슴지 않는다. 그 어미에 그 새끼라 할까. 이 모습이 흡사 최근의 저축은행 대출부정사건처럼 인간사회에서도 저질러지고 있는 것 같아서 가슴이 아프다. 저축은행의 부정대출이란 게 뭔가? 이자利子 몇 푼 더 준다고 하여 서민들의 돈을 마구 끌어다놓고 마치 자기들 돈처럼 물 쓰듯 하고 이리저리 담보도 없이 대출해 주는가 하면, 이 부정사실이 들통날까봐 상급 감독기관이나 권력자까지 마구 끌어들여 함께 분탕질을 한 사건이 아닌가.

비단 뻐꾹새만이 약한 뱁새 따위를 울리는 게 아니다. 인간도 자기보다 약하고 어수룩하다 싶으면 갖은 꼼수를 다 부리며 해를 끼치는 일이 다반사다. 명색이 힘 있다는 자들끼리 서로 어울려서 어진 백성들에게 피눈물을 강요하고 있는 일이 어디 한두 가지여야 말이지.

무바라크와 전두환

이집트를 30년 동안 철권통치하다 지난 2011년 2월 민주화 혁명으로 축출된 호스니 무바라크 전 대통령이 카이로 법정에 모습을 드러낸 사진이 보도됐다. '현대판 파라오'로도 불렸던 무바라크가 만약의 사태에 대비해 제작된 새장 모양의 철창 안에서 간이침대에 누운 채 재판을 받는 모습이 퍽 측은해(?) 보였다.

이 특별 법정에서 그는 올해 초 자신의 퇴진을 요구하는 대규모 시위사태가 벌어졌을 때 무력진압을 명령해 시민 840여명을 숨지게 한 혐의를 완강히 부인했다. 그리고 "나의 재산이 몇 천억이라고 하나 실제로는 10억원(한화)밖에 안 된다"며 부정축재 혐의도 뚝 잡아뗀 것으로 보도됐다. 이런저런 과정으로 미뤄 볼 때 무바라크 전 대통령이 5공共의 전두환全斗煥 대통령과 여러모로 닮았다는 생각이 떠오른다. 그 첫째는 두 사람이 모두 군 장성 출신으로 자기가 모시던 대통령이 상해弑害되자 그 혼란을 틈타 대통령 자리에 올랐다는 점이다. 두 번째는 무바라크가 물러나기 전 저항시민에 대해 무자비한 무력진압을 시도했다. 전두환 전 대통령도 12.12쿠데타를 일으키고 전국에 계엄령을 선포해서 이에 반기를 든 광주시민을 총칼로 무자비하게 진압하고, '체육관 선거'를 통해 대통령 자리에 오른 점이라 할 것이다. 또한 전全 전 대통령은 어느 자리에선가 "나는 돈이 29만원 밖에 없다"고 시치미를 떼어서 오늘도 세인의 빈축을 사고 있거니와 "숨긴 돈이 없다"고 '배짱'을 내미는 면에서는 무바라크도 엇비슷해 보인다.

그러고 보니 두 전직 대통령은 얼굴도 네모나고, 배짱 하나 두둑해 보이는 점 또한 흡사하다. 전全 전 대통령은 무바라크의 재판을 보고 어떤 생각을 했을까?

땅불리스, 돈불리제?

요즘 우리나라에선 '노블리스 오블리주Noblesse Oblige'라는 말이 자주 회자되고 있다. 프랑스어인 이 말의 사전적 의미는 '높은 신분에 따르는 정신적 의무'로 풀이된다. 이 명언은 영국과 프랑스 간의 백년전쟁 때 영국군이 프랑스의 한 시골 마을을 점령하여 주민들을 모아 놓고서 "당신들 중에서 마을 주민들을 대신해서 죄를 받겠다는 사람이 한 사람이라도 나오면 그 사람에게만 죄를 묻겠다" 고 말하자 그 마을에서 부자로 상위에 있다고 자부하는 사람이 6명이나 나와 죄를 받았다는 이야기에서 유래된 것으로 알려져 있다.

이런 전통은 지금도 서구에선 흔히 찾아볼 수 있다. 영국의 찰스 왕세자가 중동전에 참전한 예라든가, 미국의 아이크 전 대통령 아들이 한국전에 참가했다가 전사한 사례는 그 두드러진 예라 할 것이다. 이런 일은 우리나라의 현실과는 정반대되는 양상이어서 오늘도 우리 모두를 서글프게 한다. 우리나라의 경우 지도층 가운데는 자신이 병역의무를 필한 사람이 많지 않고, 그 자손 역시 이 핑계 저 핑계로 병역의 망을 벗어나고 있는 것이 현실이 아닌가. 더구나 근래에는 '부자 감세' 문제가 제기돼 연일 세인과 정치권의 관심을 모은 바 있다.

이명박 대통령이 취임한 직후 민주당 정권시절에 어렵게 만들어놨던 '부자증세'를 거꾸로 '감세'하기로 해서 1차는 이미 시행됐고, 두 번째로 또 시도하려다가 여론의 반대에 부닺쳐 주춤했던 일이 있었다. 이 문제에 관한 한 선진 구미에서는 이미 정답이 나와 있다. 얼마 전 미국의 대부호 워런 버핏이 스스로 부자증세를 주창한 바 있으며 이 논리에 따라 서구 등 유럽 대륙에선 목하 이 부자증세론이 한창이다. 하지만 한국의 대기업 부자들은 이런 움직임에 대해선 눈 하나 깜짝 않는다. 이 정권이 들어선 이후 재벌들의 문어발식 자회사 팽창 제한 조치가 풀린 점을 이용해서 자녀들이 대표로 있는 기업에 일감 몰아주기로 상속세를 면탈하지 않나, 비정규직 고용문제로 끊임없이 말썽을 일으키지 않나, 갖가지 행태로 국민과의 괴리를 일으키고 있는 실정이다.

"재정 건전성을 위해 부자증세가 필요한데, 우리 정부는 부자감세를 하겠다고 이율배반적인 태도를 보이고 있는 것은 개탄할 일"이라고 비판하는 전문가도 있다. 선진 외국은 '노블리스 오블리주'로 가는데, 한국은 '땅불리스 돈불리제'로 가는가?

자본주의의 망조亡兆인가?

나는 요즘 영국과 미국을 비롯해서 수십 개 국가에서 벌어지고 있는 '소외된 계층의 반발과 연이은 데모'를 역사의 '거창한 수레바퀴'로 본다. 1760년 영국에서 시작된 산업혁명産業革命 이후에 이른바 '선진국'이라는 곳에서는 나름대로 자본주의資本主義가 성행하여 잘 사는 나라로 발전해 왔다. 오늘날 서유럽과 북유럽 등 자본주의로 잘 살게 된 나라는 모두 이 자본주의의 선두주자들이다. 그런데 19세기 들어 마르크스의 사회주의 이론이 태동하면서 사상적으로 자본주의와 사회주의가 대립하기 시작했고, 이것이 변증법적 유물론으로 발전하여 마침내 이 이론을 계승한 러시아에서 1917년 레닌의 혁명을 불러온 것이 아닌가. 그렇게 해서 공산주의 종주국이라는 소련蘇聯이 탄생하고 그 후 약 70년 동안 서구의 자본주의(민주주의 국가의 경제체제)와 소련의 사회주의 경제체제가 두 개의 양대 축을 이루며 세계를 풍미해 왔다.

하지만 마르크스는 자신의 이론에 커다란 오류를 저지르고 말았다. 인간은 본래로 소유욕所有慾을 가진 동물임을 간과하고 "다같이 나눠 가지며 잘 살면 될게 아니냐?"고 착각했던 것이다. 1989년이던가? 소련이라는 사회주의 대제국이 망한 것도 결국은 사유재산私有財産을 부인한 것부터가 오류가 되어 70여 년간 자본주의와 대립하던 사회주의의 실험은 종말을 고하고 있는 것이다.

그러니까 오늘날 북한처럼 겨우 명맥을 잇고 있는 사회주의 체제가 무너질 것도 시간문제인 것이다. 그렇다고 해서 "지금의 자본주의가 영원히 독주할 것이냐?"고 하면 그런 것은 아니다. 헤겔의 변증법 즉 '정正+반反=합合'의 단계에서 사회주의의 '반'이 사라져가는 마당에는 새로운 '반'이 나오지 않으면 안 될 단계, 즉 다시 말하면 '자본주의의 수정 보완'이 철저히 이루어지지 않으면 이대로의 자본주의는 존재하기가 어려운 것이다.

20세기 초 독일의 저명한 사회철학자 막스 웨버는 그의 저서 곳곳에 자본주의의 다가올 병폐와 마르크스가 주장한 사회주의의 모순을 지적한 바 있음을 상기해야겠다. 지금 영국, 미국 등 여러 자본주의 국가에서 세차게 불고 있는 '소외계층의 분노'

는 이른바 '반反'에 대응할 '정正'의 새로운 '수정修正'이 되지 않으면 안 된다는 의미로도 풀이된다. 이것은 19세기 후반 영국에서 태동한 '패비안(fabian) 사회주의의 실험'과도 어느 일면 맥을 같이한다 할 것이다. 이런저런 '자본주의와 사회주의의 수정修正'을 통해 '국민의 다수가 욕구하는 고루 잘 사는 복지'가 이뤄지지 않는 한 재래의 자본주의가 혼자 독주할 수는 없다는 얘기다. 우리나라에서 최근 '복지福祉의 형태'가 문제되고 있는 것도 이런 일련의 맥락에서 그 근원을 찾을 수 있다.

오늘날 미국에서 벌어지고 있는 이른바 '소외계층의 데모'는 여간 심각한 것이 아니다. 누가 뭐래도 미국은 자본주의 1등 국가이다. '아메리칸 드림'이라는 말도 "누구든지 미국에만 가면 능력에 따라 하기에 따라 얼마든지 잘 살 수 있다"는 말의 대명사가 아니던가. 그러던 미국도 '복지 지출'면에서는 까마득히 뒤쳐져 있다. 오늘날 미국은 복지지출(국민소득 대비)면에서 스웨덴, 핀란드 등 북유럽 나라들에 비하면 반 밖에 되지 않는다. 그리고 1인당 소득이 미국의 40% 밖에 안 되는 한국 국민들도 거의 누리고 있는 의료보험 혜택을 미국 사람들은 지금도 수천만 명이 못 받고 있다. 그래도 종래엔 경쟁에서 뒤쳐진 사람들조차 "자기들이 못나서 그런 것이지, 정부 보조를 기대 않고 고생하면서 사는 것이 마땅하다"고 여기던 생각을 떨쳐버리고 분연히 일어난 점은 주목할 만하다. "더 이상 착할 수는 없다"고 자각한 것일까? 엄청난 보수를 받아가면서 투기를 하다가 망한 금융위기의 주범들에게 "착한 국민들도 더 이상은 참지 못하겠다"며 들고 일어났다. 소규모로 뉴욕 월가에서 시작됐던 데모가 워싱턴 등 미국 전역으로 퍼지면서 세계의 각계각층이 참여했다는 소식이다. 이 운동이야말로 미국인들이 지금 미국 사회의 경제적 사회적 상황에 얼마나 절망감을 느끼고 있는지를 잘 보여준다 할 것이다.

거대 소련이 사라진 후 수 십년 동안 기득권층이 바라던 대로 착하게만 살아왔던 미국 국민들이 드디어 미국의 사회, 미국의 경제 시스템이 뭔가 잘못됐다는 생각을 하기 시작한 점이라 할 것이다. 재래의 자본주의에 망조가 든 것일까. 미국 국민들 만큼은 아니지만 우리 국민들도 그동안 착하게 살아왔다. 특히 외환위기 이후에 우리 국민들은 OECD 회원국 중 가장 긴 노동시간, 최고의 비정규직 비율, 소득대비 세계 1~2위를 다투는 가계부채 등등을 참고 살아온 게 사실이 아닌가. 앞으로도 상당 기간 계속될 경제적 어려움 속에서 우리 국민들은 과연 어떻게 반응할까?

우리나라에서도 이미 여의도 금융가에 이 '변형의 바람'이 불고 있다는 소식이다. 서울시장 선거, 국회의원 총선거, 그리고 대통령 선거 등에서 우리 국민이 어떤 자각심自覺心을 발휘할까. 이 일련의 대사에 우리 국민들은 선진국의 국민 못지않게 '미래를 생각하는 훌륭한 결단'을 내릴 것으로 확신한다. 우리 겨레는 총명하니까!

학교폭력은 '어른 세계의 거울'이다

요즘 학교폭력 문제로 떠들썩하다. 학교에서 주먹 센 학생들이 힘없는 동료를 때리고, 돈을 뺏고, 담배 심부름을 시키고, 노골적으로 왕따를 시키는 등의 문제로 피해 학생이 유서를 써놓고 자살하는 등 큰 사회문제가 되고 있다. 그래서 뒤늦게 정부가 나서서 대책을 마련하고 각계의 의견을 수렴하는 등 야단법석이다. 기실 이런 현상은 미국에도 있고, 이웃 일본에서도 나타나고 있다. 한마디로 말하면 '자본주의 병폐의 한 단면'이라고 해도 좋다. 근년에 자본주의가 득세하고 있는 나라의 청소년들이 무엇을 보고 배워왔겠는가? 썩어 문드러진 어른들 세계의 각종 부정부패와 힘이 있으면 약자를 얼마든지 누를 수 있는 사회 양태와 법에 걸려도 힘깨나 쓰면 쉽게 빠져나가는 부조리 등을 배우고 자라온 것이다.

왕따를 당한 학생들은 어디 하소연할 곳이 없다. "부모들에게 알리면 죽인다"고 협박을 당하고 부모들에게 알려봤자 피해학생들의 학부모 대부분은 이를 대처할 능력이 거의 없다. 학교당국에서도 대체로 외면하거니와 설사 누가 신고를 한다고 해도 유아무야 덮어버리기가 일쑤다. 또 이것을 학교폭력이라고 크게 문제시하면 교장, 교감에게는 득될 것이 없다. 문제를 삼아 가해학생과 피해학생 부모를 학교로 불러도 대개는 가해학생의 부모가 되레 큰 소리를 치고 으름장을 놓기가 십상이라는 것이다.

대체로 피해학생의 부모는 먹고살기에 바쁜 등등의 이유로 또 가해학생의 부모는 돈과 힘을 지닌 경우가 태반이라는 게 통설이다. 이런저런 까닭으로 학교폭력이 드러나도 좀처럼 바람직한 방향으로 처결되지 않은 것이 여태까지의 현실인 것이다.

학교폭력 문제는 당국에서 강력히 단속하고 규제에 나서면 일시적으로는 고개를 숙일지도 모른다. 그러나 근본적으로 '어른들의 세계가 비추는 거울'이 맑아지지 않는 한 퇴치根治는 어려운 것이다. 아이들이 뭘 보고 배우겠는가? 어른의 세계는 아이들 세계의 거울이다.

개천에선 용龍이 안 난다

"개천에서 용이 난다"는 옛말이 있다. 시골의 가난한 집 아이가 장차 크게 되는 일을 비유해 이르는 말인데, 과외수업 한번 안 받은 가난한 집 아이가 서울대에 합격하거나 국가고시에 붙으면 "개천에서 용이 났다"면서 온 동네가 축하를 하곤 했다. 하지만 이런 일은 극히 어려운 현상임이 한국은행 경제연구원이 공개한 '한국 사회지표 변화 보고서'에서 드러났다.

이 보고서에 따르면 소득 상위계층의 월 평균 교육비 비중이 2003년 12.3%에서 2010년 15.1%로 계속 확대됐지만, 소득 하위계층은 2003년 7.1%에서 2010년 7.4%로 7%대를 계속 맴돌고 있는 것으로 나타났다고 한다. 더욱이 고소득층의 교육비는 저소득층에 비해 4.9배 많았으나 해마다 그 차이가 벌어져 2010년에는 6.3배에 이른다는 것이다. 이런 불균등 현상은 정규교육·학원교육 모두에서 발생하고 있다고 한다.

이 보고서는 끝으로 "우리나라 가계 교육비 지출증가는 고소득층을 중심으로 일어나고 있다"며 "교육비 지출액의 소득계층별 격차 심화는 '교육기회의 불평등을 일으키고, 결국에는 소득불균등을 확대 재생산하는 요인'으로 작용한다"고 분석했다.

결국 "개천에서 용 난다"는 말은 간데없고 "개천에선 미꾸라지만 난다"는 시중의 냉소가 현실로 다가오는 것 같아 씁쓸한 마음이다.

일본은 용서할 수 없는 나라

몇 년 전 동東 일본日本 후쿠시마 등지에 몰아닥친 지진으로 인한 쓰나미로 일본은 사상 초유의 큰 희생을 당했다. 그런데도 일본인들은 지금 비교적 차분히 재기를 노리며 '힘내라! 일본'을 외치면서 내셔널리즘에 광분(?)하고 있다는 소식이다. 이런 터에 최근에는 서西 일본日本 오사카, 나고야 등지에도 진도 9 이상의 대지진과 쓰나미가 닥칠지도 모른다고 일본의 지진전문가들이 경고했다.

남이 못 되는 것을 보고 좋아하는 사람은 결코 '좋은 사람'이 아니다. 나 역시 남이 못되는데 박수치는 사람은 아니다. 하지만 일본이 '잘못될 것'이라는 뉴스가 나오면 어쩐지 그 속보가 기대되고 은근히 망하기를 바라는 마음이 앞선다. 일본이 지난날 우리 조상들에게 얼마나 못된 짓을 많이 하였는가. 조선왕조 선조 25년에 일으킨 임진왜란(1592~1598)으로 국토는 초토화되고 수없이 많은 백성들이 죽임을 당했다. 어디 그 뿐인가. 1910년에는 한일합방이라는 이름으로 나라를 강탈해서 우리 겨레가 36년 동안 겪은 수난은 이루 말할 수 없을 정도이다. 지금도 침략근성을 버리지 못하고 독도를 '다케시마竹島'라는 등의 망언을 하며 검인정 교과서에 버젓이 수록케 하는 등 침략근성을 서슴지 않고 있다.

일본은 현재도 우리보다 크고 강한 나라이다. 지난번 후쿠시마 대지진에서 국민 총생산의 10%가 손실을 입었고 3만 여명의 사망 · 실종자와 15만 여명의 이재민을 냈는데도 불구하고 복구를 의심하는 일본인은 없다. 일본의 국토는 어림잡아 남한의 4배, 인구는 2.5배, 국민총생산은 5배, 국가예산은 10배다. 또한 지금도 일본의 여론을 이끌고 있는 자들은 연신 '일본의 내셔널리즘'을 강조하는데 혈안이 되어 있다.

이런 일본도 개인적으로 보면 많이 다르다. 비교적 정직하고 근면하고 친절하다. 하지만 개인을 넘어 '단체'나 '국가'로 무리를 이루면 그 성격은 잔인하고 포악해진다. 제2차 세계대전을 일으킨 것을 미화하고, 우리의 딸들을 성노예로 끌고 간 '정신대'를 여태껏 부인하고, 중국의 그 유명한 '남경南京 대학살'도 "전혀 모르는 일"이라고 시치미를 떼고 있다.

우리 민족이 역사상 일본인에게 당한만큼 오랫동안 혹독한 고초를 당한 적은 없다. 언젠가는 우리 겨레가 되갚을 날이 기필코 오리라고 믿는다. 그 시기가 지금 도래하고 있는지도 모르겠다. 일본이 동지진에 서지진하며 온통 쑥대밭이 된다면 재건의 손길을 뻗힐 나라의 제1순위는 한국이다. 건설복구 노하우가 단단하지, 지리적으로 가깝지, 여러모로 우리가 과거에 당했던 갖가지 수모羞侮를 정중히(?) 갚아줄 기회가 될 것으로 믿기 때문이다.

형제간의 권력 싸움, 돈 싸움

며칠 전 해괴한 형제싸움이 TV에 보도됐다. 60억대의 건물을 소유해서 매월 1천만 원의 월세를 받는 아버지와 치매로 고생하는 어머니를 두고 두 아들이 "서로 모시겠다"며 이전투구泥田鬪狗하는 장면이 그것이다. 보도내용만으로는 자세한 연유를 알 길이 없다. 그러나 '돈이 없는 부모라면 턱도 없는 일' 같아서 서글픈 마음이다. 역시 죽는 날까지라도 돈은 있고 볼일인가!

형의 말로는 "그동안 미국에 살던 동생이 아버지의 빌딩이 탐이 나서 한국에 돌아와 납치를 하다시피하여 부모를 모셔가고 빌딩에는 가등기를 해놓는 등 어처구니 없는 짓을 하고 있다"며 몸부림을 친다. 동생의 말로는 "미국에서 들어보니 부모가 형님 내외한테 홀대를 받고 있다"는 소문이 들려서 만사를 제치고 부모를 모시러 나왔다는 것이다. 동생의 말에 형은 반박한다. "지난 30년 동안 우리 부부가 모셨는데 이제 와서 무슨 뚱딴지같은 소리냐"는 것이다. 아무튼 형제가 부모를 서로 모시겠다며 길바닥에 드러눕는 등 처절한 싸움을 벌이는 것을 보고는 정말 어이가 없었다. 서로가 무슨 말을 하든지 부모가 돈 한 푼 없는 빈털털이라면 이런 일이 일어나겠는가?

옛날에 형제끼리 '권력'을 놓고 피비린내나는 싸움을 한 역사를 더러 본다. 중국의 당唐 태종 이세민李世民은 아버지 이연이 후계자로 택한 형 이건성과 동생까지 무참하게 살해하고 황위를 찬탈한 이른바 '현무문玄武門의 변變'의 장본인이다. 우리나라 조선왕조 초기에 형제들을 잔인하게 제거하고 정권을 장악한 태종 이방원李芳遠의 '왕자王子의 난難'도 비슷한 구도다. 이세민과 이방원, 이 둘은 스스로는 피해자임을 명분 삼았으나 사실은 타고난 권력욕을 실현했을 뿐으로 역사는 기록하고 있다.

이렇듯 과거에는 '권력'이 문제였으나 민주주의를 한다는 근년에 와서는 세습世襲 등이 불가능하게 되었고 그 대신 자본주의가 무한대로 확장되면서 돈의 힘이 엄청나게 커져서 이 '돈을 둘러싼 골육상쟁'이 빈번하게 일어나고 있다. 국내 20대 그룹 중 경영권 승계나 계열분리를 마무리한 그룹이 13개인데 이 중 10곳에서 혈육 간 다툼이 벌어졌다는 것이다. 이 가운데서도 1등 재벌인 삼성三星의 형제자매 싸움은 세인들을 민망하게 하고도 남음이 있다.

부모 공경도 형제간의 우애도 모두 돈 앞에서는 부질없는 것이 되어가는 세상에 살고 있다.

일본인의 양심良心, 양심兩心

내가 겪은 일본인은 개개인으로 보면 대체로 한국인보다 정직하고 친절하고 청결하다. 말씨부터 한국인보다 월등히 친절하다. 그런데 이들이 집단을 이루면 또는 국가 간의 현안이나 역사문제에 이르면 그들의 양심良心은 악마와 같은 '양심兩心'을 표출한다.

독도 문제, 교과서 문제, 정신대挺身隊 문제, 난징 대학살 문제 등등에 이르면 일본인 본래의 양심良心은 간데없고 표독한 악마로 변하는 모습을 수없이 보아왔다. 독도 문제는 더 이상 언급하기도 싫다. 그들의 손이 닿는 곳곳엔 다케시마竹島라는 주장을 서슴지 않는다. 정신대 문제만 해도 그렇다. 2차대전때 일본군이 한국의 처녀들을 강제로 징발하여 이른바 '위안부' 노릇을 하게 해놓고서 지금까지 그런 일이 없다고 계속 시치미를 떼고 있다. 일부 몰지각한 집단에서는 정신대를 그들 스스로 돈벌이하러 나선 '창녀'라고 몰아세운다. 이것들이 참으로 인간이란 말인가.

2차대전의 과오를 씻고 참회하는 데는 서독西獨이 단연 앞장을 섰다. 전후 서독의 수상이 된 브란트가 폴란드 등지에서 나치 독일군이 잘못을 저지른 일에 무릎을 꿇고 사죄를 한 것과는 너무나 대조적이다. 우리에겐 관심이 좀 덜한 중국 '난징의 대학살 사건'만 해도 그렇다. 난징 대학살은 1937년 그 6년 전의 만주침략에 이어 중원침략(中日전쟁)에 나선 일본군이 12월 난징을 점령하고 중국군과 민간인을 무차별 살육한 사건이다. 아직도 생존해 있는 현지의 일부 중국인들은 일본 군인들이 길가는 사람(중국인)을 보고 자기의 '닛뽄도'가 잘 드는지 안 드는지를 시험한다며 검劍을 휘둘러 남녀노소 할 것 없이 눈에 띄는 중국인은 모조리 죽였다고 증언하고 있다. 무고한 희생자의 수는 중국 군인 8만 명을 포함해서 최대 30만에 이른다는 설도 있다.

이 사건에 관해 최근 가와무라 다카시 일본 나고야 시장은 난징 대학살 자체를 부인하는 발언을 해서 말썽이 됐었다. "전투 행위로 많은 사람들이 죽었지만 이른바 '학살'은 없었다"는 것이다. 이렇게 주장하는 논거 또한 황당하다. "(나의) 돌아가신 아버지가 1945년 종전 당시 난징에 있었는데 그곳 주민들이 (아버지를) 잘 대해줬다. 학살 같은 것이 있었다면 그랬을 리가 없다"는 주장이다. 이 바람에 중국 난징시는 30여 년간 맺어온 나고야시와의 우호관계까지 단절해 버렸다고 한다.

매사에 "증거를 대봐!"하고 억지를 쓰며 정신대 할머니들을 모욕하고, 조선조 말에는 동학군東學軍과 의병 대학살까지 저질러놓고서도 이를 학살로 인정하지 않는 것이 후안무치한 그들의 배짱이 아닌가. 일본 정부 스스로가 "역사를 직시하는 가운데 미래지향적 한일韓日 동반자 관계를 발전시켜 나가겠다"고 국제사회에 약속을 해놓고는 그 진정성을 의심케 하는 언동을 지금도 반복하고 있는 것이다.

일본이라는 나라가 대지진 그리고 대형 쓰나미의 예보와 태풍 등으로 지구의 재난을 혼자 뒤집어쓰다시피 하는 양상이 된 것이 결코 '우연'이 아니라 일본인들이 지난날 인류에게 지은 '업보業報'가 아닐까 하는 생각이 든다.

묻지마 범죄

우리나라가 해방 이후 미국, 일본의 선진 자본주의를 모방해 가면서 이들 나라와 똑같이 겪는 달갑지 않은 사회현상이 하나 있다. 다름 아닌 '묻지마 범죄'이다.

지난 2012년 어느날 저녁엔 서울 여의도 한복판 길거리에서 길가던 시민에게 덮어놓고 칼을 휘둘러 4명의 행인에게 부상을 입힌 사건이 있었다. 그 이후에도 의정부, 수원, 서울 등지에서 잇달아 묻지마 범죄가 발생해서 그 원인 분석과 대책에 골머리를 앓고 있다. 그런데 이 묻지마 범죄를 저지른 범인들의 말에는 대체로 공통점이 있다. 이들은 스스로를 "이 세상에서 소외되었거나 버림받은 억울한 존재"라고 느끼고 있으며 그런 세상이 싫어서 거기 살고 있는 누구라도 죽여서 복수하고 싶다는 섬뜩한 생각을 갖고 있는 것이다. 이것이 묻지마 범죄, 무차별 범죄를 저지른 범인들의 심리다.

2008년 6월 8일에 일본 도쿄 한복판 아키하바라 길거리에서 시민과 경찰에게 무차별적으로 칼을 휘둘러 7명이 숨지고 10명이 부상한 이른바 '아키하바라 살인사건'이 발생했다. 당시 26세의 범인은 "세상이 싫어졌다. 누구를 죽이든 상관없지 않느냐"

고 말했다고 한다. 우리의 경우와 크게 다르지 않다. 우리나라의 최근 사건 범인들은 모두 30대의 무직 혹은 일용직으로 혼자 생활해온 것으로 조사됐다. 가족과 사회와의 관계망은 단절돼 있었다는 얘기다. 이들은 세상에 대한 절망과 증오를 먹고 살았다고 해도 과언이 아니다. 여의도 흉기난동사건의 범인이 살았던 곳은 이른바 '고시원'이다. IMF사태 이후 사회에 적응 못한 사람들이, 혹은 외국인 노동자들이 오직 생존을 위해 그곳에 거주했던 곳이 아닌가. 한마디로 묻지마 범죄는 자본주의가 고루 익지 못한 사회에 나타나는 '자본주의의 병폐' 바로 그것인 것이다. 자본주의 사회가 풍요롭지만 그 부富가 골고루 나눠지지 않고 빈부貧富의 양극화가 심화되는 것이 문제다. 이런 문제를 북유럽의 스웨덴, 노르웨이, 핀란드, 덴마크 등의 국가에서는 이른바 '사회민주주의'로 '사회복지의 보편화'로 해결하고 있다. 그런데 우리의 보수정당 일각에서는 '복지의 보편화'란 말을 "포퓰리즘이니 뭐니"하거나 "왼쪽으로 기운 사회주의"로 폄하한 기억이 난다. 몰라도 한참 모르는 소리다. 스웨덴, 노르웨이 같은 나라는 연말이 되면 장관들이 부자 고소득자들을 모아 파티를 열고 "이민移民가지 말라. 그리고 세금 많이 내는 것이 애국"이라는 말로 연례행사처럼 이들을 다독인다는 얘기를 들은 적이 있다. 하지만 우리나라에서는 정부가 대기업 부자들에게 감세減稅를 해주고, 그 대신 끼리끼리 함께 놀아나는 몰골을 서슴지 않았던 것이다.

'사회복지' 이 말은 아직 우리나라에는 해당되지 않는 '잘 사는 자본주의 선진국의 정책' 쯤으로 여겨왔던 것이 사실이다. 이런 정책적 접근 때문에 우리는 미국, 일본과 똑같이 자본주의의 '못난 몸살'을 앓고 있는 것이다.

묻지마 범죄를 당장 해결할 길은 없다. 이것은 정부가 꾸준히 사회복지의 길을 넓혀서 날카로운 자본주의의 발톱에 행여 다치는 사람이 없도록 정책적 배려를 해야 한다는 점을 일깨우고자 한다.

탈북자脫北者의 탈남脫南

2008년 9월 중국을 통해 탈북한 김광혁 씨가 아내와 두살배기 아들과 함께 탈남한 사건이 있었는데 김씨가 북한에서 기자회견을 함으로써 세상에 알려졌다. 이런 일은 북한 정보당국에서 줄이은 탈북을 막기 위한 방안의 하나로 탈북자를 꾀어서 북한에 다시 돌아오게 함으로써 더 이상 탈북을 막아보려는 의도가 숨어있는 것으로 보인다.

그러나 짐작컨대 김씨는 아주 잘못된 선택을 한 것 같다. 자고로 "한 번 배신한 사람은 또 다시 배신한다"는 재래의 고정관념도 있고 하여 그렇지 않아도 악랄한 북한당국에 의해 더 심한 고초를 겪지 않을까 염려가 된다. 김씨가 기자회견에서 한 말 중에 "탈북자들은 따돌림과 수모와 냉대를 받으며 우울증을 겪기도 했다"는 말이 있다. "탈북자의 아이들은 따돌림을 받고 탈북 여성들은 성적 노리개가 된다"는 등의 말도 한 것으로 보도됐다. "남조선은 절대 다수의 대중들이 살 수 없는 곳이며 돈과 약육강식이 판을 친다"는 발언도 했다. 다소 과장된 느낌이 있지만 북한 당국에서 이런 말을 하도록 강요했을 것이다. 특히 김씨는 "고난의 시기에 돈에 눈이 멀어 거간꾼에 꼬여 남조선에 가게 됐다"면서 "거간꾼들은 이중으로 돈을 받는다"는 등, 아예 탈북을 못하게 하는 발언도 했다.

북한 당국이 김씨를 평양 인민문화궁전에서 기자회견을 하도록 주선한 점으로 미뤄 볼 때 김씨를 통해 탈북 분위기를 잠재우려한 의도가 있음은 분명하다. 그러나 우리도 이번 일을 계기로 탈북자의 처우를 되돌아보는 기회로 삼았으면 한다.

현재 남한에는 2만4천 명에 달하는 탈북민이 있는데 "이들의 생활 형편을 세세한 부분까지 모니터링하는 데는 한계가 있다"고 통일부 대변인은 미흡한 점을 실토했다.

폐일언하고, "아무려면 남한으로 가는 것이 굶어죽기보다야 낫지 않겠느냐?"며 탈북을 시도한 것까지는 용감했는데 그 다음에 남한에서의 정착이 여의치 않다고 북한으로 되돌아 간 것은 옳은 판단이 아닌 것 같다. 북한에서는 김씨를 '한 번 배반한 사람'으로 취급할 것이 명약관화明若觀火해서 하는 말이다. 다만 우리 당국에서 북한 당국이 탈북자를 상대로 재입북을 유도하는 등의 공작이 있음을 사전에 전혀 예견하지 못했는 지가 궁금하다. 통일부는 이제부터라도 탈북민의 편의 도모에 보다 성의를 다해 이런 일이 재발하지 않았으면 한다.

이명박 대통령의 퇴임 회견을 보고

이명박 대통령은 2013년 2월 19일 청와대에서 퇴임 기자회견을 갖고 "이제 평범한 시민으로 돌아간다"고 말문을 열었다. 자고로 우리겨레는 아무리 미운 사이라도 '죽음이나 영결永訣' 앞에서는 잘못을 잊고 관용하는 관습을 지니고 있다. 이 대통령도 떠나는 마당이라 과거 자신이 저지른 잘못에 대해서도 모두 용서하고 싶다. 그러나 이제는 나도 80세의 고령으로 현 '박근혜 대통령 당선인의 이임회견'을 논평할 때까지 살아 있을지, 죽을지도 모르고 하여 기록하는 의미에서도 이 대통령의 잘잘못을 회고해 글로 남기려 한다.

이 대통령은 19일 청와대에서 이임 기자회견을 갖고 그간의 소회를 이모저모 피력했다. 개인으로서 감회가 남다르리라고 본다. 그는 지난 5년 동안 의장국으로서의 G20정상회담과 핵안보정상회의의 개최, 녹색 기후기금 유치 등을 자랑으로 내세웠다. "외교 대통령으로서의 성공"이라? 어딘가 구차하다. 국민들이 이명박 대통령 후보를 압도적 다수로 뽑았을 때는 다분히 '경제 대통령'이 되어 국민의 살림살이가 나아지고 일자리도 많이 생기는 등의 경제 활성화를 원했다. 그의 과거 경력이 대기업 CEO 출신이었기 때문이다.

하지만 취임해서는 대기업의 법인세 인하와 4대강 사업 등 일반 국민의 기대와는 별반 상관이 없는 일에 몰두했다. 한국갤럽에서 이 대통령의 재임기간에 대한 여론조사에서 응답자의 63%

가 "잘한 일이 뭔지 떠오르지 않는다"고 응답했다. "이명박 대통령이 지난 5년 동안 대통령으로서 직무수행을 잘 했느냐?"는 질문에도 응답자 중 58%는 부정적으로 평가했다.

'잘못한 일'은 4대강 사업이 34%로 가장 많았다. 다음으로는 경기침체 11%, 친인척 측근 비리 7%의 순이었다. 나 개인의 생각은 잘못한 일 1위가 4대강 사업, 2위는 대기업 법인세 경감 등 대기업 위주의 시책이 아니었나 싶다.

4대강 사업의 평가는 지금으로서는 '잘못했다'는 평가가 단연 우세하다. 모든 환경단체들이 반대하고 정치권 일각에서도 반대하는 사업을 굳이 대통령이 밀어부쳤다. 지금은 감사원에서도 잘못을 많이 지적하여 국토건실부가 해명을 하는 등 그 몰골이 말이 아니다. 22조원이라는 거금을 투자하여 4대강을 개발하는 것이 국가시책의 효율성에 비춰 볼 때 온당한 일인가에 대해 의문이 많다.

지난 추석 때 고향 남지南旨(경남 창녕군)에 들려 선산에 성묘를 하면서 조카에게서 이 얘기 저 얘기를 듣고 창녕-함안보 답사를 해봤다. 한마디로 시행청에서 "예산 걱정은 말고 마음대로 한 번 설계를 해보라"고 하여, 업자들이 돈 될 만한 일이면 모조리 설계하여 시행한 듯한 인상이었다.

우리 선산은 낙동강과 남강이 마주치는 곳에 자리하고 있는데 남강이 마주치는 자리에 뭔가 길쭉한 방어 장벽 같은 것이 있기에 조카에게 "남강 끝머리에 가로놓인 방어 장벽 같은 것은 뭔가?"하고 물어봤다. 그랬더니 조카의 대답이 "남강에서 내려오는 쓰레기들을 일단 걸러내는 장치"라고 했다. 그리고 그 건너편에는 홍수 때 남강과 낙동강이 마주치는 모습을 볼 수 있는 전망대가 세워져 있었다. 이쯤 되면 4대강 개발과는 관계없는 '예산 따먹기 사업'도 있었다는 이야기가 아닌가?

이 대통령의 경제시책은 모두가 '대기업 friendly'였다. 대기업이 수출을 잘해서 성과가 오르면 그 여분이 아래로 내려오는 등 경제 활성화가 이뤄지지 않겠느냐고 본 듯하다. 그러나 실제는 그 반대였다. 대기업 혈족끼리 서민들이 하는 '빵집'까지 점유하는 등 문어발식 경영을 마구 해나갔다. 이 바람에 골탕을 먹은 건 중소기업을 비롯한 서민들이었다.

IMF 이후 생겨난 '비정규직'이란 것이 대기업 측에서 보면 "반 월급 주고 온일 시키는 제도"이니 더 이상의 근로조건이 없다. 이 비정규직이 오늘에 이르기까지 서민층의 생계를 얼마나 위협하고 있는가? 하지만 대기업들은 잉여금을 쌓아둔 채 일자리는 늘리지 않는 등 배짱 놀음만 일삼고 있다. 이 모두가 대기업에서 CEO를 지낸 이 대통령의 묵인 비호(?)아래 이뤄진 현상이라고 보는 것이다.

지금 우리사회는 부익부 빈익빈, 빈부의 양극화 문제가 여간 심각하지 않다. 더욱이 이 문제는 이 대통령 재임 5년 동안에 더 심해졌다는 통계가 나와 있다. 이래가지고는 아무리 '떠나는 대통령'이라 해도 관용하고 너그럽게 볼 수가 없다.

갈등이 지금처럼 심한 적이 있었던가?

우리나라에 지금처럼 '갈등'이 심한 적이 있었던가? 1950년대 이전에는 약간의 '지역갈등'이 존재했을 뿐이다. 그러나 5.16쿠데타 이후에는 영·호남 지역갈등이 두드러지기 시작했고, 특히 12.12 이후 광주민주화운동 발발 이후에는 지역감정 내지 갈등의 뿌리가 좀처럼 사그라지지 않고 있다. 거기다 오늘에 와서는 '노사갈등'과 '이념갈등'에 '빈부의 갈등'이 더해져서 여러모로 사회의 안정을 위태롭게 하고 있는 실정이다.

고려대 한국사회연구소가 실시한 조사에 따르면, 2008년 이명박 정부가 들어신 후 성인 10명 중 9명이 우리 사회의 갈등이 심각하다고 인식했다는 것이다. 그런데 지난 18대 대통령 선거를 거치면서는 '세대갈등'이라는 새로운 갈등이 하나 더 추가되었다. 20, 30대와 50, 60대 유권자 층의 지지 후보가 다르다는 사실이 부각된 것이다.

이 점은 '보수'를 찬동하는 노후세대와 '진보'를 지향하는 젊은 세대 간의 견해 차이로 어차피 "기존의 자본주의를 수정하지 않으면 안된다"고 주장하는 학자도 있다. 이데올로기의 변화추이로 봐서는 젊은 층의 견해가 옳다고 생각되나 현실정치에서 이를 제어하기는 쉽지 않다. 특히 5.16군사 쿠데타 이후에는 특정 지역 출신이라는 이유로 취업과 승진 등에서 불이익을 당하기도 했고, 특정 이념을 추종한다는 이유로 감옥에 갇히는 일도 예사였다. 기업주들은 구사대를 풀어 노동자들의 파업을 진압하기도 했다. 대기업 공장의 정규직 노동자들과 비정규직 노동자들과도 눈에 보이는 혹은 보이지 않는 암투가 적지 않은 터이다. 80년 5월에서 87년 민주항쟁을 거쳐 절차적 민주주의의 진전을 다소 이룩했다는 우리의 민주주의도 시련을 겪고 있기는 엇비슷하다.

하지만 요즘 세간에서 많이 논의되는 '경제민주화' 내지 '복지보편화' 등의 논리로 사회현안에 접근하면 해답은 쉽게 얻을 수 있으리라고 생각된다. 지역갈등이고 노사갈등이고 빈부의 갈등이고 간에 모두가 그 근본은 "잘 살아 보겠다"는 데서 출발하고 있는 만큼 '경제민주화'를 그리고 '복지보편화'를 새 정부와 여야의 정치권 모두가 지향한다면 앞길에 큰 장애는 없을 줄로 안다. 그것이 '대도大道'이기 때문이다.

인사人事가 곧 망사亡事의 길 될 수도

참으로 황당한 일이 터졌다. 박근혜 대통령을 수행하던 윤창중 청와대 대변인이 주미대사관에서 인턴으로 일하던 21세 여성을 성추행했다는 사건 말이다. 이 무슨 국제망신이란 말인가?

윤창중 씨는 언론계에 있을 때부터 막말과 망언으로 악명을 떨쳤던 것으로 듣고 있다. 안하무인, 천방지축天方地軸, 이런 닉네임이 붙어 다녔던 인물이다. 그런데 그는 입만 더러운 것이 아니라 행동도 추잡하기 짝이 없었다는 이야기이다. 박 대통령이 세간의 반대를 무릅쓰고 그를 기용한 뒤 권력자의 비호에 도취해서 날이 갈수록 기고만장해졌다는 얘기다.

그는 대통령 선거전 때부터 알아볼만한 인물이었다. 모 케이블TV 시사프로에 단골로 나와서 박근혜를 제외한 다른 후보 정치인 등등에 대해서는 모조리 '&&새끼' 라는 투의 막말을 퍼부은 인물이었다. 이번 성추행 사건을 두고 "자신은 슬쩍 엉덩이에 손을 스쳤을 뿐"이라고 기자들에게 해명을 했다. 하지만 윤창중 씨는 대통령직 인수위원회 대변인에 발탁될 때부터 자격 논란이 일었던 인물이다. 그리고 박 대통령은 '불통인사', '오기인사'라는 비판에도 그를 청와대 대변인으로 임명했다. '예고된 참사'라는 야당의 주장에 할 말이 없게 됐다. 아무튼 이런 나라 망신이 없다. 한미정상 외교 중에 이런 '참사'가 일어난 것은 전대미문이다. 해외 언론들이 앞다퉈 보도했으니 국가적 수치는 또 얼마인가?

대통령 방미 성과를 논의하는 것은 국민들의 관심 밖의 일이 되어버렸으니 한심하다. 그리고 이번 일의 궁극적 책임은 박 대통령에게 있다고 본다. 박 대통령의 불통인사가 빚어낸 필연적 결과이기도 하기 때문이다. 여론에 귀를 막고 독단과 고집을 부려놓고 아무 대가도 치르지 않고 넘어갈 수 있으리라고 생각했다면 큰 오산이다.

윤씨의 성추행 사건이 향후의 수사 진전에 따라서 어떻게 결말이 날지에 관해서는 별로 관심이 없다. 문제는 윤씨 사건이 인사 실패 후폭풍의 끝이 아니라 서막序幕일 수도 있다는 점이다. 박 대통령의 고집스런 인사 등에 계속 주목을 하게 된다.

인사人事가 만사萬事라더니 하기에 따라서는 망사亡事의 길도 될 수가 있음을 절감한다.

또 종북從北이요, 포퓰리즘인가?

우리나라에서는 이른바 권위주의 정권의 후예들이나 보수주의자들이 진보주의자 등을 향해 흔히 '포퓰리즘(인기영합주의)'이니 '종북從北'이니 매도하는 소리를 듣는다. 과거의 폐습을 무시하고 진실로 국민을 위한 길이 뭔가를 생각하는 사람이 어느 날 종북이나 포퓰리즘에 젖은 사람으로 둔갑되어버리는 것이다. 근래에 비정규직을 옹호하고 대학의 비싼 등록금을 반값으로 내리자고 한 사람이 '기득권 보수세력이 색안경을 끼고 보는 대상'이 되어 있음을 보게 되었다.

최근 박원순 서울시장의 정치적 영향력을 깎아내리기 위한 방안을 담은 국가정보원 내부 문건이 공개되어 사태가 심상치 않다. '서울시장의 좌편향 시정市政 운영 실태 및 대응방향'이란 제목 아래 작성된 이 문건에는 국정원 내 배포 선을 뜻하는 고유 표시까지 적혀 있다고 한다. 이것이 아직은 '국정원 작성 문건'이라고 단정하기는 이르나, 이 점은 수사를 통해 그 진상이 규명될 것으로 안다.

이 문건은 한마디로 노골적인 정치개입 방안을 담고 있다. 박

시장이 취임 이후 "급식확대, 시립대 등록금 반값 인하 등 좌편향, 독선적 시정을 편다"며 감사원이나 여당 소속 시의원 또는 우익단체 등을 동원해 제압해야 한다고 제안하고 있다는 것이다. 이야말로 "대중의 가려운 곳을 해결해주면 빨갱이"라는 말과 무엇이 다른가?

원세훈 전 국정원장이 세종시나 4대강 사업 등 국정현안에 대한 대對국민 홍보를 지시하고, 심리전 강화를 위해 정치댓글을 다는 등의 심리정보국을 운영한 사실 등을 고려하면 민주당 진선미 의원의 관계주장이 사실일 가능성이 높아 보인다. 무엇보다도 이 문건은 박 시장을 '범汎좌파 벨트 구축', '포퓰리즘 양산'의 수역으로 규정했다는 점이 우리의 눈길을 끈다.

박 시장이 서울시장으로 당선된 뒤에 야권의 유력 정치인으로 등장한 점을 공격하는 데 이 문건의 목적이 있었던 것으로 보인다. '종북좌파 프레임'은 대상을 가리지 않았다. 서울시가 정책자문을 받기 위해 50여 명 규모로 구성한 '희망서울정책자문위'에 대해서도 '종북좌파'의 굴레를 씌웠다고 한다. 서울 마포구의 '성미산 마을'도 '종북좌파 양성소'로 지목됐다던가.

얼마 전 베네수엘라의 차베스 대통령이 사망했을 때, 이 소식을 접한 베네수엘라인들의 격정적 오열과 거리를 가득 메운 애도 인파는 수십 년 전 아르헨티나 후안 페론 대통령의 경우와 마찬가지로 대중과 지도자의 거리가 얼마나 가까운가를 보여주는 대표적인 사례다. 우리는 여기서 차베스나 페론 대통령의 비판자들이 한결같이 이들을 포퓰리스트로 몰아세운 점을 주목하게 된다. 그들이 포퓰리즘으로 기존 정당에 대한 불신을 극대화해서 기존 정당정치의 틀을 뒤흔들고 대중 동원을 통해 사회혼란을 가중시킨다고 규탄하곤 했다지 않던가. 포퓰리즘이 흔히 법치에 대한 위협이나 민주주의의 왜곡으로 간주되는 것은 참으로 유감이다. 한국의 일부 언론도 포퓰리즘을 무책임한 대중선동이나 과도한 재분배, 복지 정책 등을 시도하는 반反 제도적 정치행태로 몰아붙인 적이 있다. 그러나 오늘날의 대세는 새로운 사회집단이나 불만에 찬 유권자들을 민주주의 과정에 포함하려는 의도로 포퓰리즘의 의의를 재평가하면서 반성의 계기로 삼는 양태가 외국에선 많이 나타나고 있다. 이것이 "대중 의식意識의 계발啓發이요 사회의 진일보"라고 보는 사람들이 늘고 있는 점을 간과해서는 안 된다.

도처에서 엇갈리는 명明과 암暗

요즘 들어 우리나라, 대한민국이 이상異常한 나라처럼 종종 느껴지는 것은 어째서일까? 도하 신문이나 TV 뉴스를 보면 상하좌우 할 것 없이 어느 한 곳 부정과 부패에 물들지 않은 곳이 없다. 정계, 관계, 교육계, 공기업, 사기업 그 어느 곳이든 나라야 어찌 됐건 국민이야 어찌 됐건 온통 자기 잇속 챙기기에 혈안이 되어가는 느낌이다. 도무지 내일이 안보이고 희망이 물 건너간 나라 같다.

그러면서도 곰곰 파고들면 희망이 넘치는 곳도 더러 있다. 지난 11월의 연평도 피폭사건 때만 해도 우리에겐 회한悔恨이 쏟아졌다. 대응이 부실했느니 어쩌니 좀 말이 많았는가? 더구나 연평도를 지키던 우리 해병이 2명이나 전사했으니 해병의 인기가 떨어질 법도 하다. 그런데 우리 젊은이들의 의지는 어른들의 생각과는 판이하게 달랐다. 북한의 연평도 도발 이후 해병대 지원병의 숫자가 그 전에 비해 월등히 많아진 점이 나라의 앞날을 한층 밝게 해준다. 날이면 날마다 자기 밥그릇 챙기기에 여념이 없는 기성세대에 비해 자라나는 새싹들은 아주 건실健實했던 것이다. 한국은 어디서 이런 힘이 솟는지도 잘 모르는 이상한 나라 같다.

6.25동란 이후 60년의 세월이 흐른 지금, 전 세계 우방의 도움으로 근근이 연명해오던 폐허의 땅, 한국은 어느 순간 우리보다 못 사는 나라를 향해 도움의 손길을 내미는 나라로 변했다. 이런 한국인의 저력은 어디서 나오는가?

도처에서 명明과 암暗이 엇갈리고 있지만, 그러면서도 명이 암보다는 조금 더 강한 나라, 한 구석은 썩어 문드러져 냄새가 물씬 나지만 다른 한편에선 선진先進의 새싹이 날이면 날마다 솟고 있는 나라.

매사에 걱정이 앞서는 노인들의 눈엔 정말 한국이 '걱정스런 나라'로 보이기도 하지만 그래서 오늘도 희망을 저버리지는 못한다.

과잉학력시대

우리는 과잉학력시대를 살고 있다. 대졸 미취업자가 큰 사회문제가 되고 있는 것도 이 때문이다. 과잉학력은 대학 간판이 없으면 성공할 수 없다는 인식에서 비롯된다. 하기야 제2차 대전의 종전과 6.25동란 이후 폐허의 땅에서 오늘 이만큼 고도의 성장을 이룬 것에 학력과 인력의 덕이 큰 것을 알고는 있다. 한반도에 자원이라곤 엄밀히 말하면 '사람' 밖에 더 있는가.

그래서 해방 후부터 '교육'을 중시한 것이 오늘에 와서는 한편으로 큰 애물이 되고 있는 것이다. 정치인, 고급공무원, 심지어 연예인들에까지도 고학력 바람이 불어 박사학위 논문 표절이니 어쩌니 하는 문제가 심심찮게 제기되고 있는 터이다. 국민소득이 우리의 3배인 스위스의 대학진학률이 10%대에 머물고 있는 것과 비교하면 지극히 낭비라는 생각을 떨쳐버릴 수가 없다.

현재 우리나라 성인 10명 중 4명 이상이 대학을 졸업한 것으로 조사되고 있다. 통계에 따르면 우리나라 대학 출신 비중은 1970년 6.6%이던 것이 1980년 10.3%, 1990년 18.8%, 2000년에 31.4%, 2010년에는 40%를 넘어섰다는 것이다. 우리나라 대학진학률 또한 80%를 넘어 세계 최고이다. 이런 고학력이 사회를 급속 성장하게 한 장점도 있으나 지금은 대졸 실업자의 양산과 엄청난 사교육비 부담 등으로 사회가 온통 몸살을 앓고 있다.

한 연구소의 조사에 따르면 청년층의 노동시장 진출 지연으로 연간 19조원의 기회비용이 발생하는데다 대학진학을 위한 사교육비 지출이 더해져서 무려 39조원이 엉뚱한 곳에 낭비되고 있다고 한다. 이 일을 어쩔꼬? 이런 성향의 근본적인 원인은 해방 후 우리가 미국의 사학私學 위주 교육체제를 직수입한데 기인한다고 본다. 일찍이 서구, 특히 독일을 본받았더라면 하는 아쉬움이 든다.

그나마 최근에 대학진학을 하지 않고 처음부터 전문 고등학교로 진학해 일찌감치 사회로 진출하는 젊은이가 늘고 그런 교육기관이 늘고 있는 점은 다행이라 생각한다.

5.18현장 목격자로서 한마디 한다

나는 광주민주화운동이 한창 소용돌이치던 와중에 5공共 계엄군이 주선한 군용기 편에 도하 각 언론사 사회부장단의 일원으로 현지에 내려갔던 기억이 있다. 그래서 광주민주화운동을 시 외곽에서나마 목격할 수 있었다. 당시는 계엄이어서 언론은 이 사태에 대해서 '광주 소요', 시민에 대해서는 '폭도'라고 기사를 쓰도록 강요되던 때였다.

그런데 세월은 흘러 '광주사태'는 '광주민주화운동'으로 명명되고 오늘에 이르고 있다. 나 또한 광주사태를 흘러간 우리의 아픈 민주화 역사로 생각해 왔다. 하지만 30년이 넘은 이 시점에 이르러 새삼 국가보훈처에서 "〈임을 위한 행진곡〉을 제창齊唱하지 말고 합창단의 합창으로 대체하라", 일부 매체에서 "광주

사태를 북한군이 개입해 일으킨 폭동"이라느니 하는 데 대해서는 한마디 해야겠다.

'광주사태'는 이미 국민의 합의에 의해 '광주민주화운동'으로 승화된 지 오래다. 그런데 동아, 조선의 종편채널이 "5.18광주민주화운동은 북한군이 개입해 일으킨 폭동"이라고 주장하고 나섰다. TV조선은 〈장성민의 시사탱크〉에 북한 특수부대 장교 출신이라는 남성을 출연시켜 "5.18 당시 600명 규모의 북한 1개 대대가 광주에 침투했다"는 주장을 내보냈다.

북한군 개입설은 일찍이 일부 극우인사가 거론한 바 있으나, 5.18 관련 수사나 재판이나 국회 청문회 과정에서도 제기된 적이 없다. 사실 확인이 불가능하고 근거도 제시되지 않은 주장을 새삼스레 종편에서 여과 없이 방송한 것은 지극히 무책임한 처사요 전파의 공공성을 해치는 일이라 하지 않을 수 없다.

정부 당국도 이런 일련의 사태에 대해 책임을 져야 한다. 5.18을 상징하는 노래로 자리잡은 〈임을 위한 행진곡〉을 '제창'은 안 되고 '합창'은 되느니 하는 해괴한 논리로 불협화음을 일으키는 행태는 정말 이해가 안 간다. 보수 성향 인터넷사이트 '일베'의 5.18 사진전 훼손 인증샷 게시 등도 너무 어처구니가 없는 짓이다.

북한의 소행입네 간첩이 개입했네 하는 이야기는 1980년 당시 계엄사령부에서 발표한 내용이었으나, 이미 신군부 스스로가 잘못된 내용이라고 사과하고 끝난 사실들이다. 역사적으로나 실제적으로 다 정리된 것을 가지고 이제 와서 다시 언급하는 것은 광주 시민뿐만 아니라 민주주의 자체를 모욕하는 짓이 될 것이다. 지금이야말로 온 국민이 지역갈등, 빈부갈등, 계층갈등을 해소해 나가야 할 시점이 아닌가. 정부와 여당은 5.18을 왜곡 훼손하는 언행을 방관해서는 안 된다. 단호한 대처를 통해 더 이상의 국론 분열, 지역 갈등을 막고 국민 대통합의 길로 나아가겠다는 의지를 보여주기 바란다.

지역감정의 원천

어느 나라든지 지역감정이 다소나마 없는 나라는 없다. 그러나 우리나라는 지역감정의 뿌리가 깊다. 이 지역감정이라는 것도 5.16 군사 쿠데타 이후에 극성을 부리기 시작했다.

오늘날 대한민국이 선진국으로 발돋움 못하는 이유로 흔히 부정부패, 빈부 격차의 심화, 지역감정 이 3가지를 꼽는다. 각계가 발돋움하려는 전도前途에 마디마디 발목을 잡는 것이 위의 3가지 독소이다.

이 가운데서도 지역감정은 오랜 역사를 지녔다. 역사적으로는 고려시대에 태조 왕선이 몽지빙인으로 '훈요십조訓要十條'를 내놓았는데, 이 가운데 '금강錦江 이남 출신은 등용하지 말라'는 조항이 있다고 한다. 이것이 우리나라 지역감정의 원초인 것으로 전해지고 있다. 하지만 이 조항은 그 후 오래토록 큰 장애가 되지 못했다. 지역감정이 표면의 사회문제로 대두된 것은 5.16 군사 쿠데타 이후 민정이양을 앓고 대통령에 출마해 제3공화국을 건립하면서부터로 알고 있다. 그 이전 자유당 시절, 민주당 시절에는 전라도 출신이 대구에서 국회의원에 당선되는 등 지역감정과 무관한 몇몇 예가 있어 왔다. 그러던 것이 박정희 대통령이 대통령에 출마해 민주당 윤보선 씨와 대결하면서부터 지역감정은 노골적으로 부각되었다. 당시 공화당의 거물 이 모씨(전 국회의장)와 정치인 이 모씨가 지역감정 촉발의 주역이었던 것으로 많은 사람들은 기억하고 있다. "경상도 자동차 넘버를 달고 전라도에 가면 주유소에서 기름을 넣어주지 않는다"는 등 온갖 유언비어를 두 이 씨가 선거연설을 하며 퍼뜨렸던 것이다.

이런 일을 시발로 탄생한 군사정부에서는 줄곧 전라도 출신을 푸대접했으며 이것이 오늘에 이르기까지 해묵은 지역감정으로 곳곳에 자리 잡고 있다고 보는 것이다. 이 불씨가 최근 경북대 법학전문대학원(로스쿨)의 신입생 선발 면접에서 ㄱ교수가 수험생 면접도중 "박정희 대통령과 노무현 전 대통령 중 누가 더 낫죠?"라는 부적절한 질문을 했다는 비판이 제기돼 시비가 일었었다. 한 관계자는 ㄱ교수가 면접 때 "채동욱(전 검찰총장)이 왜 그렇게(국정원 댓글) 수사한 줄 아느냐, 전라도 출신이라서 그런 거다"라고 말한 것으로 알려지고 있다. ㄱ교수가 응시생에게 "국정원 댓글사건이 선거에 영향을 줬다고 믿느냐?"고 물은 뒤에 응시생이 "영향을 줄 수 있지 않겠느냐"고 답하자, "어떻게 영향을 줄 수 있느냐?"고 윽박지르기도 했다는 것이다. "이것이야말로 응시생의 사고를 검열하고 국민을 편 가르기 하는 것 아니냐?"고 한 시민단체 관계자는 말했다 한다.

이런 해묵은 지역감정이 되살아나는 것은 박근혜 대통령의 당선과도 무관하지 않다고 본다. 나는 박근혜 대통령 당선 이후 이런 지역감정, 박정희 대통령 추모 열기 등이 곳곳에 나타나리라고 예상은 했다. 아니나 다를까 어느 교회나 사찰에서 고 박정희 대통령 추모 예배와 기도회가 열리고 있다는 후문이다. 조금은 예상한 일이다. 최근에는 경북 구미의 현직 시장市長이 한 기념사에서 박정희 전 대통령을 '반신반인半神半人'으로 표현했다는 보도도 있었다. 그러나 법학전문대학원 입시 구술시험에까지 그 여파가 번진 것은 참으로 유감이다. 나라가 장차 어디로 갈 조짐인가?

권세냐 돈이냐?

여객선 세월호의 침몰 참사를 보고, 대한민국에서 살려면 권력이 있거나 돈이 있거나 해야지, 이 둘 중 어느 한 편에 서지 않은 '어진 백성'으로서는 살기가 정말 어렵다는 생각이 든다. 그간의 사고 경위나 사고 수사과정 등을 보면 대한민국 국민인 것이 부끄럽다는 생각을 지울 수가 없다. 세계 10위권의 수출대국이요 자동차 제조와 스마트폰 대국을 자랑하면 무얼하나? 나라는 온통 썩어 권력 편에 서거나 돈 편에 서지 않으면 행세를 못하는 판인데.

공무원 임용시험에 1백만 명, 삼성 신입사원 모집에 1백만 명의 젊은이가 몰리는 현상이 대한민국의 현 위치를 대변해주고 있다. 권력 편에 서서 한 자리 공직을 차지하면 정년停年에, 신분보장에, 봉급 외의 알파가 저절로 따라온다. 대기업에 취업하면 몇 년간 근무하고 그만두더라도 그 경력으로 중소기업, 소기업을 마구 넘볼 수가 있다. 그리고 사회에선 어느 곳을 가더라도 엘리트 대접을 받는다. 행정고시, 사법고시를 통과하거나 의사가 되면 더 말할 것도 없고. 만약의 경우에 대비해서라도 회계사, 기술사 등 각종 자격증을 따야한다. 그래야만 무한경쟁의 늪에서 비교적 편안히 살 수 있다. 학부모들이 자식들을 비싼 학원에 보내고 비싼 과외를 시키는 것도 그 때문이다. 옛날엔 "개천에서 용이 난다"는 말이 실제로 통했다. 하지만 지금은 개천에서 미꾸라지도 살기 어렵다.

세월호 침몰사고는 대한민국이 후진국이라는 점을 적나라하게 보여주고 있다. 창피하기 짝이 없다. 이번에 사고를 낸 세월호만 해도 선령 20년 이하로 정하고 있던 해운법을 고쳐 25년, 30년까지 연장할 수 있도록 해준 정부의 기업정책 덕분(?)이 아닌가. 적재중량의 두 배가 넘는 화물을 실은 이 배를 월급 270만원짜리 계약직 선장에게 맡겼다던가. 접대비는 연간 6천만 원씩 쓰면서도 선원 연수비는 달랑 54만원이 고작인 청해진 해운의 책임자는 구속된 이준석 선장보다 죄질이 가볍지 않을 것이다.

돌이켜보면 세월호 사건은 각 분야에서 책임을 진 자들이 부패하고 업무를 게을리하여 벌어진 '대한민국호'의 사고다. 대한

민국호의 선장이 우리 사회 전체 시스템의 근본적인 문제를 파악하고 처방을 찾지 않으면 도처에서 각양각색의 대형 사건이 또 일어날 것이다. 국민생활의 이해관계와 밀접한 관계부서가 얼마나 많은가. 바야흐로 1%의 부패한 권력이 5천만 민족을 적당히(?) 요리하고 있다는 말도 된다. 권력에 만연한 부패, 부富의 편재, 부익부 빈익빈의 가속화 등 비뚤어진 사회구조를 고착시키고 있다는 것이다.

고구마넝쿨처럼 줄줄이 엮이어 나오는 이름들을 보면 세월호 침몰은 극한 상황에서 일어난 돌발적이고 피할 수 없는 참사가 아니다. 권세가 있는 곳에선 이른바 갑甲과 을乙이 실존하는 모든 영역에선 일마든지 일어날 수 있는 일이라 할 것이다. 광범위하게 퍼진 부패 작태는 박근혜 정부가 내각 총사퇴를 한다고 해서 풀릴 문제가 아니다.

대통령이 이런 부조리 척결에 칼을 빼들고 싶으면 별도의 강력한 부정부패 척결기구를 구성하고 특별법을 제정하여, 국정 선반에 그야말로 새로운 물갈이를 해야 할 것이다. 이 과제만 완수하면 어지간한 국사國事는 다소 늦어지더라도 국민과 역사는 큰 박수를 보낼 것이다.

2부

철이 들어 익힌 지혜

나는 지금까지 "행복하게 살아야겠다"고 마음먹은 적은 없다. 오히려 "지금이 가장 행복하다"고 느끼며 사는 편이다. 지금도 오래 살 생각은 없고, 다만 사는 동안 불행한 일이 내 앞에 닥치지 않기를 바랄 뿐이다. 나는 이것을 '불행하지 않을 권리'라고 말하고 싶다.

그대는 인생을 사랑하는가?

그렇다면 시간을 낭비하지 말라.

시간이야말로 인생을 형성하는 재료이기 때문이다.

벤자민 프랭클린

'소견所見'에 관한 소견

'소견'이라는 낱말에 대하여 어느 스님이 법문하는 소리를 듣고 문득 생각나는 것이 있어 한 줄 적어본다.

옛날부터 "소견이 보배"라는 속담이 전해온다. 소견이 복이라는 말도 있다.

그 옛날 미국의 어느 도시에 아버지와 두 아들이 살고 있었다. 그런데 아버지는 심한 알콜 중독자로 세월을 보내고, 큰아들도 아버지를 닮아 알콜 중독자로 살게 되었다고 한다. 그래서 한 이웃사람이 큰 아들을 찾아가 "어찌하여 아버지처럼 날마다 술만 마시고 허송세월을 하느냐?"고 물었다. 그랬더니 그 아들이 대답하기를 "내가 술을 안 먹게 됐습니까? 저 아버지 꼴 좀 보시오." 하더란다. 그러나 둘째아들은 아버지나 형과는 달리 훌륭한 의사가 되어있었다. 그 이웃사람이 궁금하여 다시 둘째아들에게 물었다. "아버지는 알콜 중독자이고 형도 또한 알콜 중독자인데 어째서 당신은 형이나 아버지를 닮지 않고 훌륭한 의사가 되었습니까?" 이때 둘째아들의 대답이 걸작이다. "아버지와 형이 모두 알콜 중독자인데 당신 같으면 어떻게 했겠느냐"고 물으며, "이런 환경에 나마저 타락한 생활을 할 수 없어 열심히 공부하여 의사가 되었다"는 것이다.

같은 아버지 밑에서 자라도 '소견'에 따라 얼마든지 다른 인생을 살 수 있다는 교훈이 아닌가? 소견이 얼마나 중요한지를 새삼 깨닫게 된다.

농심農心, 이기심利己心

나는 '농심'이라는 말을 '순박하고, 거짓말하지 않고, 자연의 섭리에 순응하는 숭고한 마음'으로 알고 있다. 적어도 여태까지는 그런 걸로 알고 농촌과 농민을 보아왔다. 그런데 최근 한 TV에서 그렇지 못한 장면이 보여 마음이 언짢았다. 전남 어느 곳의 과수재배 농민이 과잉생산으로 값이 떨어진 배를 밭에 수북이 쌓아놓고 이것을 트랙터로 갈아버리는 장면이 나온 것이다.

물론 이렇게 하는 농심을 이해 못하는 것은 아니다. 죽도록 땀 흘려 가꿔놓은 결실이 생산비에도 못 미치는 데 대해 허탈한 심정을 갖는 것은 능히 이해할 만하다. 하지만 이 농민은 하나만 알고 둘은 모르는 우愚를 범했다고 본다. 오늘도 도시에서는 배

하나에 1천원 아래로 주고는 못 사먹는다. 그러니 이 귀한 과일을 그냥 갈아엎는 모습을 보고 마음이 편할 까닭이 없다. 조금만 마음을 다르게 먹으면 얼마든지 좋은 일을 할 수 있고, 값어치에 맞게 팔지 못한 것에 대한 위로를 얻을 길이 있는데 말이다. 가령 이 배를 트럭에 싣고 중소도시로 나와서 싸게 팔 생각은 왜 못하는가. 기대한 제값을 받지는 못하더라도 산지직송 과일을 저렴하게 일반인들에게 제공하는 기쁨을 느낄 수도 있을 것이다. 남을 위해 보시한다는 것이 특별한 행위는 아니지 않은가. 또 요즘에는 이른바 '푸드 뱅크'라고 하여 음식을 모아 불우한 이웃들에게 나눠주는 단체도 있다. 이런 곳에 저렴하게 선물하면 얼마나 좋겠는가. 허전한 농심이 일순간에 자비심으로 바뀔 것이다.

내 욕심에 안찬다 하여 갈아엎는 것은 그야말로 이기심利己心일 뿐이다. 조금만 다르게 생각하면 선행도 하고 새롭게 '풍성할 내년'을 기약할 수 있었을 텐데 마음이 아프다.

만사는 마음먹기 나름이다. 오늘의 손해를 한마음 돌이켜 내일의 복으로 승화시키는 마음의 여유를 가졌으면 하는 바람이다. 이렇게 말하면 답답한 농민들은 "부처님 같은 소리 하고 있네"라고 핀잔을 줄지도 모르겠다. 그러나 어차피 사리가 그렇지 않은가.

순박한 농심이 순식간에 이기심으로 바뀌는 현실이 안타까워 해보는 소리다.

거짓이 득실거리는 세상

우리 사회에 거짓이 너무 득실거리는 것 같다. 가짜 의약품, 가짜 식품에 다단계 등등 갖가지 눈속임과 상술이 만연해 있다. 어디 이뿐인가. 보이스 피싱이라던가 난데없이 전화가 걸려와 우체국 등을 들먹이며 수작을 부린다. 이런 일에 걸려드는 사람도 적지 않은 듯하여 정말 걱정이다. 지푸라기라도 잡으려는 사람들을 노리는 범죄가 너무 만연해 있다. 그래도 나는 속지 않으리라 늘상 다짐을 하며 살아오던 터에 엉뚱한 복병에 걸려들고 말았다.

러닝셔츠가 낡아 새것으로 바꿀까 하던 차에 지하철 역 구내 복도에 쌍방울 제품을 재고정리 헐값으로 판다는 노점이 있어 들렀다. 쌍방울 제품은 거의 망라돼 있었다. 가까이 가서 소매 있는 러닝셔츠를 찾았더니 주인이 내놓았다. 겉포장이며 제품 모양새가 내가 찾는 것과 같아 사이즈 105짜리 4개를 1만원에 샀다. 아무래도 마트의 값보다는 싼듯하여 내심 잘샀구나 싶었다. 그리고 집에 와서 당장 하나를 꺼내 입었다. 그런데 이게 웬일인가. 목 부분이 가려워 벗어봤더니 'TRY'라고 상표가 붙어 있기 때문이었는데, 투명 테이프 같은 것에 'TRY'라는 글자를 찍어 풀로 붙여놓은 것이었다. 그 상표를 떼어내고 다시 입으니 괜찮았다. 셔츠 자체는 별 하자가 없어보였지만 의심쩍은 마음에 포장지를 꺼내 자세히 살펴보았다. 그랬더니 이 상품은 쌍방울 제품이 아니라 중국에서 만든 가짜 상품이었다. 기분이 좀 나빴지만 내가 싼 것만 찾다가 깜박 속았구나 위로했다.

이것은 약과에 불과할 것이다. 세상엔 별의별 것들을 가짜로 만들어 판다고 하지 않던가. 앞으로 주머니를 열 때는 몇 번이고 확인해 보아야겠다 다짐한다. 더구나 그게 큰 금액일 때는 더더욱 그럴 것이다.

떳떳하지 못한 삶

나는 요즘 잠결에 그 누구로부터 "너는 누구냐?"는 질문을 이따금 받는다.(이 질문의 전후성황에 대해서는 자세히 언급하지 않으련다.) 얼핏 생각하면 요상한 질문처럼 들린다. 하지만 한층 깊이 파고들면 매우 심각한 질문도 된다. 나는 유년기와 청소년기, 그리고 학창시절을 부모님 덕택으로 큰 어려움 없이 보냈다. 그리고 결혼하여 직장생활도 겉으로는 무난히 해냈다고 생각한다.

나는 대학 졸업 후 언론계에 투신하여 여당지, 중립지 등 색깔이 다소 다른 신문을 돌아다니며 기자 생활을 했다. 그런데 내가 한창 활동하던 황금기는 군사 독재권력이 세도를 마구 휘두르던 70~80년대와 맞닥뜨리고 있었다.

나는 당시 군사 쿠데타라든지, 독재와 같은 현안에 대해 매우 비판적인 눈을 가지고 있었다. 5.16 쿠데타 이후 외근 기자실에서 시국문제로 토론이 벌어지곤 할 때면 나는 당시의 어느 야당지 기자 못지않게 강한 논조로 군사정권의 행태를 비판하곤 했다. 12.12 쿠데타 때도 물론 그랬다. 그래서 큰 문제가 나에게 발생할 뻔한 적이 있다. 전두환 군사정권이 쿠데타 이후 이른바 '삐딱한 기자'들의 명단을 각 사별로 작성해 모조리 '숙정肅正'을 하기 시작했다. 당시 나는 여당지인 S신문에 있었지만 여기서도 십여 명의 기자가 '숙정'을 당했는데 나는 이 숙정 대상에서 용케 빠졌다. 나보다 훨씬 덜 비판적이던 기자도 숙정됐는데 나는 다행히도(?) 그 대상에서 빠져 주위에선 모두 의아하게 생각했다. 나 스스로도 정말 운이 좋구나 생각했다.

그런데 한참 뒤에 알고 보니 청와대 비서실의 경남중학 출신 실세 L비서관이 언론인 숙정 명단에서 경남중학 출신을 모두 구제해, 여기에 나도 끼어 살아났다는 것이다. 그렇게 나는 별 수 없이 '떳떳하지 못한 삶'을 계속 살아야 했다.

그 당시 숙정된 기자들이 겪은 고통은 이루 말할 수 없는 것이었다. 다른 직장에 취직이 안되었음은 물론, 그 중 일부는 안기부에 끌려가 고문을 당하기도 했다는 후문이다. 요즘 현실 시국 전면에서 활동하고 있는 전직 언론인들은 모두 이 쓰라린 고통을 이겨낸 용사들이다. 솔직히 말해 나는 당시 가장家長이라는 책임감이 너무 강했고 또 용기가 부족해 안기부에 끌려 다니는 고초를 이겨낼 위인은 못 되었다. 그러자니 현실에 순응해야 했고 더러는 떳떳하지 못한 일을 보아도 못본 척하는 그런 흐릿한 처세를 할 수밖에 없었던 것이다.

돌이켜 보면 이것이 부끄럽고 떳떳하지 못한 삶이었음을 자인하지 않을 수 없다. 내일이라도 꿈에 또 누가 나타나서 "너는 누구나? 지난날 어떻게 살았냐?"고 물으면 어물어물 "떳떳하지 못한 삶을 살았노라"고 고백할 것이다.

양심형良心型과 철면피형鐵面皮型

인간 중에는 양심 형과 철면피 형이 있는 것 같다. 그 대표적인 예로 최고위 공직자 중에서 고 노무현 전 대통령이 양심 형이요 전두환 전 대통령은 철면피 형으로 생각된다. 전全 전 대통령은 고 노무현 전 대통령의 자살 뉴스를 접하고 이를 '코멘트'하면서 "죽기는 왜 죽어, 조금만 참으면 될 것을…"하고 말한 것으로 보도됐다. 사형 선고를 받고도 눈 하나 깜짝 않은 위인이니까 그럴 법도 하다.

그렇다. "조금만 참고, 역풍을 피하면 될 것을 가지고, 죽을 것까지야 없지 않은가" 하고 안타까워하는 것이 한국형 철면피들의 속성이다. 최근에만 시장 · 군수 등 지방자치단체장과 경찰서장 등이 부정에 연루되어 당국의 수사를 받게 되자 앞질러 자살해 버리고 만 경우가 여럿 있었다. 일부 대기업인, 정치인 등도 그런 예가 있었다.

이런 부류의 사람들은 평소 자존심과 양심 하나로 산다고 자부하다가 혹여 잘못되어 당국의 수사라도 받게 되면 "이 수모를 장차 어떻게 감당하나? 가까운 가족친지는 또 어떻게 보고?" 하며 고민하다가 스스로 목숨을 끊어버리는 우愚를 범하는 것이다.

하지만 철면피 형은 전혀 다르다. 검찰의 수사가 진행되면 처음에는 "자신은 전혀 모르는 일"이라고 잡아뗀다. 그러다가 구속을 당하기라도 하면, 그때서야 비로소 "국민에게 송구하다"는 등의 말을 남기곤 한다. 모 정치인의 경우는 형을 살고 옥문을 나서면서 자기 지지자들을 미리 불러 꽃다발을 받거나 만세를 부르기도 했다.

나는 심리학자가 아니어서 이들 유형의 인간을 속속들이 파헤치지는 못한다. 하지만 근본적으로 사람의 됨됨이는 이런 데서 또렷이 갈라지게 마련이다. 인간의 품성을 가리켜 일찍이 맹자孟子는 성선설性善說을 주창했고, 순자荀子는 성악설性惡說을 주창했다. 성선설은 인간은 본시 선하다는 주장이고, 성악설은 인간이 본시 악하다고 보는 주장이다.

이에 비해 불교 경전에는 "인간은 본래는 선善도 아니고 악惡도 아닌 성공설性空說"로 되어 있다는 월호스님의 설명이다. 자라면서 선이 6할, 악이 4할로 표현된다고 보는 견해도 있다. 그러니 부지런히 수행을 해서 적선積善을 해야 한다는 것이다. 그러긴 해도 인간 개개인의 본성은 많이 달라서, 수치심이 강한 사람 혹은 여간해서는 얼굴 하나 붉히지 않는 철면피가 세상에 뒤섞여 살게 마련인가보다.

지혜로운 언어言語의 비유比喩

직장을 정년퇴직하고 불교에 심취한 지 10년 세월에 이른다. 그동안 컴퓨터를 통한 불교 공부, 불교TV 시청, 경전 독서 등을 통하여 나름대로 공부를 해왔다. 하지만 용맹정진하는 진정한 수행자들에 비한다면 몇 푼어치 되겠는가. 하지만 내 나름대로 정진한 덕분인지 우선 나의 성격에 변화가 많이 생겼다.

예전에 직장을 다닐 때는 말을 너무 직설적이고 솔직하게 하여 미움을 사거나 오해를 불러일으키는 경우가 없지 않았다. 그런데 불교를 공부한 뒤로는 도리어 언어를 좀 더 지혜롭게 구사하는 요령 혹은 지혜(?)가 생겼다 할까. 그래 봤자 부처님이 설법하신 법화경 속의 '궁자窮子의 비유'나 '화택火宅의 비유'에 비하면 천분의 1, 만분의 1도 안 되는 일이지만 이것으로 인해 큰 효험을 볼 때가 종종 있다.

따로 사는 아들 · 딸이 전화를 자주 하지 않아 내가 먼저 전화를 걸었을 때의 일이다. 둘째아들은 통상의 효도는 만점에 가깝지만 유독 전화는 뜸한 적이 많아 먼저 전화를 걸었다. 처음에는 좀 나무라기로 마음을 먹었다. 그런데 막상 아들이 전화 속에서 "아버지! 별일 없지요?" 하고 안부를 물어오는 순간 나무라기는커녕 "응! 아들 목소리가 듣고 싶어서 전화를 걸었어." 하고 얼버무리고 마는 것이다. 아들은 전화 속에서 송구함을 감추지 못하고 "전화를 자주 못해서 죄송합니다."를 연발한다. 그러고 한참 시간이 지나 약효(?)가 떨어진 듯하여 내가 먼저 또 전화를 걸었다. 아들이 전화를 받고 예例의 "자주 전화 못해 미안합니다."는 인사를 하길래 그 말을 받아 내가 한다는 말은 "야! 그곳은 강남이니까 학원 같은 게 많지?" 하면서 "그 학원 중에 늙은 부모에게 전화 자주 하게끔 가르치는 학원은 없는가?" 한다. 말뜻을 알아 들었는지 말았는지 겸연쩍어하는 아들의 목소리이다.

이 얘기를 친한 친구에게 말했더니 "그것 특효약이 되겠는데…" 하며 자기도 시험 삼아 한번 써먹어 보겠다고 농담을 하곤 했다.

또 '비유의 말'을 얼떨결에 한 적이 있는데 하루는 친구들과 도봉산 등반을 하고 하산하는 길에 옆 친구에게 "오늘은 산 입구 초소에서 예쁜 여성은 아예 들여보내지 않았나 보다." 하고 말하며 크게 웃었다. 이때도 "오늘은 여성 등산객이 모두 못난이들 뿐이야." 하고 말하는 것보다야 백번 낫다고 생각한다.(그날 따라 여성 등산객들이 내 눈에는 한결같이 못나 보여서 순간적으로 해본 소리였다.) 이 말도 내가 준비해서 한 말이 아니라 그야말로 홀연히 내뱉은 것인데 말투에 다소간 '지혜'와 '여유'가 생겼다고 자찬해도 될까. 나름대로는 나의 언어구사가 매우 순화된 것을 종종 느낀다.

부처님을 배움으로써 조금씩 '지혜롭게 비유하는 능력'이 생긴 것일까. 불교의 사섭법四攝法 가운데 두 번째가 사랑스럽게 말하라는 '애어愛語'아닌가.

불교를 공부한 후로 나는 많을 것을 얻고 배운다. 이 모두가 부처님의 교화 덕분이라고 여겨 진심으로 감사하고 있다.

나무가 정말 고맙다

산을 탈 때마다 느끼는 것은 나무에 대한 고마움이다. 봄은 봄대로 여름은 여름대로, 또 가을 겨울은 계절대로 한껏 멋을 풍기며 인간에게 즐거움을 안겨준다. 겨울 산을 한번 생각해 볼까. 잎이 다 떨어져 앙상하고 빈 가지만 드러난 나무의 모습은 지난날의 고달픈 삶을 고스란히 보여준다. 겨울 산행을 하다보면 숲속의 낙엽 밟는 맛이 여간 아니다. 마치 고운 방석을 밟고 가는 듯한 맛을 느낄 때도 있다. 산행을 하다 중간에 쉼터를 찾아 주위를 돌아보면 온통 낙엽이 깔려있고 잎을 다 떨군 가느다란 나무 사이로 불어오는 바람은 이찌 그리 싱그러운지. 운동하러 산행을 하는 것이 아니라 나무와 숲과 벗 하는 게 훨씬 더 값진 느낌이다.

숲의 나무들은 잎이 다 떨어지고 나면 동면에 들어간다. 하지만 그들은 허전하지 않은 것 같다. 바닥에 떨어진 낙엽이 새봄의 양식이 될 것을 알고 있어서인가. 그러면서도 빈 가지가 그대로 드러난 나무는 그동안 세찬 비바람을 겪으며 살아온 세월을 묵묵히 말해준다.

곁에 가서 앙상한 나무를 자세히 들여다보면 인간이 꺾어서 부러진 가지, 곤충이 파먹어 울퉁불퉁한 동공 등 곳곳이 할퀸 자국이다. 그래도 원망하는 빛은 찾아볼 수 없다. 그저 묵묵히 사람을 맞이한다. 이 점이 얄팍한 인간들과는 격이 다른 듯하다.

특히 인간이 나무한테서 크게 배워야 할 것은 큰 나무 작은 나무 할 것 없이 해마다 알맞게 비를 맞고 고루 자란다는 점이다. 나름대로 새 가지와 묵은 가지로 높이와 덩치를 더해가는 것도 정말 신기하다. 한 여름 폭풍에도 잘 안고 있던 나뭇잎을 가벼이 내려놓은 채 거친 긴 겨울을 견디는 모습이 정말 기특하지 않은가. 우리 인간은 이 나무 숲에서도 배울 것이 너무 많다.

고리타분한 남존여비男尊女卑

부끄럽지만 나한테도 은근히 남존여비 사상이 잠재해 있었음을 고백하지 않을 수 없다. 결과가 그렇게 되어 버렸다. 나에게는 2남 1녀의 자녀가 있고, 이들이 또 4남 2녀를 낳아 잘 기르고 있다. 그런데 지금 돌이켜 생각해보니, 손자 4명의 이름은 내가 유명한 작명가에게 부탁하여 지었고, 손녀 2명은 적당히 핑계(?)를 대며 이름을 짓지 않아 자기네들이 지은 결과가 되었다.

굳이 내가 변명을 하자면 손자들이 먼저 태어나고 난 뒤에 손녀들이 태어나, 나에게는 이렇다 할 기대나 관심이 없었기 때문인지도 모르겠다. 그래도 말이 안 된다. 후회스럽기 짝이 없다. 요즘에 와선 이따금 방문하는 손자 손녀를 보면 손자보다 손녀가 더 예쁜 것을, 본의는 아니었는데 후회가 남는다.

1998년도에 나의 직장생활 은퇴 등을 기념해 모처럼 사진관에 가서 전체 가족사진을 찍었는데 여기에도 손녀 2명은 빠져있다. 그때는 물론 손녀들이 태어나지 않았기 때문이기도 하지만 여태까지 사진을 다시 찍을 생각을 안하고 있는 것을 보면 이것도 크나큰 내 불찰이다.

부처님은 2천6백년 전에 득도를 한 뒤 남녀는 애초부터 평등한 것으로 보았으니 이 얼마나 놀라운 '선각先覺'인가. 세상을 살다보면 고의는 아니었지만 결과가 잘못 되는 일이 더러 있다. 내가 손자 손녀를 차별하는 결과를 낳게 된 것도 따지고 보면 이런 경우이지만 정말 고의는 아니었지만 늙은이에게 내재된 고리타분한 사상 때문이라는 생각을 지울 수가 없다.

놓아야 할 때 놓을 줄 알아야 한다

나는 1959년 언론계에 입문하여 일선 기자, 취재부장, 부국장, 언론 단체장, 논설위원, 논설실장, 이사 등으로 오직 외길 인생을 살다가 정년퇴직을 했다. 그리고 내게 남은 '한참의 세월'을 먹고 살려면 더 벌어야 한다는 집념을 놓지 못하고 이곳저곳을 기웃거리며 친구에게서 컴퓨터를 배우고, 이를 통해 무진장의 불경佛經, 다시 말해 부처님의 가르침을 접하게 되어 지금은 그렇게 마음이 편할 수가 없다.

이제는 죽을 때까지 여한이 없을 만큼 후회가 없을 만큼 넉넉한 마음을 가지고, 오전에는 컴퓨터로 불경 공부를 하고 오후에는 공원으로 산으로 심신을 공히 단련하는 것이 일과인 팔순의 노인이다. 왜 개인의 커리어를 이토록 늘어놓는고 하니 이 인생

역정歷程을 먼저 개진해야 다음 이야기가 풀릴 것 같아서이다.

정년퇴직의 통보를 처음 총무국 직원으로부터 받았을 때 순간 아찔하였다. 젊었을 때부터 매달 월급을 받아먹고 사는 습관에 얽매여 나이를 먹었다고 직장을 그만두고 벌이도 없이 쉬는 생활은 거의 생각을 하지 않았다. 월급쟁이는 죽는 날까지 월급을 받고 보너스도 받아야 가계가 꾸려지고 온 가족이 살 수 있는 줄로만 여겼다. 이 얼마나 어리석고 아집我執에 사로잡힌 고정관념인가. 이렇게 내가 친 울타리를 벗어나지 못하고 다른 일을 구해본다며 이리저리 헤매고 다닌 약간의 세월을 지금 생각하면 그렇게 부끄러울 수가 없다. 만약 내가 지금까지 월급쟁이로서 퇴직을 모르고 살아왔다면 그간 언론계에 종사할 때의 습관대로 술을 마시고, 스트레스를 못 이겨 담배도 피우고, 술자리에서 나보다 별로 잘 나지도 않은 작자가 출세하여 으스대는 꼴을 못봐 주거나, 불만투성이의 시국을 안주 삼아 얼마나 씹어 돌렸겠는가 하는 생각이 절로 난다. 만약 그랬더라면 나는 지금 컴퓨터로 글을 쓰고 있기는커녕 벌써 암이나 다른 생활 습관병으로 세상을 등지고 없을지도 모른다.

그래서 이제부터 나의 조그마한 경험이나마 글을 통해 지나간 인생을 관조觀照해보고 남은 세월의 의미를 풀어보려는 것이다. 이런 말을 하니까 혹자는 "늙은이 팔자가 좋구먼" 이라고 할 지도 모르겠다.

다행이라 할까. 장가를 일찍 가서 슬하에 둔 삼남매를 회갑 전에 모두 짝을 지어 살림을 내고 나니 그 전에 돈을 벌 때처럼 돈을 쓸 일도 점차 없어지는 것을 실감할 수가 있었다. 이것이 '인생의 수레바퀴'인가.

아무튼 요즘은 돈 쓸 일이 별로 없다. 기껏해야 기초적 식생활비, 약간의 품위유지비 정도가 고작이다. 그러다 보니 마음은 그전에 직장을 다니면서 월급 받고, 보너스 받고, 더러는 눈 먼 돈도 생기고 하던 시절보다 훨씬 더 부자富者다. 나이 덕인지는 모르겠으나 별로 갖고 싶은 것도 없다. 외출할 때면 옛날에 입던 옷으로 족하다. 지하철 노인우대로 교통비도 안든다. 이렇게 점점 이른바 '탐욕貪慾'도 저절로 없어진다. 더구나 요즘은 부처님의 가르침대로 살려고 노력하다보니 미운 감정이나 시기심 같은 것도 많이 사라졌고, 화낼 일도 별로 없다.

마음에 여유가 있으면 어떤 일에든 "뭐 그까짓 것을 가지고…" 하게 되고 "어지간하면 내가 양보하자" 이렇게 처세處世하게 된다. 작은 것에 집착하지 않으니 이렇게 편한 것을 이제서라도 깨달았으니 다행이다.

1등 말고, 2등을 하라

산을 오르다 보면 혼자 천천히 내 호흡대로 걸어가는데 다른 산행인이 자꾸 뒤에 붙어 무척 신경이 쓰일 때가 있다. 이럴 때 내가 잠시 물러서서 뒤따르는 사람을 앞으로 보내고 그 뒤를 따라가면 훨씬 힘이 덜 드는 경우를 몇 번 경험했다. 이런 진리를 일찍 터득해서인가 지금은 작고한 SK(金成坤 씨의 닉네임)는 기회가 있을 때마다 젊은 후학들에게 "1등 할 생각하지 말고, 늘 2등만 하라"고 가르쳤다.

SK는 어린 시절 서자庶子로 태어났기에 자랄 적에 다소간 어려움이 없지 않았던 것 같다. 하지만 이런 점도 자신이 2등 인생으로나마 입신을 하고, 집안을 잘 다스려 극복한 것으로 전해지고 있다. SK가 생전에 존경한 인물은 인촌仁村선생(金性洙씨, 고려대 · 동아일보 창립자)이다. 그래서 자기도 인촌선생을 닮아 연합신문을 창립하고 국민대를 창립했다는 것이다. 그것도 늘 '2등' 한다는 기분으로.

2등을 해서는 안 될 때가 있기는 있다. 그러나 우리가 인생을 사는 데 있어서 이런 경우는 그렇게 많지 않다. 대체로는 2등만 해도 장하다 잘했다고 칭찬받는다.

나는 젊은 시절 SK한테서 "2등만 하라"는 소리를 자주 들었지만 귀담아 듣지 않았는데 작금에 와서야 산행을 할 때 앞서가는 것보다 뒤따라가는 편이 훨씬 편하다는 것을 절실히 느끼니, 뒤늦게 SK가 남긴 교훈이 떠오른다.

부모와 자식, 그리고 부부夫婦의 연緣

우주宇宙를 보는 불교와 기독교의 '눈'은 많이 다르다. 불교에서는 석가모니 부처님의 '연기설緣起說'을 주창하여 이를 신봉하고 있는데 비해 기독교에서는 '여호와의 창조설'을 내세우고 있다. 그런데 오늘날의 천문학에서는 연구가 거듭될수록 '연기설'이 합당한 것으로 결론이 도출되고 있다고 한다.

태양을 항성으로 하는 지구地球, 화성火星 등의 행성과 인간이 육안으로도 볼 수 있는 달(위성) 등의 은하계가 자그마치 1천억 개나 되며, 이것들이 모두 연기緣起를 좇아 오늘도 이합집산離合集散하면서 존재한다는 것이 현대 천문학의 관측이다. 그렇다면 "여호와 하나님이 태초에 천지만물을 창조했다"는 가르침을 받들고 "태양이 지구를 돈다"고 믿었던 중세 천주교의 교시敎示는 한참 빗나갔음이 능히 입증된다.

나는 부처님의 연기설을 확실히 믿고 이 연기설을 전제로 오늘날의 우리의 삶, 부모와 자식관계 그리고 부부의 연緣을 한번 생각해보고자 한다.

자식은 부모의 몸을 빌어서 태어나지만 이것은 어디까지나 자식이 지닌 '전생의 업業'에 의한 것으로 불교는 가르친다. 따라서 부모에게 불효자들이 간혹 "왜 나를 낳았느냐"며 대드는 경우가 있지만 이것은 몰라도 한참 모르는 소치다. 자식이 자기는 어느 집 어느 부모한테 태어나리라고 미리 몰랐다고 해도 그건 이미 자신의 전생의 업業에 의해 특정 부모의 몸을 빌어서 태어난다고 보는 것이다.

그럼 부부관계는 어떤가. 얼핏 생각하면 서로가 요모조모 조건을 따져서 자의自意로 선택하는 것처럼 보인다. 하지만 이것도 기실은 연기에 따라 먼 내일은 전혀 알지 못한 채 맺어진다는 것이다. 아내를 혹은 남편을 아무리 현실 이해관계로 따져서 골라봤자 먼 훗날까지는 뜻대로 실현되지 않음을 아는 사람은 다 아는 일이 아닌가.

업業에는 선업善業도 있고 악업惡業도 있다. '선인선과 악인악과善因善果 惡因惡果' 부처님의 이 가르침을 믿고 따르면 대과는 없다고 봐도 될 것이다. 요컨대 불교에서는 부모와 자식 그리고 부부의 연緣 등 인생살이 모두가 알게 모르게 우주의 성주괴멸成住壞滅 이치에 따라 이룩된다고 보는 것이다.

손재損財는 횡재橫財로, 횡재橫財는 손재損財로

나는 지난날 사회생활 하는 동안 줄곧 '의롭지 않은 돈은 탐하지 않는다'는 내 나름의 준칙을 신조로 삼아 여느 사람들처럼 돈 때문에 망신을 당하는 수모는 한 번도 겪지 않았다고 자부한다. 혹여 '의롭지 않은 돈'이 들어오면 꼭 엉뚱한 일이 생겨 그 돈이 새나가는 경험을 종종 했다. 이와는 반대로 뜻하지 않은 일로 손재損財를 보게 되면 예상치 않던 곳에서 그만한 돈이 굴러들어오는 체험도 했다. 그래서 나는 일상생활에서 다소 손해를 보는 일을 당해도 그것을 마음 아프게 생각하지 않으며, 이익이 될성 싶은 경우라 해도 그것을 억지로 탐하지는 않는, 재물에 관한한 다소 느긋한 자세를 갖게 됐다고 자부한다.

이것은 '탐진치貪瞋痴를 경계하라'는 부처님의 가르침을 몸소 익히는데도 큰 도움이 되어왔다고 생각한다.

최근의 일인데, 산행을 하고 연신내 시장 쪽으로 내려오는데 과일가게에서 딸기를 싸게 판다고 소리치는 것이 들렸다. 한 팩에 3천 원인 딸기를 3팩에 묶어 5천 원에 판다고 하지 않는가. 평소 딸기를 좋아하지 않지만 저렴한 가격에 혹해서 3팩 묶음을 사고 말았다. 그런데 집에 돌아와 딸기를 냉장고에 넣으려고 찾으니 온데간데 없는 것이었다. 곰곰 생각하니 지하철에서 내릴 때 깜박 잊어버리고 그냥 내렸던 것이다. 잃어버린 딸기가 아깝기도 하고 찜찜하고 허탈한 기분이 종일 계속되었는데 저녁 무렵 현관 벨이 울리면서 택배가 도착했다. "뭔가?"하고 물건을 살펴보니 둘째아들 정훈이 보낸 '전복죽'이었다. 딸기를 잃어버려 기분이 언짢던 차에 날아온 의외의 선물이 무척 반가웠다.

억울한 손재수損財數가 왜 없겠는가. 하지만 그것이 불의의 손재수 일 때는 반드시 그에 비길만한 횡재橫財도 따라오더라는 것이다. 그러니 내 것이 아닌 것에 너무 욕심 부리지도 말고 혹여 내 것을 잃었다고 너무 상심하지도 말라는 것이다.

무위無爲

잠결에 '무위無爲'라는 단어가 떠올라 생각나는 대로 몇 자 적는다.

큰스님들은 법문을 하면서 '무위'라는 말을 자주 한다. 고유의 뜻은 '사람이 힘들여 함이 없는 것'을 말하며 이와 반대되는 용어로 '유위有爲'라는 말이 있다.

나는 요즘 '억지로 이루고 싶은 것', '갖고 싶은 것', '이랬으면 싶은 것' 등이 도통 없다. 불교에서는 이런 것을 '해탈解脫의 경지'라고 하는데 혹시 이게 '죽음의 경지는 아닌가' 하는 생각도 해본다. 내가 해탈의 경지에 달했을 리는 만무하다 생각되기에 말이다.

불교사전에서 '무위'는 만들어진 것이 아닌 것, 작위作爲 조작성이 없는 것을 말하고 이와 반대되는 개념이 '유위'라고 한다. 부연하면 '위爲'란 인위적인 것, 작위적인 것, 만든다는 뜻인데 인연으로 생긴 것임을 가리킨다. 반대로 '무위'란 '모든 현상이 참다운 체성體性이며 최종 진리'라는 것이다. 무척 난해하다.

'무위진인無爲眞人'이라는 말도 고승들은 자주 쓰는데 중국 당나라 때 임제종臨濟宗의 개조인 임제臨濟스님의 말로, 차별에 떨어지지 않는 참 사람眞人, 곧 깨달은 사람, 막힘이 없는 해탈한 사람을 칭한다고 한다.

불교佛敎 선승禪僧, 사업승事業僧, 생활승生活僧

불교에서는 사리事理를 분별分別, 사량思量하는 마음을 원천적으로 금한다. 선善과 악惡 또는 잘잘못을 구별하는 마음은 자칫 번뇌 망상을 일으키는 원인이 된다는 점에서 분별심을 비판하고 있다. 그런데 불교를 절에서 불교 TV, 컴퓨터 등에서 배우고 익히는 동안 나도 모르게 스님들을 분별하고 저울로 다는 마음이 생겨버렸다. 그래서는 안된다고 배웠으면서도 자꾸만 스님들을 분별하는 마음이 생겨 나 스스로도 답답하다.

우리나라에 훌륭한 스님들이 참 많다. 열반하신 성철, 청담스님을 위시하여 생존해 계신 스님 가운데서도 범어사에서 '염화실'을 운영하는 무비스님 같은 분은 정말 훌륭한 선승禪僧으로 보인다. 당신은 가끔 법회를 하면서 "여태껏 주지住持 한번 못했다"고 아쉬워(?) 하는 듯 말하지만 결코 후회하는 말투는 아니다. 오히려 그런 사찰 운영의 중책을 맡지 않았기에 "책을 쓰고 부지런히 법문을 하는 등의 포교布敎에 전념할 수 있지 않았나" 하고 생각한다는 것이다.

그래서인지 무비스님의 법문에서는 불교 내부의 모순을 지적하는데도 거침이 없다. 불교TV의 과대광고, 사찰 운영의 지나친 방편 등 범상한 스님으로서는 하기 어려운 비판도 마구 쏟아낸다. 어떨 때는 쾌도난마快刀難麻처럼 느껴질 때도 있다. 불교 주변의 불교 아닌 '불교 방편'을 낱낱이 지적하는 데서 올바른 불교를 알게 되고 신심이 더더욱 굳건해지기도 한다.

솔직히 말해 불교를 오래토록 믿어 왔으면서도 '저건 아닌데' 싶을 때가 왕왕 있다. 얼마 전 경남의 모 사찰 주지 취임식에서의 일이다. 사찰 앞마당에 무슨 대기업 회장 취임식처럼 외제 승용차가 즐비했다. 이 모습을 지켜본 한 기자가 고급 외제차를 타려는 한 스님에게 마이크를 들이대고 질문을 했다. "스님이 이런 외제 고급차를 타도 되는 겁니까?" 그러자 그 스님 왈 "우리나라가 외국에 차를 많이 수출하는데 우리도 외제차를 사줘야 되는게 아니냐?" 하고 대답했다 한다. 누가 봐도 이건 아니다. 이런 사고방식 가진 사람을 누가 우리나라 불교의 참된 지도자라 하겠는가? 이런 스님이 '불교 사업승事業僧'으로 보이는 것은 지극히 당연하다 할 것이다. 나 스스로도 그렇게 느꼈으니까 말이다. 주지住持 선거에 큰돈을 팍팍 쓰는 스님, 몇몇 스님들이 모인 자리서 오징어 다리를 씹으며 막걸리를 '곡차'라며 마시는 스님들을 누가 선승禪僧 대승大僧이라 하겠는가.

이밖에 평범한 신자들의 눈에도 뻔히 보이는 '생활승生活僧' 즉, 불교에 의지하여 하루하루를 연명하는 스님 또한 적지 않다. 이런 유형은 기독교나 가톨릭도 마찬가지이다.

신자는 이른바 '성직자聖職者'란 사람들을 분별하고 사랑할 것이 아니라 자기만 신심을 돈독히 하면 되는 것인데 이것조차 잘 안되니 탈이다.

인간의 조건

이 글은 '꿈의 계시啓示'에 의해 풀어가는 글이며 추호도 남의 글을 원용하지 않았음을 먼저 밝혀둔다.

'인간의 조건'은 무엇일까? 인간은 '만물의 영장'이라고 한다.

그런데 만물의 영장임에 부끄러움이 없으려면, 첫째로 정직해야 한다. 둘째로 수치심羞恥心이 또렷해야 한다. 셋째, 의롭지 않은 돈은 탐하지 않아야 한다. 넷째는 남을 깔보지 말아야 한다.

나는 어슴푸레 밝아오는 새벽에 내린 어떤 '계시'에 의해 '인간의 조건'을 이렇게 정의해본다. 이런 인간의 조건에 가장 두드러지게 반反하는 인간 군群은 어떤 계층일까? 한마디로 '기성 정치인의 무리'(한 나라의 수장을 포함, 그와 유사한 자리에 오른 사람)라 하겠다. 이 점은 각자가 곰곰 생각해 보면 그 답이 나올 것이다.

역사를 한번 반추해보자. 우리 조선조 500년, 28인의 임금 가운데 후대에 그나마 성군聖君으로 추앙받는 사람은 세종대왕世宗大王 한 분 뿐이다.

고대 희랍의 철학자 아리스토텔레스는 "한 나라의 가장 이상적인 지배체제는 지배자의 수數가 가장 적은 1인 독재정치"라고 봤다. 하지만 진실로 국민을 위하는 독재자가 드물기 때문에 권력을 분산하는 우중정치愚衆政治가 등장하게 된다고 술회했다. 입법 · 사법 · 행정을 분산하는 오늘의 삼권분립 민주정치가 이 범주에 속한다.

세계 근세사의 정치인 가운데 가장 악랄했던 자는 아마 구소련의 스탈린과 독일의 히틀러 일 것이다. 이런 인물과 전혀 다른 지도자라 하더라도 세계 각국의 역대 지도자 가운데 내가 정리한 위의 4가지 조건을 충족한 사람은 거의 없다.

권력의 상층에 오르지는 않았으되 그 공로가 인정되어 후세에 존경을 받는 인물은 있다. 우리나라에서는 도산 안창호 같은 애국자, 인도에서는 간디 같은 인물이다. 고대로부터 현대에 이르기까지 어느 나라고 간에 그 나라의 수장首長 자리에 오른 사람 중에 위의 '인간의 조건'을 갖춘 사람은 왜 드문가?

한 나라의 이도吏道가 바로 서려면 '인간다운 사람', 인간의 조건을 두루 갖춘 사람들이 많아야 한다. 하지만 오늘의 우리 사회는 모름지기 인간의 기본 조건은커녕 사리私利를 탐하는 무리들로 아래 위가 가득 채워져 있는 느낌이다. 그나마 다행으로 민중의 과반수는 위의 '인간의 조건'을 갖춘 사람들이어서 남북한이 첨예하게 대치하고 있는 상황 속에서도 그나마 지금의 번영을 누리고 있다고 생각된다.

친구야! 참으로 부끄럽네

며칠 전 고향친구 K군(향년 77세)의 부음을 듣고 영안실로 달려갔다. 전철을 타고 가는 동안 고인과의 이런 저런 인연을 생각하며 몹시 울적한 마음이었다. 그리고 영안실에서 영정을 바라보며 슬픔에 잠겨 울먹이게 될 줄로 짐작했다. 그런데 막상 빈소에서 친구의 영정을 바라보자 '부끄럽다'는 생각이 먼저 머리를 스치지 않는가. 그러면서 고인에게 한없이 미안한 마음이 솟구쳤다. 지금 같으면 나도 어지간히 수양이 되었으니 친구에게 섭섭한 마음 같은 것은 덜 일으키겠지만, 젊었을 적에는 그런 배려를 못했을 경우도 있었을 것이다.

요즘 마음을 닦는답시고 불교에 심취해 불경을 공부하다보면 제일 먼저 가슴에 와닿는 말이 '방하착放下着'이다. 모든 집착, 애착, 교만, 아상我相 등을 내려놓으라는 뜻인데, 이것만 제대로 지켜지면 번뇌 망상은 물론이요 어쭙잖은 아상도 버리게 되어 상대방에게 기분 나쁜 말씨나 행동은 안하게 된다는 가르침이다.

근자에 와서는 나이도 먹은 데다 불교의 가르침 덕분에 제법 '방하착'에 접근하고 있다고 여겨지지만, 옛날에는 그러지 못한 것이 사실이고 이 점에서 고인은 나로 인해 마음의 상처를 받았을지도 모른다.

고인은 죽마고우로 초등학교는 물론 고교와 대학, 직장까지 엇비슷한 코스를 밟았다. 하지만 당시 K군은 가세家勢가 어려워 학창시절부터 우여곡절이 많았다. 그렇다고 내가 친구를 함부로 대했다는 말은 아니다. 그래도 자기로서는 '섭섭한', '아니꼬운' 점을 느꼈을 수도 있었을 것이다. 그런데도 언제 그런 내색 한 번 하지 않았던 친구이다. 항상 명랑한 기분으로 나와 오래토록 교우한 그에 대해 지금 돌이켜 생각하니 도리어 내가 여러 가지 면에서 '마음 상하게 하지는 않았나?' 회한이 든다.

K군과 나는 똑같이 2남 1녀를 두었다. 그리고 친구는 나의 자식들 혼례에 한 번도 빠지지 않고 참석을 한 것으로 기억하고 있다. 그런데 공교롭게도 자신은 자녀들을 하나도 혼인시키지 못했다. 그럼에도 그 문제에 대한 안타까움이나 곤혹을 한 번도 입에 담은 적이 없다. 그리고 나도 그 점에 관해 따스한 위로의 말을 한 적이 없다. 지금 와서 생각하니 이런 점까지도 후회스

럽고 부끄러운 것이다.

생전에 좀더 자주 만나 이런저런 얘기도 나눴어야 했는데 이런저런 핑계로 미루어졌고, 최근 몇 달 동안은 전화마저 잘 안 되어 궁금해 하던 차였는데 이렇게 영원한 이별을 고하고 말았으니 이제 무슨 말로 내 마음을 고인에게 전하겠는가. 오직 '부끄럽다'는 생각이 가슴을 짓누를 뿐이다. 부디 극락왕생하게나.

글을 쓴 뒤 크게 후회한 글

나는 40년 가까운 기자생활 중에 '지금 생각해도 정말 잘못 썼다고 후회되는 글'이 딱 하나 있다. S신문 사회부장으로 있을 때 어느 개인을 겨냥했다 할까, 특정인의 실언失言을 꼬집어 쓴 단평短評이 있는데, 이것이 몇 십 년 세월이 지나도록 잊혀지지 않고 마음에 걸려서 하는 말이다. 내용은 어느 방송 축구 해설자의 실언을 적나라하게 꼬집었던 것인데 당사자는 이 글로 인해 사표를 내기에 이르렀다는 말도 들리곤 하여 더욱 씁쓸했다.

그 칼럼의 한 구절은 이러했다.

아나운서가 해설자에게 물었다. "곧 시합을 하게 될 두 팀의 실력은 어떻게 보십니까?" 해설자가 대답하기를 "두 팀의 실력은 비슷비슷한 것 같지만 막상 붙어보면 대동소이大同小異합니다." 아나운서가 또 물었다. "이 경기를 비기게 되면 어떻게 됩니까?"(연장전 또는 pk여부에 관한 질문인 듯) 이 물음에 해설자 왈 "비기면 무승부가 되는 겁니다."

나는 이 단평을 쓰고 난 뒤 하도 후회가 되어 다시는 특정인을 비하하는 글은 쓰지 않기로 작심을 했었다. 그리고 그 심경은 지금도 변함이 없다. 이 얘기의 줄거리는 내가 예전에 낸 칼럼집 「아직도 안녕하십니까?」(1995년 간)에도 썼지만 지금도 너무 생생하여 또 한 번 옮겨본다.

미니 관세음 보살

북한산 독바위에서 족두리 봉을 돌아 불광사를 거쳐 연신내 역으로 내려가던 길이었다. 어느 여학생이 장님 할머니 손을 나의 손에 쥐어주며 "연신내 역까지만 안내해주면 고맙겠다"고 부탁을 한다. 나도 "거기로 가는 중"이라며 장님 할머니의 손을 잡았다. 그리고 나란히 조심스레 걸어가는데, 할머니는 자기가 언제 어떻게 해서 장님이 되었으며, 장님에도 6등급이 있는데 자기는 1등급 전맹全盲이라는 등 이런저런 얘기를 했다.

연신내 역에 이르러 "여기서 기다리는 사람이 있느냐?"고 물었다. 그러자 "여기서 불광동 쪽으로 가는 다른 행인을 소개해 달라"고 하지 않는가. 불광동 쪽으로 가는 몇 사람에게 부탁을 해도 모두 듣는 척 마는 척 했다. 안되겠다 싶어 내가 좀 더 안내하기로 마음을 먹고 "불광동 어디메냐?"고 묻자 "시티은행 쯤…"이라고 했다. 그곳에 다다라 다시 행선지를 묻자 할머니는 재차 "너무 미안하니, 다른 행인을 소개해 달라"고 말한다. 하지만 할머니를 안내할 행인은 좀처럼 만나지질 않았다. 이왕 나선 김에 내가 끝까지 안내하기로 마음을 먹었다.

할머니에게 목적지를 묻자 "조금 가면 빵집이 나오고 거기서 왼쪽 골목으로 한 5분 정도 가면 '우리슈퍼'가 나오는데 거기까지만 데려다 달라"고 부탁을 한다. "미안, 미안하다"며.

이왕 봉사하는 김에 끝까지 하기로 마음을 먹고 마침내 할머니 집 앞까지 안내해 주었다. 그러자 그 할머니는 "오늘 너무 신세를 졌다"며 허리를 크게 굽혀 인사를 한다. 나도 함께 답례 인사를 하며 헤어졌다. 돌아서는데 이 장면을 보고 있던 50대의 동네 아주머니가 "너무 좋은 일을 했다"고 인사를 건넨다. 그 순간 나도 마음속으로 "오늘 좋은 일 한 건 했다"는 기쁨에 피곤은 간데없고 오히려 마음이 뿌듯했다.

산을 내려오는 길에 약 30분 정도의 봉사. 날씨는 몹시 덥고 피곤할 법도 하였지만 그날은 전혀 그런 마음이 들지 않았다. 내가 '미니 관세음 보살'이라도 된 기분이었다.

금강경에서는 늘 무상無相을 가르치는데 혹시 이런 일을 글로 적는 것 자체가 오히려 상相에 빠지는 것은 아닌가 생각도 해봤으나, 이것은 스스로 내 마음에 다져두는 의미가 더 있을 듯하여 감히 글로 남겨두는 것이다.

딸과 며느리

딸과 며느리, 어느 쪽이 더 중한가? 딸은 딸이니까 중하고 며느리는 아들을 돌보고 손자를 낳아 기른다는 점에서 더 없이 소중하다. 그런데 옛날에는 며느리가 호된 시집살이를 많이 하였다. 그래서 고추보다 더 매운 시집살이니 어쩌니 하는 말도 있지 않은가.

지금은 세상이 많이 달라져 그렇게 호된 시집살이를 시키는 사람도 없고, 그런 시련을 받아들이는 며느리도 없다. 하지만 요즘도 드라마를 보면 시어머니가 며느리를 구박하는 장면이 더러 나온다. 그야말로 시대착오적인 아니면 그 낡은 시대의 희미한 악몽을 역설적으로 상기하는 발상이라 할까.

거꾸로 요즘은 '며느리가 딸보다 더 좋다'고 말하는 시어머니들도 가끔은 본다. 나도 솔직히 말해 딸과 며느리가 거의 똑같이 귀하고 사랑스럽다. 다만 오직 한 가지 경우에서 그 차이를 느낄 때가 있다.

나는 자식들이 오래토록 안부 전화를 해오지 않으면 내가 도리어 궁금해서 전화를 한다. 이때 나의 통화 일성은 으레 "목소리가 듣고 싶어서 전화를 했다"는 언구로 정해놓았다. 그럴 때 자식들의 반응은 아주 미안해하며 멋쩍은 웃음을 짓는 것이다. 직접 보지는 못해도 그런 느낌이 전해온다. 그런데 이런 전화 안부랄까 통화를 며느리나 사위에게는 할 생각이 들지 않는다. 이것이 며느리와 딸, 아들과 사위의 차이가 아닐까 싶다. 딸과 며느리가 어떻게 다르냐고 누가 물어온다면 그냥 이런 근소한 차이라고 말할 것이다.

베푼 것보다 받은 것이 많은 삶

나는 40여 년의 기자생활을 통해 3권의 저서를 남겼다. 「기자의 세계」(1982년 4월 출간), 「아직도 안녕하십니까?」(1995년 2월 출간), 그리고 「도둑님 시대」(1998년 10월 출간)가 그것이다.

처음 기자생활을 시작할 무렵 일본의 한 저명한 언론인의 자서전을 읽고 나도 가능하면 3권의 책을 펴내겠다고 다짐을 했다. 이 일본인 대기자(성명은 기억이 안남)는 그의 자서전에서 "기자가 되어 3권 이상의 책을 못 남기면 기자라고 할 수 없다"고 할 만큼 기자생활 중의 저술을 강조한 대목을 지금도 생생히 기억하고 있다. 이 한마디가 머리에 꽉 박혔던지 다행히 나는 3권의 책을 펴내는 행운을 얻을 수가 있었다.

최근 집안 이곳저곳을 정리하던 중 「아직도 안녕하십니까?」의 출판기념회를 담은 비디오테이프가 눈에 들어와 한 번 재생해 보았다. 비디오를 보면서 나는 기자생활 내지 사회생활을 하는 동안 '남에게 베푼 것보다 받은 것이 훨씬 많다'는 사실을 실감하고 여러모로 반성을 해야 했다. 나와 아내, 그리고 장남이 기념회장 입구에 서서 출판 기념 하객을 맞는데 "아! 저 사람은 별로 기억이 없는데…" 또는 "저 사람에겐 초청장도 안 보냈을 텐데…" 하고 여겨지는 면면이 더러 보여 새삼 나를 되돌아보게 된 계기가 된 것이다. 그때의 사람들, 그때의 기억을 더듬다보니 내가 베풂을 받은 것이 너무 많다는 사실에 새삼 감복한 나는 남아있는 여생은 아상我相을 버리고 남을 배려하는 삶을 살아야겠다 다시 한 번 작심하게 되었다. 이 다음에 다시 사람으로 다시 태어나면야 더 말할 것도 없다.

관무량수경에는 "믿음을 갖춰 아미타불을 열 번만 불러도 윤회는 안 한다"고 되어 있다. 그렇게 돼서 정말 정토에 태어나면 몰라도 죽어서 이승에 다시 태어난다면 "지금보다는 월등히 많이 베풀면서 사는 삶을 살아야겠다"고 마음을 먹었다.

대중탕의 남녀불평등

우리나라 대중탕에서는 기이한 현상이 오늘도 버젓이 벌어지고 있다. '남녀 불평등', 아니 공공연한 '남녀 차별' 현상이다. 대중탕에 자주 가는 사람은 다 아는 일이다.

입욕료를 낼 때 여자들에게는 입욕권과 함께 타월 2장을 준다. 남성들에게는 주지 않는다. "왜 그런가?" 하고 궁금해 하다가 최근에 자주 가는 목욕탕 경영주에게 물어봤다. 그랬더니 대답하기를 "여자들은 타월을 마구 쓰거나 훔쳐가곤 하기 때문에 부득이 타월 사용을 제한하여 돈 낼 때 타월 2장을 주는 대신 탕 입구에는 타월을 비치하지 않는다"는 것이었다.

남성탕에서는 탕 입구에 타월을 가득 쌓아놓고 쓸만큼 쓰게 하는데 여성탕 입구에는 타월을 쌓아두지 않는다는 설명이다. 그러면서 탕 주인은 "여성들은 타월을 한없이 쓰기 때문에 전국 모든 목욕탕에서 여성의 타월 사용을 입욕 때 미리 주는 2장으로 제한하고 있다"고 했다.

이쯤 되면 이것은 남녀 불평등이 아니라 남녀 차별이 아닌가. 그런데도 여기에 이의를 다는 여성이나 여성단체는 없는 모양이다. "여성들은 남성들에 비해 공중 도덕성이 부족하다"는 얘기도 된다. 이런 예는 공중화장실에서도 볼 수 있다. 여성들은 공중화장실 입구에 걸어 놓은 화장지를 마구 손에 둘둘 만다. "필요 이상으로 가져가는 바람에 특히 지하철 화장실 관리 측에서는 골치가 아프다"는 얘기도 있다.

남녀평등이 가장 잘 된 나라는 스웨덴이라고 한다. 아시아에서는 필리핀이 6위로 10위권 안에 들었을 뿐 우리나라는 92위로 세계 최하위권이다.

우리나라는 2001년을 '참된 남녀평등사회를 실현하는 원년'으로 삼았다고 한다. 지금은 곳곳에서 그런대로 남녀평등이 많이 실현되고 있으나 여성 스스로가 '공중도덕 불감증'을 저질러 스스로 그들의 권리를 누리지 못하는 일도 있다. 그러나 이유가 어떻든 씁쓸한 기분이 든다.

공원에 버려진 큰 삽살개

오늘(2010. 2. 10) 친구들과 도봉산 산행을 했다. 초입에 들어서던 순간 입구 초소에 "이 개를 데려가서 키울 사람 없습니까?"라는 안내문과 함께 짙은 갈색의 곰만큼이나 커다란 삽살개 한 마리가 서 있었다. 누군가가 공원 주변에 버리고 간 듯했다. 산행 길의 사람들이 '가엽다'며 머리를 쓰다듬어 주곤 해도 별다른 감응 없이 멍한 표정이다. 몰골은 다소 지저분해도 개는 매우 순해 보였다.

"저 개를 누가 데려가 키울 사람이 없을까?" 하고 친구들끼리 안타까워하며 산행을 마치고 내려오자 그 개는 어디론가 가고 없었다. 공원 초소 안내원에게 "아침에 여기 있던 개를 누가 데려갔느냐?"고 묻자, 그 안내원이 도봉산 공원 안에 있는 어떤 절의 스님이 자기들이 키우겠다며 데려갔다는 것이다. "참 잘 되었구나!" 하고 마음속으로 박수를 쳤다. "만약 불운하여 개장사를 만났더라면 어쩔 뻔했나" 하는 우려가 없지 않았는데, 스님이 데려갔다니 그야말로 개에게는 큰 행운이 아닌가. 최소한 학대를 받거나 비명에 죽을 염려는 없고 잘 하면 불경佛經 소리를 많이 듣게 되는 공덕으로 내세에는 사람으로 환생還生할 수도 있을 터이고 말이다. 친구들끼리 산행을 마치고 돌아오면서 "그 개가 그 동안 뭔가 복덕을 지은 게 있길래 스님을 만났지?" 하고 행운의 해후를 마음껏 축하해 주었다.

사소한 이익 다툼에 사람의 목숨도 앗아가는 살벌한 세상에 비록 나와는 아무 관계도 없는 일개 축생이라도 편하게 안전하게 식食과 주住를 해결하게 됐으니 얼마나 다행인가. 이 다음에 기회가 닿으면 그 개를 키우는 절을 찾아 그날의 초췌하던 삽살개가 어떻게 변모했는지 보고 싶다.

법정法頂스님을 추모하면서

"사람은 관棺을 덮을 때 봐야 그 사람의 참된 값어치를 안다"는 말이 있다. 최근에 입적(2010. 3. 11)한 법정 스님을 두고 한 말 같다. 그 숱한 사람들이, 또 각계의 사람들이 추모 대열에 합류해 애도의 물결을 이룰 줄은 정말 몰랐다. 새삼스레 '겨레의 큰 선각자先覺者'를 잃은 듯한 느낌을 지울 수가 없다.

스님은 내가 한창 직장생활을 하던 1970년대 모 일간지에 수필 연재를 한 기억이 떠오른다. 그리고 나는 그 글을 하나도 빼놓지 않고 다 읽었다. 물론 그 무렵에 나는 불교에 심취하지도 않고 하여 단순히 '글 잘 쓰는 스님' 정도로 기억을 했다.

이것이 계기가 되어 스님이 방송 매체에서 들려주는 법문을 즐겨 애청했다. 그런데 이번에 스님이 입적한 뒤 여러 방송사에서 내보낸 '추모 특집', '추모 법문'을 듣고, 나는 법정스님은 확실히 깨달은 분이라는 확신을 갖게 됐다.

요즘은 나도 불교 공부를 제법 하여 저급 불교, 고급 불교 등을 조금은 가릴 줄 아는데 법정스님은 그런 차원이 아니다. 불교에 뿌리를 내리고는 있지만 '불교를 뛰어넘은 사상가 · 선각자'의 차원에 있는 어른이었다.

새삼 이런 겨레의 지도자를 잃은데 대해 애도를 금할 수가 없다. 특히 스님의 입적으로 한국 불교계는 적잖이 반성을 해야 할 것으로 안다. 스님은 생전에 어느 인터뷰에서 "최근에 강원도의 전기도 안 들어오는 산골에 기거를 잡게 된 까닭은 사찰이 너무 오염됐기 때문"이라는 말을 서슴치 않았다. 조계종의 한 대강백 스님은 "요즘의 한국 불교는 99%가 방편"이라고 공언하기도 했다.

스님 입적 후에 알려진 제반 장례절차의 간소화 유언을 접하고는 정말 가슴이 뭉클하는 감동을 받았다. 그의 명저 「무소유無所有」 등을 비롯한 책에서 나오는 출판사 인세가 10억 원에 이른 것으로 들었다. 웬만한 프로 문필가보다도 많은 인세 수입이 아닌가. 더욱이 이 돈이 어디에 어떻게 쓰였는지에 관해서는 측근 스님들도 아는 사람이 없다고 한다. 불우한 학생들에게 장학금을 주는 등 선행을 하되 철저히 숨어서 은덕陰德을 지은 것으로 알려졌다.

스님의 추념 법문을 곰곰 살펴보면 한마디 한마디가 불교 경전을 해석하고 거기서 답을 구하는 그런 차원이 아니다. "사람은 어떻게 살아야 하는가?"로 시작해 예수나 공자를 논하며 폭넓은 인간애 · 인류애를 거침없이 논하고 있는 점이 여느 스님들과는 판이하게 다르다. 거듭 스님의 명복을 빈다. 나무 아미타불! 나무 아미타불! 나무 아미타불!

진아眞我를 보라!

또 한 해가 저문다. 나이를 먹을수록 한 해를 보내는 데 대한 감회는 깊어지게 마련인가. 어딘지 모르게 쓸쓸하고 어딘지 모르게 허전하고 그래서 나는 더더욱 요즘 불교의 가르침을 거듭 배우고 익히는 데 열중이다.

불교에서는 먼저 "진아眞我를 들여다보라"고 선지식을 강조한다. "나는 누구인가?" 하고 '진아'를 파고들면 결국 '무아無我'의 경지를 터득하게 되고, 여기서 한걸음 더 나아가면 '해탈解脫' 그리고 깨달음에 이르게 된다고 누누이 가르친다.

이 경지에 이르면 탐하는 마음, 성내는 마음, 지혜에 어두워 어리석은 마음이 사라져 '안심安心'을 터득하게 된다고 가르친다. 이쯤 되면 호好, 불호不好나 애증愛憎, 갖가지 분별심分別心 따위가 사라져, 가히 부처의 경지를 오르내리게 된다는 것이다. 나도 어느 정도는 이를 익혀, 욕심을 버린다거나, 성을 안낸다거나 하는데 조금은 접근해 있다고 생각한다. 그런데 일상생활 중에선 일순에 이런 가르침은 오간데 없이 사라지고 이른바 '중생심衆生心'이 요동치는 것을 느낄 때가 종종 있다.

예를 들면 요즘의 TV 뉴스, 드라마, 오락 프로그램 등등이 이른바 중생심을 자극한다. 10대의 소년 소녀들이 온갖 모양을 하고 나와 노래를 하는 건지 춤을 추는 건지 분별이 가지 않고, 뉴스 특히 정치뉴스는 보다가 채널을 돌리거나 '무소음' 처리를 하기도 한다. 차라리 '동물의 세계'편을 보는 것이 인간보다 훨씬 가식이 없고 진실하여 감동을 느낄 때가 많다. 인간의 세계를 그린 요즘의 드라마를 보라. 머리를 굴려 인간의 정상적인 심성과는 일부러 동떨어지게 반전反轉에 반전을 거듭하게 해놓고, 저질 시청자로 하여금 말초적 안타까움을 유발하는 스토리 구성이 태반이 아닌가. 하지만 동물의 세계는 진솔함이 담겨있고, 때로는 거칠어도 그것이 있는 그대로의 진실이어서 사람들로 하여금 뭔가 생각을 하게 하는 것이다. 그래서 차라리 나는 〈동물의 세계〉, 〈동물농장〉 같은 프로를 즐겨본다.

진실이 없는 세계, 자기만 잘 났다고 우겨대는 무리들이 정말 싫다. 아마 염라대왕이 이들을 심판한다면 곧장 천길 깊이의 낭떠러지에 떨어질 것이다 생각한다. 이러다 나를 되돌아보면 나는 이 순간 불교에서 금기시禁忌視 하는 '분별심'을 잔뜩 일으키고 있는 꼴이 아닌가. 정말 얼마나 더 공부를 해야 이 진드기 같은 '분별심'을 떨칠 수가 있을까.

한 젊은 여류작가의 '방치된 비극'

서른을 갓 넘긴 여류 시나리오 작가가 병마와 굶주림에 시달리다 죽음을 맞이했다는 비보가 전해졌다. 32세의 영화 감독이자 시나리오 작가인 최고은 씨가 경기도 안양의 한 월세방에서 쓸쓸한 죽음을 맞이했는데, 일 주일이 지난 다음에서야 이 일이 세상에 알려졌다고 한다. 특히 그는 "창피하지만 며칠째 아무것도 못 먹어서 남는 밥이랑 김치가 있으면 저희집 문 좀 두드려 주세요" 라는 간절한 내용의 쪽지를 집 문 앞에 남겨 충격을 안겨줬다. 나는 이 뉴스를 듣는 순간 요즘 세상에 이런 죽음도 있구나 싶어 정말 서글펐다.

그는 국립 예술학교 영화과를 졸업했고, 단편 〈격정 소나타〉를 연출해서 영화계에서 상을 받기도 한 것으로 알려졌다.

대중은 꼭대기의 별만 보는데 비해서 대부분의 종사자들은 그 아래 어두운 그늘에 사는 곳이 영화계요 대중예술계 아닌가. 영화진흥위 집계에 따르면 지난해 한국영화 개봉작 중 이득을 남긴 건 10편 중 2편도 안되며 영화산업의 상대적 강자인 투자자들은 약자인 신진 스텝들에게 제반 위험을 떠넘겨, 전국 영화산업 종사자의 2009년도 연평균 소득은 623만원 밖에 안 된다고 한다.

성공의 가능성이 희박하다는 점에서 예술가란 그 어느 직종보다 위험한 곳임에는 틀림이 없다. 그러나 젊은 예술가가 목숨을 걸어도 재능을 시험할 기회를 얻기 어려운 현실은 정말 끔찍하다. 영화계에는 그 흔한 노동조합도 없고 작가단체도 없는가?

OECD 국가이며 선진국을 자주 자처하는 대한민국에서 젊고 유망한 작가가 생활고로 결국 죽음에 이르렀다니 말이 되는가. 사회 전반이나 매스컴의 관심 또한 이 사안에 관해서는 냉담하기 짝이 없다. 우리나라가 언제부터 이른바 '낙오자'에 대해서 이토록 냉정한 사회가 되었는가. 힘깨나 쓰는 사람들의 얘기는 미주알고주알 하면서 막상 뒤쳐진 사람에게는 오불관언吾不關焉이다.

겉으로는 한류韓流니 뭐니 시건방 떠는 연예계는 말할 것도 없고, 겉으로는 '문화선진국'을 외치면서 예술가 하나 제대로 돌보지 못하는 정부나 자신의 배 불리기에만 급급한 투자자들도 마음속 깊이 반성을 해야 한다.

가냘픈 한 송이 진달래꽃

며칠 전 북한산 족두리 봉 산행 중에 언덕바위의 한 쉼터에서 몹시 외로워 보이는 진달래꽃 한 송이를 발견하고 나도 모르게 "야! 너 참 예쁘구나." 하고 혼자 중얼거렸다. 그 딱딱한 바위틈에 흙도 있어 보이지 않는 곳에 한 줄기의 가냘픈 진달래나무가 서 있고, 그 끝자락에 한 송이 꽃이 피어 있었다.

나는 이 꽃이 나를 반기는구나 하는 느낌이 들어 마음이 활짝 열리는 기분이었다. 어찌나 예쁘던지.

요즘 나는 정서가 메말라서인지 여간해서는 예쁘다는 등의 감정을 느끼지 못한다. 그런데 이 가냘프게 보이는 진달래꽃을 보고는 그만 나도 모르게 혼자서 환히 웃고 말았다. 시인 김소월金素月 같지는 않더라도 시감詩感이 절로 떠오르는 듯 했다.

"너, 언제부터 이곳에 피어 있었니? 가느다란 줄기에 몸을 의지하고. 이웃도 없고, 사방은 바위투성이고 그런데도 너는 무슨 인연으로 이곳에 자리 잡았니?" 하고 물어보았다. 시인처럼 표현은 못해도 그 순간의 시감詩感은 어느 누구에게도 뒤질 것 같지 않았다. "너 정말 예쁘구나." 하고 몇 번 말해도 꽃은 묵묵부답이었지만 "대답 대신 쑥스러워하는 것처럼 보이는 너의 자태가 더 예쁘구나." 하며 그 자리를 떴다. 모레 다시 들러 너의 고운 자태를 보고 싶은데 기다려 줄려는 지 모르겠다.

봄날은 간다

"연분홍 치마가 봄바람에 휘날리더라… 꽃이 피면 같이 웃고, 꽃이 지면 같이 울던 알뜰한 그 맹세에 봄날은 간다"

1954년 백설희 씨가 불렀다는 이 노래는 유난히 나의 몸에 배어있다. 1954년은 내가 대학 2년에 재학하던 시절이었는데, 대중가요를 별로 좋아하지도 애틋한 사랑을 맛본 나이도 아닌데 어째서 이 노래가 좋았을까. 요즘도 나는 혼자 길을 가다가 "연분홍 치마가 봄바람에…"로 시작되는 이 노래를 혼자 흥얼거릴 때가 있다. 이 노래를 부른 가수 백설희 씨의 꾀꼬리 같은 목소리가 특별히 가슴에 와 닿아서도 아니고, 그 가사에 적힌 알뜰한 사랑을 해봐서도 아닌데 참 이상하지.

듣자니까 〈봄날은 간다〉 이 노래 가사가 대중가요 작사자들이 모여 '대중가요의 우수 가사'를 투표로 선정한 결과 1등을 차지했다는 말도 있다.

내가 워낙 겨울을 싫어하고 추위를 싫어해서, 봄이 오자마자 가는 것이 못내 아쉬워 부지불식간에 온듯 만듯한 봄을 읊조리는 심사인지도 모르겠다. 그러나 나는 그런저런 까닭을 따져 이 노래를 흥얼거리고 더러 휘파람을 부는 게 아니다. 그저 마음이 허전하고 울적할 때면 이 노래가 절로 흥얼거려진다는 말이다. 잠깐 왔다가는 봄날이 정말 아쉽기도 하고.

욕을 입버릇처럼 하는 젊은이들

지하철 속에서 예쁘장하게 생긴 한 여고생이 누군가와 전화하는 소리가 들렸다. 이 여학생이 전화를 끝내고 한다는 말이 "알았어, 씨팔". 이 무슨 황당할 노릇인가. 이 여고생은 '씨팔'이라는 단어가 욕인 줄 모르고 무심결에 내뱉는 말 같진 않았다. 이것은 여학생의 경우지만 남학생들은 훨씬 더 심하다.

집에서 배웠을까? 학교에서 배웠을까? 아무튼 둘 중의 하나임엔 틀림이 없을 것이다. 요즘 중·고교생들은 자기가 욕을 하면서 욕인 줄 모르고 흡사 어조사語助辭 쯤으로 쓴다. 왜 우리 청소년들의 말이 이토록 거칠게 됐을까? 사회가 온통 썩어빠지고 가정도 돈이면 안 되는 것이 없는 가치관에 있다 보니 그 속에서 자라는 청소년들의 심성이 올곧을 리 없다.

"욕은 상대가 아니라 자신을 해친다" 하여 옛 성현들은 크게 경계해왔다. 중국의 장자莊子는 "욕은 자신에게 돌아오는 화살"이라고 했다. 요즘 말로 '부메랑'이라는 뜻이다.

석가모니 부처님의 욕에 관한 경구 한 마디를 소개한다. 어떤

이가 부처님에게 욕을 했다. 그러자 부처님은 묵묵히 듣고 있다가 한마디 했다. "당신이 선물을 주려고 했는데 그 상대가 선물을 안 받았다면 그 선물은 누구의 것인가?" 욕을 한 사람이 대답했다. "그야 당연히 내 것이죠." 그때 부처님은 빙그레 웃으며 말했다. "당신이 욕설을 했는데 내가 안 받았으니 이제 그 욕은 당신 것이네."

요즘의 청소년은 95%가 욕을 입버릇처럼 한다는 조사결과가 나와 있다. 80%는 초등학교 때 욕을 배웠다고 한다. 욕이 난무하는 세상이다. 언어가 욕이고 욕이 곧 언어다. 명사도 부사도 동사도 다 욕이다. 어느 집 아이 할 것 없이 학교 집 가릴 것 없이 욕과 비속어가 넘친다.

언어는 습관이다. 습관은 고쳐야 한다. 그런데 습관은 무의식이다. 욕 뒤에 오는 말이 고울 리 없다. 욕은 그 사람의 언어 전체를 상스럽고 거칠고 공격성을 띠게 만든다. 상대에 대한 배려나 관용, 이해보다는 비난과 적대감으로 이어진다. 아이는 '어른의 거울'이니 이 욕을 누구한테서 배웠는지는 자명하다. 아버지부터 먼저 말버릇을 고쳐야 한다. 욕설과 상소리 투성이인 TV나 영화만 보고 있지 말고. 습관도 어른에게서 배운다.

5cm 길이의 고목枯木 뿌리

북한산 정진사를 지나 족두리 봉으로 가는 가파른 돌길을 오르다보면 5cm 길이의 가느다란 고목 뿌리를 만난다. 좀 힘이 들어 "뭘 잡았으면…" 하고 생각하는 순간 이 고목 뿌리가 어김없이 눈에 들어온다. 처음에는 그러려니 했는데 이 길을 힘들여 갈 때마다 이 고목 뿌리가 내 눈에 환히 들어와 얼른 잡고 오르곤 한다.

몇 번을 그러다 보니 이제는 낯이 익어 이 나무 뿌리를 잡으면서 "고맙소." 하고 인사하는 사이가 되었다. 나의 머리속에 "어디쯤 가면 나에게 힘을 보태주는 나무 뿌리가 있다"는 기억이 각인되었다. 이 하찮은 나무 뿌리와 내가 어느 순간 교감을 하게 되었다. 무정물無情物인 이 나무 뿌리와 내가 이렇게 소통을 하는 것은 무슨 연유일까.

불교에서는 "자연과 사람은 하나"라고 가르친다. 아하! 바로 이런 데서 자연과 사람이 본래 하나이구나 하고 새삼 느끼게 된다.

오늘도 나는 그 뿌리를 잡고 산을 오르고 "고맙습니다" 혹은 "나무 관세음 보살"이라고 인사말을 꼭 한다. 이 5cm 길이의 바싹 마른 고목 뿌리가 내 산행 길에 길동무가 될 줄이야.

우리 집에 봄을 전해주는 꽃, 꽃향기

우리 집 아파트 발코니에는 모두 6개의 화분이 있다. 이 중 5개는 난초요, 다른 하나는 이름을 모르는 화분이다. 그런데 엊그저께 무심코 발코니 문을 열자 생각지도 않은 난초 향이 나의 무던 코를 자극하지 않는가. 모처럼 느껴보는 꽃향기여서 여간 기쁘지 않았다. 솔직히 말해 이들 화분 중 내가 산 것은 하나도 없고, 모두 방문객이 하나하나 선물로 가져온 것으로 기억된다.

나는 어릴 적부터 꽃을 사랑하는 분위기에 젖지 못해서인지 다른 사람들에 비해 꽃을 잘 모른다. 꽃이름을 알고 있는 것이라 해야 겨우 무궁화, 벚꽃, 개나리, 진달래, 국화, 장미, 백합 정도이다. 그러기에 평소 발코니에 있는 꽃에 대해서도 어쩌다 생각나면 물을 한번 줄까 말까하는 정도였다. 이 정도로 무심한 나에게 우리 집에 새봄이 왔음을 알리는 난향은 여간 반가운 게 아니다. 꽃을 통해 처음 느껴본 기쁨이라 할까.

난초를 들여다보자 그중 하나의 난에서 2개의 꽃대가 올라와 있었다. 내가 꽃을 보고 마음속 깊이 반겨보기는 이번이 처음 같다. 내가 맡은 꽃향기는 이 난에서 난 것이었다. 입가에 미소가 돌고 무언가 좋은 일이 있을 것만 같은 그런 화사한 마음이 느껴졌다. 난초 말고 이름을 모르는 화분이 하나 있는데 최근에는 이 화분이 화려한 꽃을 피웠다. 꽃 이름을 모르겠고 화분의 모양새로 설명을 하면 돈나물 같이 생긴 20~30cm 길이의 수십 개 가지가 화분 둘레 가득히 머리를 숙이고 있는 독특한 생김새다. 그런데 이들 꽃대 끝에 약 일주일 전부터 10여 개의 새빨간 꽃망울이 맺히더니 지금은 이것들이 백합 모양의 골프공만한 꽃을 활짝 피워 눈길을 끈다. 아! 이래서 사람들이 꽃을 좋아하는구나 하고 느낄 정도로 말이다. 그러고 보면 나는 그동안 이들 꽃에 너무 무심했다 할까.

꽃을 피우고 향기를 내뿜는 이들 화분이 나에게 새삼 '사랑'은 아니더라도 '관심'을 좀 보여 달라고 속삭이고 있는 것 같아 여간 미안하지 않다. 어찌 보면 하찮다 할 이 식물이 나를 미소 짓게 하고 있는 것이다. 그 전에는 느껴보지 못한 관심이 가는 것도 그 때문이다.

불교에서는 "자연과 내가 하나"라고 늘 가르친다. 그동안은 이게 무슨 소린가 했는데 이제 베란다에 있는 꽃과 꽃향기를 통해 '자연과 더불어 사는 나'를 조금은 터득한 셈이다. "사람은 백 살이 되어도 배우며 산다"는 옛 성현의 가르침을 새삼스레 되뇌어 본다.

중생과 보살 사이

나는 그동안 산행을 하면서 깜박할 사이에 분실한 소지품이 하도 많아 요즘은 남이 잃어버린 물품도 서슴없이 줍는 버릇이 생겼다. 바로 어제의 일이다. 북한산 등산을 끝내고 연신내 시장길로 내려오는데 눈앞에 빨간 등산용 손수건이 버려져 있지 않은가.

그 전 같으면 지나가는 사람들의 눈치를 보면서 주울까 말까 망설이기라도 했겠으나 지금은 많이 대담해졌다. 서슴없이 그 손수건을 주워 무심코 손에 든 채 걸음을 걸었다. 얼마를 갔을까 4~5명의 50대 아줌마들이 길에 서서 서성거리다가 내 손에 든 등산용 손수건을 보고는 반기는 게 아닌가. 그 순간 나는 "이 사람들 속에 손수건 잃어버린 사람이 있겠구나!" 싶어 "고맙다"고 인사하는 한 아주머니에게 손수건을 건넸다.

그러고 난 뒤 길을 걸으며 "나는 그 손수건을 처음서부터 주인 찾아주려고 마음을 먹었던가, 아니면 무심코 가져가다가 주인이 안 나타나면 호주머니에 슬쩍 집어넣으려고 했던가?" 적이 의아스러웠다. 솔직히 말해 그 손수건을 줍는 순간에는 주인이 나타나면 주어야겠다는 등의 생각은 없었다. 그런데 한순간 아줌마들이 서성거리는 것을 보고는 이들 속에 등산용 손수건 주인이 있겠구나? 싶어 '보살심'이 발동했다 할까.

손수건을 주울 때는 '중생', 주인을 만나자 서슴없이 돌려줄 생각이 났을 때는 '보살'이었던 것이다. 그러니까 나는 지금 '중생과 보살' 사이에 떠있는 것이다. 평소에는 중생이고 어느 순간은 보살. 요는 불심을 더 길러 정진해야겠다고 다짐을 하는 계기가 된 것 같다.

효도孝道 대행업代行業

'효도 대행업'이라는 말이 매스컴에 오르내렸다. 한 달에 몇 만원 정도 받고 혼자 사는 노인들을 일주일에 한두 번 찾아가 필요한 물건을 사다주고 그밖에 집안의 이런저런 일들을 손봐주며 30분 정도 말벗도 되어주는 제도를 말한다고 한다.

이것이야말로 보건복지부가 노인복지대책의 일환으로 장려하여 전국에 이런 대행업이 곳곳에 생기도록 정책적 유도를 했으면 하는 바람이다.

통계에 따르면 우리나라는 전체 가구 중 1, 2인 가구가 차지하는 비율이 2010년 48.1%(835만여 가구)에서 2035년에는 68.3%(1520만 여 가구)로 늘어난다는 추계이다. 이대로라면 10가구 중 7가구가 혼자 살거나 둘이서 생활하게 된다는 말이다. '핵가족'이라는 말보다는 '가족 부재'라는 말이 더 어울릴지도 모르겠다.

1인 가구의 형태는 여러가지이다. 이 가운데서도 사회적인 우선 관심 대상은 고령자이다. 오늘도 전국 도처에서 독거노인들이 가족이나 이웃이 모르는 사이에 숨을 거두는 사례가 빈번히 일어나고 있다. 이런 독거노인을 정부가 나서서 모두 돌보기는 매우 어려운 일이니 이 틈새를 효도 대행업이 맡는다면 이 얼마나 다행한 일인가.

이웃 일본은 이같은 가구 구성 변화를 한국보다 약 10년 정도 앞서 겪고 있는 나라다. 2005년에 이미 1인 가구가 전체 가구의 30% 정도였으며, 이 추세대로라면 2030년에는 40% 가까이 될 것이라는 전망도 나와 있다. 지금도 일본에서는 배우자 병간호에 지쳐서 자식에게 신세지기 싫어서 스스로 목숨을 끊는 노인이 늘고 있다고 한다. 심지어는 혼자서 죽고 죽은 뒤에 아무도 시신을 거둬가지 않는 사람도 해마다 3만여 명에 이른다는 것이다. 이 바람에 일본에서는 영리 목적의 '가족 대행업' 서비스가 점차 확산되고 있다는 것이다.

무연사회無緣社會, 이 말은 작년에 이미 일본 사회를 뒤흔든 유행어다. "일본의 오늘이 한국의 내일"이라는 말도 있다. 노년을 가족에 의지해서 살아가려는 사람이 한국에서도 갈수록 줄어들 것은 뻔한 노릇이다. 사회구조가 이렇게 바뀌고 있는 이상 가족보다 더 중요한 것은 정부의 노인복지 대책이나 민간단체 지원 등의 공적인 사회안전망 확충에 이어 그 틈새를 메워줄 다양한 형태의 '시장市場'이 아닌가 생각된다.

록펠러와 이병철

록펠러와 이병철은 각각 미국과 한국의 최고 부자였다는 점에서 비교해볼 만하다.

석유왕 록펠러는 53세에 세계 최대의 갑부가 되었지만 '부富'로써 행복하지는 않았다고 그의 자서전에서 술회하고 있다. 그는 55세 때 불치병으로 "1년 이상 더 살지 못한다"는 선고를 받은 상태였다. 최후 검진을 위해 휠체어를 타고 병원으로 가던 중에 병원 로비에 실린 액자의 글이 눈에 들어왔다. "주는 자가 받는 자보다 더 복이 있다" 이 글을 보는 순간 그는 마음속에 전율이 생기고 눈물이 났다고 한다. 그러고 병원 문을 나서는 순간 "병원비가 없어서 입원이 안 된다"며 병원 측과 시비를 하는 한 소녀환자 엄마의 목소리가 들렸다.

그는 곧 비서를 시켜 그 환자의 입원비를 지불하고 누가 대불

했는지를 모르게 했다. 얼마 후 은밀히 도운 소녀가 기적적으로 회복됐다는 소식을 듣고 록펠러는 "나는 살면서 이렇게 행복한 삶이 있는지 몰랐다"고 술회했다고 한다. 이 일이 있은 뒤 그는 자신의 병도 완쾌되어 98세까지 살면서 수많은 복지재단을 만들어 사회에 기여해왔다고 회고했다.

그가 회고록에 남긴 글 중에는 이런 대목도 있다. "인생 전반기 55년은 쫓기며 살았지만, 후반기 43년은 행복했다"고. 그는 장남인 록펠러 2세에게도 재산을 물려주기보다는 자신이 만든 각종 재단 운영에 참여케 하는 등 사회사업을 돕도록 가르쳐 2차대전 후에는 뉴욕에 유엔본부를 유치하도록 거액을 희사케 하는 등 국제간의 협조에도 기여토록 했다고 한다.

이들 부자父子간에는 이런 일화도 있다. 2세 록펠러는 지방 나들이 때면 언제나 그곳에서 제일가는 비싼 호텔에 머물었는데, 아버지 록펠러는 노상 허름한 2, 3류 호텔에 여장을 풀곤해 수행비서들이 하루는 록펠러에게 늘 2세보다 값싼 숙소를 정하는 이유를 물었다고 한다. 이때 아버지 록펠러의 대답이 걸작이었다. "나한테는 부자 아버지가 없지만 아들은 부자 아버지를 두고 있으니까 그럴만하지 뭐."

이렇게 자식을 보는 견해가 록펠러와 이병철 씨와는 판이하게 달랐던 모양이다. 이병철 씨가 장남 이맹희 씨를 잘못 본 이유 중에는 이맹희 씨의 돈 씀씀이와 관계가 없지 않았다는 것이 주변의 정설로 나돌고 있다. 이맹희 씨는 경북고 출신으로 한때는 삼성 2인자로 활동하면서 서울에서 입신출세한 경북 출신 지인들에게 자주 선물도 보내고, 어쩌다가 요정 등에서 마주치면 그 자리의 술값도 대신 지불하는 등의 선심을 쓴 것으로 전해진다. 그런데 이병철 씨는 장남의 이런 돈 씀씀이가 도무지 마음에 들지 않았다는 전문傳聞이다. 이맹희 씨는 "아버지가 거부巨富니까 나는 좀 인심을 좀 써가며 살아도 되겠지" 했던 모양이고, 반면 아버지 이병철 씨는 바로 그 점이 재벌의 후계자로서 '부적격'이라고 치부했다는 후문이다.

세계에서 제일가는 부자가 재산의 대부분을 사회에 환원한 사람과 유산의 대부분을 3남에게 넘겨 오늘날 형제간의 소송 사태를 빚게 한 이병철 씨와는 인간 됨됨이에 있어 '부富의 사회 환원' 시각 등에 있어 현격한 차'가 있지 않나 싶다.

사람의 마음, 개의 마음

흔히 몰염치하고 파렴치한 저질의 인간을 가리켜 '개보다 못한 놈'이라고 욕을 한다. 기실 사람은 변절하는 기질을 어떤 경우엔 장점으로 내세우지만 개는 훈련견이든 애완견이든 똥개든 간에 '충절'이 그 본성으로 알려져 있다.

TV 〈동물농장〉 같은 프로를 보면 개가 얼마나 충직한 동물인지를 알 수 있다. 일전에 어느 섬마을에 버려진 애완견 얘기가 보도됐다. 섬사람들은 "육지에서 차를 가지고 온 관광객이 자기네가 키우던 애완견을 슬그머니 버리고 가는 경우가 왕왕 있다"

고 실토한다.

이들 버려진 애완견의 몰골은 말이 아니다. 그동안 못 먹고 몸을 씻지도 못하여 털은 흡사 누더기를 덮고 있는 듯하다. 그래도 "개들의 행동은 일관되고 있다"는 섬 주민의 말이다. 자기가 버려진 곳으로 보이는 곳이나 선착장을 오가며 "혹시 주인이 나를 잃어버려 찾고 있지는 않을까?" 하는 일념으로 주인이 눈에 띄기만을 학수고대하는 모습이라는 것이다.

사람은 애완견을 키우다가 사정이 변하여 버리기도 하지만 개는 이런 경우를 상상도 못한다고 한다. 개들의 생활 속엔 '변절'이란 게 없다. 오로지 자기를 키워주고 사랑해주는 주인에 대한 '충절'만 일심으로 간직하고 있다는 것이다. 그러고 보면 '개보다 못한 놈' 하는 욕이 욕이 아니라 인간사회 속엔 비일비재한 꼴이다.

사람을 만물의 영장靈長이라고 하지만, '개만도 못한 놈'으로 전락한 모습을 간간이 보게 된다. 아무렴 개의 '충절'도 모르는 몰골로 무슨 복을 기대할까.

금연禁煙 유감有感

이제는 먼 얘기 같지만, 불과 20년 전만 해도 흡연자는 거칠 것이 없었다. 실내흡연은 물론이고 버스나 기차에서도 자유로이 담배를 피울 수 있었다. 그러나 지금은 금연정책으로 웬만한 실내는 말할 것 없고 공원, 버스정류장 심지어는 흡연이 금지된 대로大路가 생겨난 판이다. 요즘 아파트 바깥 공간에 서성대며 혼자 담배를 피우는 젊은이들을 자주 보게 된다. 이 모두 금연의 여파가 몰고 온 세태의 변화다.

우리나라에서 금연구역을 최초로 규정한 법은 1995년 제정된 국민건강 증진법이다. 지난해는 이 법이 개정되면서 지방자치단체는 조례로 관할구역 안의 일정한 장소를 금연구역으로 지정할 수 있게 해, 실외공간도 금연으로 규제할 수 있게 되었다. 흡연자들은 볼멘소리로 이런 정책이 "일방적으로 흡연자들을 몰아붙이는 것이 아니냐?"며 항의를 한다. 하지만 담배 연기에는 온갖 발암물질과 독성물질이 들어있어 짧은 노출로도 심장질환 등을 유발할 수 있다는 게 상식화 되어 있다. 또한 주변 사람들에게도 불쾌감을 주는 것이 명백해, 금연구역의 확대는 4천만의 비흡연자를 간접흡연으로부터 보호하고 1천만 흡연자를 언젠가는 금연 결심을 하도록 돕는 것으로 인식되고 있다. 그래서 흡연자를 진정으로 위하는 정책은 흡연자를 편하게 흡연하도록 돕는 정책이 아니라 금연정책이라는 것에 이의異議는 없다.

그런데 현실적으로 담배는 국가가 제조, 판매를 허가한 합법적인 성인기호상품이요 흡연자는 담배를 소비하는 소비자라는 측면이 있다. 국가가 담배라는 상품을 통해 해마다 10조원의 세수를 확보하고 있으면서 1천만 흡연자를 '죄인' 취급하는 일면이 존재한다. 적어도 내가 접해 본 일부 흡연자들은 "흡연은 '낭만'이라기보다는 '생계'에 가까운 측면이 있다"고 주장한다. 특히 고된 노동의 현장에서는 "담배만한 게 없다"고 말하는 사람도 있다.

그러니 어쩌는가. 인간의 몸은 솔직하다. 흡연이 잠을 쫓아주고 일에 집중하게 해주고 화를 식혀주는 역할도 하지만, 또한 그 결과 가래가 끊이지 않고 숨이 가쁘고 목이 따갑다는 등의 부작용을 호소하기도 한다. 끊을 수 없는 자신의 처지를 하소연하는 사람은 있어도 금연을 수긍하지 않는 사람은 드물다. 그러면서 자신의 의지로는 잘 극복이 안 된다고 말한다.

그래서인지 지금도 장남이 담배 피우는 것을 여러 가지 술수로 못 피우게 하려해도 잘 안 되고 있다. 흡사 아버지의 죄 같기도 하고.

불면의 고통

나이 70을 넘으면서 저절로 수면이 줄어들고 더러는 잠자리에 들어도 잠이 오지 않아 몇 시간을 뒤척뒤척한다는 소리를 자주 듣는다. 잠을 자야 할 시간에 "잠이 안 온다?" 이것은 보통 문제가 아니다. 대체로 노인들은 정도의 차이는 있으나 너나 할 것 없이 한두 번은 이런 경험을 한다.

나도 70대 후반에 들어 잠자리에 들어도 잠이 오지 않아 고민 끝에 병의원을 찾았다. 그리고 여러 가지 처방과 치료도 받았다. 그런데 도통 차도가 없고 하여 고민하던 중 한 친구에게 문의해

본 결과 "잠자리에 들기 전에 실내용 자전거를 30분 이상 타고 샤워를 한 뒤 잠자리에 들어보라"고 권해서 이 '엉성한 처방'을 따라 해본 결과, 지금은 상당한 차도를 보이고 있다.

인터넷에서 '불면증'을 쳐보라. 수없는 한방, 양방이 나와 처방을 내놓는다. 불면증 환자들이 주고받는 대화도 많이 올라와 있다. 불면증으로 고통 받는 사람들이 의외로 많다는 얘기다. "늘 수면부족으로 눈이 충혈되다 보니 보는 사람마다 간밤에 술을 좀 했느냐는 등의 엉뚱한 오해를 받기도 한다"며 하소연 하는 사람도 있다.

불면증은 밤낮이 뒤바뀐 불규칙한 생활로 과로나 스트레스가 심한 사람들에게 많다고 알려졌다. 불면증으로 인한 수면부족은 집중력 저하로 노동력에 나쁜 영향을 미치기도 한다. 수면부족이 일으킨 사고로는 체르노빌 원전 사고가 으뜸이다. 당시 담당자의 수면부족으로 이렇게 큰 사고가 났다는 것도 익히 알려진 사실이다.

의사들은 수면이 부족하게 되면 식욕 억제 호르몬의 분비가 줄어 식사량 증가에 따른 비만도 유발한다고 겁을 준다. 건강보험심사평가원에 따르면 국내 불면증 환자가 최근 4년 사이 2배로 늘어났다고 한다. 여성 환자가 남성보다 1.7배 가량 많고, 나이로 보면 50대 이상이 65.6%를 차지한다고 한다.

수면에 관한 한 이젠 내가 의사다. 되도록이면 스트레스 덜 받도록 노력하고, 술과 담배는 완전히 끊고, 매일 같이 적당한 운동을 해보라. 그러면 불면증 따위는 저절로 사라질 것이다.

주부들의 두 행렬行列

요즘 일상의 생활 속에서 주부들의 두 가지 대비되는 행렬을 TV를 통해 보았다. 하나는 서울의 유명 백화점에서 명품 핸드백을 헐값에 세일을 한다니까 구름떼처럼 몰려든 광란의 주부 행렬이요, 다른 하나는 중고교 주변의 학생복 재활용품 가게에 몰려드는 알뜰 주부 행렬이다.

어느 유명백화점에서 해외 명품 핸드백을 파격세일 한다니까 벌떼같이 몰려든 주부 행렬이 있었다. 평소 얼마나 명품 가방을 갖고 싶었는지는 몰라도 백화점 문을 열자마자 마치 쓰나미처럼 서로 밀치면서 몰려드는 주부들의 행렬이 정말 볼썽사나웠다. 그 순간 나는 "과연 저런 저질의 '엄마들'한테서 아이들은 뭘 배우고 자랄까?" 없어도 있는 체, 못나도 잘난 체, 자신의 품위를 가장하는 그런 허상을 엄마들한테서 배우게 될 것이다. 그리고 그 배운 바를 결혼생활에서 사회생활에서 아무렇지도 않은 양 구사하게 될 것이다. 이 얼마나 비극이요 잘못된 삶, 비뚤어진 심성이냐 말이다.

자녀들은 어릴 적에는 일거수일투족 엄마의 모습을 보고 익히면서 배운다. 순박한 우리 아이들이 허영에 들뜬 추잡스런 엄마한테서 비뚤어진 모습을 배우게 될 것을 생각하면 아찔한 느낌이다. 이런 천박한 엄마한테서 배운 아이들이 이 다음 세대를 살아갈 것을 한번 상상해보라. 정말 내일이 없고 희망이 없어 보인다.

한편 '이 사회를 지탱하는 동량재棟樑材를 키우고 있겠지' 하는 생각이 드는 건전한 엄마들도 있었다. 서울 면목동 등지에서 운영되고 있는 '중고교생 교복 재활용 가게'이다. 졸업생들이 기증한 헌 교복을 깨끗이 세탁하여 단돈 몇 천원에 팔고 있으며, 이들 재활용품을 싸게 샀다며 좋아하는 우리네 서민 엄마들의 환한 미소가 정말 돋보였다. 단돈 몇 만원을 투자하여 자녀들의 상하 교복도 사고 그 밖의 재활용 학용품도 구입하는 건전한 엄마들의 환한 웃음이 정말 자랑스럽다.

우리나라는 현재 이런 양면의 모습이 사회 곳곳에 존재하여 온갖 위화감, 부조리를 양산하고 있다. 하지만 고래로 '허영虛榮'이 '검약儉約'을 이긴 적은 없다. 우리 사회도 언젠가는 다수의 주부들에게 건전한 기풍이 만연하여 2세를 훌륭하게 길러내는 등 내실 있는 사회가 되리라고 확신한다.

작금의 유행어 힐링과 멘토

언제부터인가 우리 주변에 '힐링'이니, '멘토'니 하는 외래어가 유행어로 등장했다. 힐링healing은 사전에 치료, 회복, 아묾의 뜻이라고 적혀있다. '멘토mentor'라는 낱말은 영어사전을 보면 '현명하고, 성실한 조언자, 교사, 지도자'로 되어 있다. 올해 교보문고에서 베스트셀러로 뽑은 키워드도 '힐링', '멘토'였다고 한다.

어떤 낱말이 유행할 때 그 이면을 보면 대중의 욕망과 욕구가 반영되어 있는 경우가 많다. 힐링이란 말이 너무나 자연스럽게 받아지고 있는 것은 지금 그만큼 지치고 아픈 상처를 안고 있는 사람들이 많다는 것이겠다. 어떤 학자는 지금의 이 시대가 '치료'보다 '치유'가 필요하다고 표현하기도 한다.

'멘토'는 원래 그리스 신화에서 유래한 말로 트로이전쟁에 출정하는 오디세이가 자기 아들을 아들의 친구 멘토르에게 잘 돌봐달라고 부탁한데서 나온 말이라고 한다. 어원으로 말하면 '멘토'는 아버지가 부재한 상황에서 어쩔 수 없이 아버지를 대신하는 사람이다.

요즘 우리 사회에선 여기저기서 멘토를 찾는다고 야단들이다. 부모가 있음에도 부모 대신 그 누군가를 찾아헤매는 형국이라 할까. 힐링과 멘토가 키워드가 된 한국사회, 치유와 길잡이에 대한 욕망이 간절한 곳이 바로 지금의 우리 사회라는 의미도 된다.

스마트폰 대란大亂

가히 스마트폰 대란의 시대라 할 만하다. 거리에서 지하철에서 온통 스마트폰 일색이다. 특히 지하철에서는 젊은 세대와 노인 세대를 구분하는 데 스마트폰이 그만이다. 좌석에서 스마트폰을 갖고 노닥거리는 사람의 90%는 젊은 세대다. 간혹 노인들이 스마트폰을 만지는 경우가 있긴 하나 극히 드문 일이다.

몇 년 전만 해도 볼 수가 없었던 스마트폰이 곳곳에서 대세를 이루고 있다. 스마트폰은 가벼운 터치만으로도 작동이 되기 때문에 자신도 모르는 사이 상대방에게 전화가 걸려 실례를 범하는 경우도 다반사이다. 술집에서 아내와 전화를 한 후 제대로 끄지 않아서 여성접대부와 대화하는 내용이 전달되어 곤욕을 치른 경우도 있다고 한다.

편리하고 똑똑하다지만 잘못 사용하면 화를 부를 수도 있다. 광주의 한 주부는 130만원을 내라는 문자가 날아와 깜짝 놀랐다고 한다. 네살배기 아기에게 스마트폰 게임을 켜줬더니 만지작거리다가 몇 만 원짜리 아이템에 손가락이 툭 닿아 그대로 결제가 되어버린 것이었다. 스마트폰 조작 실수로 연예인들의 사진이 잘못 올려진 경우도 있는 등 한국소비자원에 스마트폰 조작 실수로 유료 콘텐츠를 구매한 소비자들의 피해상담이 급증하는 추세이고, 스마트폰 조작 미숙으로 인한 119 오접속 건수도 지난 해에 비해 60% 이상 늘어났다고 한다. 자녀들이 공부는 않고 스마트폰만 갖고 놀아 골머리를 앓는 가정도 적지 않은 것으로 안다.

이래저래 세월의 변천은 야릇한 것이다. TV 드라마를 봐도 맨 스마트폰 판이니 노인들도 이 바람에 스마트폰을 살까 말까 고민하는 사람이 많은 것으로 듣고 있다. 하지만 나는 컴퓨터를 배울까 말까 하던 2000년대 초와는 달리 스마트폰은 갖지 않기로 작심했다. 이유는 두 가지. 하나는 스마트폰 기능이 너무 복잡하여 거부감을 느끼고, 또 하나는 눈이 나빠 스마트폰의 글을 보기가 거북하다는 점이다.

노인은 생각과 생활이 단순해야 편하다. 굳이 복잡한 스마트폰의 기능을 가까이 두어 머리 아플 까닭이 없지 않은가 말이다.

신문의 미래는?

나는 언론인 출신으로 신문의 미래에 대해 관심이 많다. 내가 종사하던 시절에는 지금처럼 보수지保守紙, 진보지의 구별이 아니라 여론·정론正論을 대변하는 신문이 신문 기능의 대명사였다. 무슨 말을 하다가 찬반 이견異見이 생기면 "신문에 그렇게 났어." 하면 그게 정답이 됐던 것이다.

신문기자도 지금처럼 어느 신문사 사원이 아니라 어느 신문사이든 간에 '견습기자 출신'이면 모두 '언론에 종사하는 기자'로 통했다. 더 크게 말하면 '정부권력'대 '언론권력'이라 할까. 특히 5.16 이후 군정시대의 신문은 위험을 무릅쓰고 정론을 펴며 그것으로 많은 독자의 신뢰를 얻었다. 말하자면 모두가 여론대변지, 정론지였던 것이다.

하지만 지금은 다르다. 동아, 조선, 중앙 등 3대 보수지는 보수여당과 정부를 옹호하고 진보적인 야당과 시민단체에는 가차없이 회초리를 들이대는 형국이다. 더구나 지금은 TV의 위력이 커져 웬만한 정보는 전파매체를 통해 습득하는 계층이 많아졌다. 신문 구독을 권하는 사람이 거리에서 현찰 10만 원을 내밀며 신문구독을 권하는 시대가 되어버렸다. 그만큼 신문이 일반 시민으로부터 외면당하고 있다는 증좌이다. 그래서 "앞으로 신문이 사라질까요? 아니면 어떤 모양으로 존재할까요?"라는 의문을 갖게 된다.

전파매체의 위력이 날로 커져 그 '속보성速報性'에 눌리는 게 현실이다. 국민의 의식수준도 높아져 예전처럼 신문을 곧이곧대로 신뢰하지는 않는다. 이렇게 되니 광고에도 밀리고 그렇게 독자의 신뢰를 잃고 있는 것이 현실이다. 현재의 신문 형태로는 과거의 권위를 계속 지켜나가기가 힘들 것임이 점점 더 분명해지고 있다.

한 신문연구소의 조사에 따르면 신문 독자는 전 연령층에서 감소하고 있으며, 평일판 주말판 할 것 없이 광고매출이 점점 떨어지고 있다는 것이다. 독자와 광고 매출의 동반 하락은 '신문 기업의 구조조정과 기사의 질 저하'라는 악순환을 일으키게 마련이다. 문화적으로 보면 '신문'은 한때 기자가 취합한 사실에 기자나 편집인의 해석을 얹은 대단히 독특한 매체였다. 그리고 인쇄와 유통에 드는 비용보다도 저렴한 가격에 판매되어 '인쇄매체 문명의 시대'를 활짝 열기도 했다. 하지만 지금은 전파매체에 인터넷, 스마트폰까지 등장해 여간 고전하는 형국이 아니다. 이런 상황인데도 "미래의 신문이 어떤 모습을 가지면 독자들에게 더 어필할 수 있을까" 하는 고민을 하는 조짐은 별로 보이지 않는다. 미국 〈워싱턴포스트〉는 페이스북에서 읽는 기사를 친구들과 공유하고 평가할 수 있는 어플리케이션을 만들었다고 한다. 그런데 오늘날 한국의 인쇄 매체가 제반 어려움을 딛고 살아남을 노력을 하고 있는지 의문이다.

오지랖이 넓은 사람

우리의 속언에 "오지랖이 넓은 사람"이라는 말이 있다. '오지랖'은 본래 '겉옷의 앞자락'을 의미한다고 한다. 오지랖이 넓은 사람은 대체로 "자기 일이나 신경 쓰지" 하는 냉소의 대상이 되기도 하지만 간혹 주변사람들에게 큰 도움이 되는 경우도 있다. 요즘과 같은 각박한 세상엔 오지랖이 넓어서 문제라기보다는 어려움에 빠진 타인을 외면하는 '이기주의'가 더 문제일 때도 있다.

지하철에서 종종 겪는 일이지만 자기와 관계없는 웬만한 일엔 못 본 척, 모른 척하기가 일쑤다. "지하철에서 여학생이 성추행을 당하고 있는데도 주변에선 모두가 못 본 척했다"는 신문 가십을 본 적이 있다. 다른 사람이 도와주지 않는 일이면 자기도 못하는 일로 받아들이고 미리 포기하는 것이다. 이같은 심성은 점점 자신이 알지 못하는 사람들에 대한 관심의 포기로 이어져 자기가 아는 사람에게만 집착하는 양상을 보이기도 한다. 특히 정치 같은 분야에서는 발이 넓은 것이 능력의 지표로 받아들여지기도 해 고위직 주변을 맴도는 사람일수록 '형님'이라고 부르는 사람이 많다고 한다. 어림잡아 7~8백 명에 이른다는 말도 있다. 인맥관리의 귀재라는 한 인사는 3천 명이 넘는 지인 전화번호를 휴대전화에 입력해 다닌다는 설이다.

아는 사람에게 따뜻한 관심을 갖는 것도 물론 필요하다. 하지만 알지 못하는 누군가가 어려움에 처했을 때 외면하지 않는 오지랖 넓은 사람이 필요한 시대가 아닌가.

너 언제 감옥 갈래?

아들에게 입버릇처럼 "너 언제 감옥 갈래?"하고 독설을 퍼부어대던 아버지가 새삼스레 생각난다며 영화배우 지망생이 아버지를 회상하며 쓴 수필을 본 적이 있다. 아들이 ROTC 장교로 제대하고 제대 후에 어엿한 공직에 들어가기를 바라던 아버지가 괴상한 모자를 쓰고 빈둥대는 아들이 눈에 찰 리가 없었을 것이다. 그러던 어느 날 아들이 출연한 영화의 흥행실패로 감독이 빚에 쪼들리다 감옥에 갔다는 소식을 아버지에게 말하자 아버지는 대뜸 "너는 언제 감옥에 가는데?"하며 아들을 힐책하는 대목이 수필에 나온다. 아들에 대한 기대가 오죽했으면 그런 말을 하겠느냐마는 좀 심한 표현 같다. 그런데 그 영화배우 지망생 아들은 아버지가 "넌 감옥 언제 가니?"하고 입버릇처럼 하던 말을 지금은 '금과옥조'로 삼고 있다니 얼마나 기특하냐.

부처님의 가르침에 '사섭법四攝法'이라는 게 있다. 첫째는 '애어愛語'요 둘째는 '보시布施' 셋째는 '이행利行' 넷째는 '동사同事'

이다. 항상 사랑스런 고운 말을 하고, 남에게 늘 베풀며, 남에게 이로운 일을 하며, 남의 일을 자기 일처럼 거들어야 한다는 뜻의 가르침이다. 그래서 이 가르침을 신봉하는 불자들은 좀처럼 남에게 듣기 싫은 말은 하지 않는 것이 상식이다.

나도 이 '애어'의 가르침을 몸소 체득하여 자식들이나 친척, 친구들에게 되도록이면 고운 말, 듣기 좋은 말을 하려고 노력한다. 하지만 '정치인', '고위 공직자', '악덕 기업인', 고객을 속이지 않으면 배가 아픈 그런 상인을 만나면 "너 언제 감옥 갈래?" 하는 말이 목에서 튀어나오는 것을 참는다. 함부로 이런 악담을 했다가 나에게 돌아오는 것이 없기 때문이다.

내가 골프를 그만둔 이유

나는 언론계를 퇴직하면서 골프를 그만두기로 마음을 먹었다. 이유는 몇 가지 있다. 첫째는 다른 운동에 비해 돈이 많이 들고, 둘째는 부킹(예약, booking)이 쉽지 않으며, 셋째는 시간이 많이 걸린다. 넷째는 멤버를 짜고 픽업(자동차 편승)을 해야 한다. 다섯째는 그늘집 간식비 등 누군가에게 신세를 지기가 십상이다. 여섯째는 스스로 사치를 즐기는 것 같기도 해서이다.

나는 학창시절에 운동을 좋아했다. 초·중학교 때는 단거리 육상 선수였다. 직장에서도 30대에 테니스를 좋아했고 특히 백드라이브back drive는 일품이어서 가히 선수급이라는 칭찬을 받기도 했다. 그런데 40대에 이르자 동료들이 하나 둘 골프로 옮겨가 친구 따라 강남 가는 격으로 골프를 치기 시작했다.

골프는 좋은 점도 있다. 야외 공기를 즐기고 다른 운동에 비해 몸에 무리가 가지 않으며 운동량도 상당하다고 애호가들은 예찬한다. 다른 운동에 비해 '흥미', '성취감' 차원에서 월등한 점도 있다. 그러나 나는 직장을 정년퇴직하면서 골프는 그만두기로 마음을 먹었다. 그것이 나의 생리에 맞기도 했다. 그 무렵 마침 한 친구가 나에게 등산을 권해 한번 따라 가보니 등산이 나의 노후 건강관리로는 여러모로 알맞다는 생각이 들어 지금껏 등산을 즐기고 있다.

처음에 나한테 등산을 권한 친구는 일주일에 세 번 산행을 한다고 했다. 당시 나는 이 말을 듣고 "등산에 미쳤구나" 했다. 그러던 것이 10여년이 지난 지금은 나도 '1주 3행'을 예사로 하고 있다. 등산은 동료 없이 혼자서 갈 수도 있고 무엇보다 돈이 안 들어서 좋다. 산 공기 마시는 맛을 골프에 비할까? 등산을 하고 나면 이튿날엔 몸을 좀 쉴겸 동네 공원에서 산책을 한다. 이렇게 운동을 규칙적으로 하다 보면 그야말로 심신心身이 공히 도야陶冶 된다. 마음 다스리고 몸 닦고, 노년에 이 이상 뭘 더 바라겠는가.

부고訃告

나이가 들면서 변화하는 일 중의 하나는 '결혼청첩장'보다 '부고'를 전해 받을 때가 더 많다는 것이다. 어느새 자녀들은 결혼을 해서 떠나가고 이제는 '당신'들이 죽을 차례가 다가오고 있다는 얘긴가. 죽음이 차례가 있는 것도 아니고, 길게 살든 짧게 살든 한번은 죽는 법이다. 세월은 거스를 수 없고 삶이 유한하다는 것을 알면서 한편으로는 그것이 두렵지만은 않은 '위안'이 되기도 한다. 어떨 때는 "내가 세상을 버리면 그 주검자리엔 누가 문상할까?", "그들이 와서는 나를 어떻게 추억할까?" 상상하며 멍해지기도 한다. 특히 친척의 장례식 자리에서 이런 잡상에 사로잡힐 때가 있다.

외국의 소설이나 영화를 보면 '부고란'을 읽는 나이든 사람들의 이야기가 가끔 등장한다. 오래전에 소식이 끊긴 옛 친구의 부고를 보고 옛날을 회상하기도 한다. 언론계를 퇴직하기 얼마 전엔 신문을 펼쳐들면 부고란을 꼼꼼히 읽은 적도 있다. 내내 신문을 들고 있다시피 했으니까 부고란까지 읽었는지도 모른다. 저명인사들의 부고는 신문의 광고면까지 사서 나가기도 하지만 그 신문의 정해진 부고란에 오르는 사람은 고인보다 고인의 자식이나 사위가 두드러지는 경우가 많았다. 부고란을 보고 유가족의 세력 판도를 읽곤 한 적도 있다. 그런데 이런 상황도 이미 지나간 세월의 일이다. 요즘은 전직 언론인의 경우 대한언론인회에서 핸드폰 문자로 고인의 부음을 전해온다. 그 밖의 경우는 대부분 친지를 통해서 부고를 전해 듣는다. 마치 잘 짜인 비상 연락망처럼. 결혼식에서처럼 청첩장을 돌릴 필요도 없다. 좋은 잔치에는 못가도 힘들고 아픈 자리엔 참석해야 한다는 오랜 정서가 이직 남아있기 때문인지도 모르겠다.

장례식은 남겨진 사람들을 위한 의식이다. 우리는 그 자리에서 먼저 간 사람들을 추모하고 남은 이를 위로하며 한편으론 스스로를 되돌아보기도 한다. 아직은 진행형인 내 삶, 보잘 것 없는 모양새지만 다시 한 번 다독이며 앞을 내다본다.

인연因緣

얼마 전 한 고층아파트의 베란다에서 실족해 떨어지던 꼬마가 때마침 지나가던 어른과 부딪쳐 기적적으로 생명을 구한 일이 있었다. 그런가 하면 며칠 전에는 엄마를 따라 아파트 문을 나서던 4살 난 어린이가 아파트 고층에서 자살하려고 뛰어내린 40대 어른에 부딪쳐 두 사람 모두 목숨을 잃은 참사가 발생했다. 이런 현상을 어떻게 설명해야 할까.

전생의 선연善緣, 악연惡緣으로 밖에 설명할 길이 없다. 모두가 '인연' 때문이라고 보는 것이다. 일찍이 부처님은 우주 만물이 모두 인연에 따라 생멸生滅한다고 했다. 이른바 삼천 대천三千 大千 세계가 모두 이 인연에 의해 생멸해왔다고 본 것이다. 오늘날 우주물리학자들이 우주의 생멸을 아무리 연구해도 부처님의 이 깨달음에는 근처도 못가고 있다.

경전의 삼천 대천세계는 오늘날 태양을 중심으로 지구와 달, 화성, 수성, 해왕성 등 우리가 육안이나 우주망원경 등으로 겨우 볼 수 있는 세계가 '소천세계'요, 이 소천세계 1천 개가 모여 하나의 중천세계, 이 중천세계 1천 개가 모여 대천세계를 이루고 있다고 한다. 현대 과학자들이 추적해가기엔 그야말로 까마득한 영역이다. 이런 광활한 우주공간이 모두 '인연'으로 생멸한다고 부처님은 설파했다.

불교사전을 보면 "…예컨대 식물의 종자는 인因이고 햇빛 · 흙 · 물은 연緣이다. 이 인과 연이 결합하여 비로소 싹을 틔운다는 것이다. 또 일체 중생의 마음속 불성은 '인'이고 그것이 수행 등 '연'을 바탕으로 하여 비로소 성불의 결과를 나타낸다"고 보는 것이다. 흔히들 우리는 "옷깃만 스쳐도 인연"이라고 말들을 한다. 신라의 고승 의상조사義湘祖師는 그의 유명한 법성게法性偈에서 '일미진중 함시방 一微塵中 含十方'이라고 하여 "한 개의 미세한 티끌 속에 온 세계가 들어있다"고 읊었다. 이것은 자그마한 인체人體가 광활한 우주에 비유되는 것과 같은 맥락이다. 오늘날 인체생리를 연구하는 과학자들은 인체의 오묘함을 넓은 우주에 비유하는 사례를 종종 보게 된다. 인체의 365개 뼈마디가 지구가 태양을 한 바퀴 도는 '1년 365일'에 비유되듯이 말이다. 이런 오묘한 인연 앞에 무슨 잔꾀를 부리고 탐욕을 부리고 그렇게 해서 죄를 범하는 중생들이 참으로 가엽게 여겨진다.

라면 50년

라면이 '삼양라면'이란 이름으로 우리나라에 처음 선보인 것이 1963년, 그러니까 벌써 라면 50주년이 넘었다. 이제는 한 해에 1인당 70여 개를 먹어치우고 외국에 파는 라면의 종류만도 200가지가 넘는 한국의 대표 맛이 됐다.

라면의 어원은 한자어 '납면拉麵'이라고 한다. 동서양을 막론하고 국수를 만드는 방법은 크게 두 가지로, 밀가루 반죽을 얇게 펴서 칼로 가늘게 썰거나 반죽을 잡아 늘리고 접기를 반복해 가락을 가늘게 뽑아내는 방법이다. 후자의 방식으로 만든 국수가 납면이고, 납면의 일본식 발음이 라멘이라고 한다. 라멘은 반죽을 길게 잡아 늘여 뽑는 국수의 총칭이다. 그러니까 소바(메밀국수)나 우동이 아닌 일본의 국수가 다 라멘인 셈이다.

결국 라면은 중국식 면이지만 인스턴트 라면은 일본의 발명품인 셈이다. 어쨌든 일본식 인스턴트 라면이 한국에 건너와 면麵의 어감을 살린 오늘의 '라면'이 된 것이다. 일본의 제조법을 배운 첫 국산은 '삼양라면'이다. 그래서 줄곧 삼양라면이 라면 업계의 수위를 차지하다가 1989년 '공업용 우지牛脂 사건'으로 검찰의 철퇴를 맞고는 라면업계 1위의 자리에서 물러나고 말았다. 그 후 이 사건은 1997년 대법원에서 무죄를 선고 받았으나 한 번 뒤집힌 사세를 여태껏 회복하지 못하고 있다. 회고컨대 라면이 처음 시장에 나왔을 때는 1개당 10원으로 당시의 다방 커피값 30~40원에 비하면 비싼 건 아니어서 순식간에 서민대중에게 파고들 수 있었다. 요즘은 너나 할 것 없이 입맛이 없을 때 즐겨 찾는 음식이 되었다. 특히 요즘의 국산 라면은 한국인의 입맛을 감칠 맛나게 사로잡고 있다고 해도 과언이 아니다.

돈과 행복은 비례하는가?

돈과 행복은 비례하는가? 얼핏 생각하면 그럴 것도 같다. 하지만 최근의 한국사회는 돈이 행복일 것 같지만 그와 정반대되는 현상을 날마다 보여준다. 뇌물을 먹고 교도소로 가는 공직자 등의 행렬 등이 그것이다. 물론 생활의 기본인 의식주衣食住가 해결되지 않을 땐 문제가 심각하다. 노숙자는 말할 것도 없고 날마다 끼니를 걱정할 형편이면 정말 곤란하다.

나는 요즘 나이가 들면서 '돈이 행복을 가져다주는 것은 아니라'는 점에 전적으로 동의한다. 자고로 돈과 행복의 상관관계에 대해 상반된 두 가지 주장이 있는 것으로 안다. '돈으로 행복을 살 수 없다'는 주장과 '돈이 많을수록 행복하다'는 주장이 그것이다. 사람의 행복은 대체로 그 사람의 '마음'속에 있다. 마음속에 있는 행복을 돈으로 늘였다 줄였다 한다는 게 말이 되지 않는다. 경제학자들은 조사방법에 따라 이러쿵저러쿵 말이 많지만 행복은 마음먹기에 달린 것, 행복은 각자의 마음속에 있다는 말을 굳게 믿고 싶다.

부처님도 행복은 각자의 마음속에 있다고 설파했다. 세간에서는 법정스님의 그 유명한 '무소유無所有' 개념을 잘못 해석하여 '아무것도 안 갖는 것'을 뜻한다고 풀이하는 사람들이 있다. 하지만 이건 잘못된 해석이다. 아무것도 안 갖는 것이 아니라 '불필요한 것으로부터의 자유'를 의미한다. 아무것도 안 갖는 것이 무소유 개념이라면 포교布敎도 못하고, 불사佛事도 일체 못하지 않겠는가. 지금은 고인이 된 대재벌 이병철 씨는 1967년이던가 한비韓肥 밀수사건이 터진 뒤 기자회견을 갖고 "돈이란 필요한 만큼만 있으면 되지, 그 이상 가져봐야 개인에게 행복을 가져다주는 것은 아니라"고 변명 비슷하게 술회하는 말을 들었다.

부디 많은 사람들이, 특히 우리네 공직자들이 돈이 행복을 가져다주는 양 착각하지는 말기를 바란다. 돈은 없으면 생활에 불편이 따르는 것은 사실이나 그것이 행복을 좌지우지하지는 않는다.

한 원로 스님의 말이 귓전을 때린다. "여러분은 행복을 찾지만 아무리 돈, 권력, 명예가 있어도 완전한 행복을 얻을 수는 없습니다. 내가 나를 알아보는 게 먼저입니다", "수행으로 나를 알면 사촌이 땅을 사도 배가 아프지 않습니다."

사전의료의향서의 필요성

인간 모두가 장수하고 건강하고 모두가 행복하게 잘 살 수는 없다. '원시사회의 약육강식弱肉强食, 적자생존適者生存, 우승열패

優勝劣敗의 법칙' 같은 자연의 섭리를 벗어나기도 어렵거니와 그 속에서나마 법과 복지 등을 통해 본래부터 불균등한, 불공평한 생존에서 살아남고자 여러모로 노력을 해왔다.

독재주의, 민주주의, 사회주의 등의 통치 이념도 '인간이 어떻게 하면 잘 살 수 있을까?'를 오래토록 고심 해오던 과정에서 배태된 산물이요 제도라 할 것이다. 이러는 가운데 요즘은 우리 사회에서도 '사전의료의향서'라는 것이 관심을 끌고 있다. '삶의 질'뿐만 아니라 '죽음의 질'에 대한 관심이 커지면서 '잘 사는 것'을 의미하는 웰빙Well-Being과 더불어 '잘 죽는 것'을 뜻하는 웰 다잉Well-Dying을 생각하는 사람들이 늘고 있는 것이다.

최근 우리 사회에서 핫이슈로 등장한 '무의미한 연명延命 의료 중단' 논의가 바로 웰 다잉과 깊이 연관돼 있다. 환자가 의학적으로 회복 불가능한 상태에 처해 있을 경우 심폐소생술이나 인공호흡기, 항암제 등의 연명치료 중단을 요구할 수 있도록 법제화하자는 것이다. 환자에 대한 연명치료는 삶의 연장이 아니라 임종과정의 연장으로, 환자 자신이나 가족들에게 정신적 물질적 고통을 안겨줄 뿐이라는 취지다.

여기서 연명의료 중단 논의의 핵심은 생명의 자기결정권을 가진 환자 자신의 의사 확인방법이다. 자칫 연명치료 중단이 환자의 의사意思에 반해 악용되는 부작용이 있을 수 있기 때문이다. 특히 환자 자신이 갑자기 의식불명 상태에 빠졌을 경우가 문제이다. 이럴 경우에 대비한 것이 바로 '사전의료의향서'라는 것이다.

사전의료의향서는 장래 죽음에 임박한 본인이 스스로 치료에 대한 결정을 내릴 수 없을 경우에 대비해 의료진이 치료방침 결정시 참고하도록 미리 작성하는 서류이다. 일부 선진국에서 시행중인 '생전 유서Living Will'와 비슷한 것이다. 그러니까 사전의료의향서에는 뇌사나 질병말기 상태, 노화로 인한 죽음 임박 상태에서 연명치료를 하지 말고 존엄하게 죽음을 맞이하길 원한다는 내용이 담겨야 할 것이다.

모름지기 죽음에 임박한 노인은 자신의 품위있는 죽음, 편안한 죽음, 가족들에게 부담을 주지않는 죽음을 위해 주변 정리를 잘해놓고 가는 것이 중요한데 그 방편 중의 하나가 사전의료의향서 마련인 것이다.

도저히 치유될 가망이 없는 중환자들이 입에 산소마스크를 쓰고 목구멍을 통해 음식물을 공급하는 경우를 왕왕 본다. 이런 어리석은 짓(?)은 하지말자는 것이다. 정부는 목하 사전의료의향서의 법제화를 추진 중이라고 하거니와 의료계도 합심하여 공연한 연명 같은 의료행위는 하지 않았으면 좋겠다.

내 안의 감옥

비영리법인 행복공장이 최근 강원도 홍천군 용수리에 성찰省察 공간인 '내 안의 감옥'을 완공했다는 소식이다. 행복공장은 2010년부터 '감옥' 같은 공간에서 프리즌 스테이Prison Stay 형식의 '내 안의 감옥'을 시범운영해왔고 이번에 이와 흡사한 명상

수련원을 마련했다는 것이다.

'내 안의 감옥' 프로그램은 기존의 교도소 체험 행사가 아니라 매달 한 차례 4박5일 일정으로 열리며 일반 참가자들은 6평방미터 규모의 32개 독방에 각각 투옥된 채 자신의 지나온 여정을 돌아보게 된다고 한다. 관리인이 밖에서 자물쇠로 잠가버리면 정해진 시간 외에는 밖으로 나올 수 없는 감금 상태가 된다고 한다. 이렇게 해서 참가자들은 자신이 살아온 시간을 돌아본 후 스스로에게 평결을 내리며 잊혀진 '자유'를 찾게 된다는 것이다.

토굴 외의 성찰과 수양을 위한 공간으로 고뇌와 침묵의 공간인 진짜 '감옥' 얘기를 빼놓을 수가 없다. 사실 감옥을 말할 때, 6년간의 옥살이와 55차례의 연금으로 갇혀 살았던 김대중金大中 전 대통령을 떠올리지 않을 수 없다. 김 전 대통령은 사형선고를 받고 감옥에 갇혔던 1980~1982년 가족들에게 쓴 편지를 모아 1984년에 「김대중 옥중서신」을 펴내기도 했다. '감옥' 하면, 27년 동안 옥에 갇혔던 넬슨 만델라 전 남아프리카 공화국 전 대통령도 빼놓을 수가 없다.

이와 관련하여 주목을 끄는 것은 최근 불교 조계종이 공개한 수행자 생활규범 '승가청규僧伽淸規' 초안이다. 이 초안에는 "아파트나 단독주택 형태의 토굴을 소유하거나 거주하지 않는다"는 대목이 있다. 스님들의 사적인 수행공간인 '토굴'은 원래 산속에 허름하게 지은 공간이나 동굴을 의미하지만 근래에 와서 일반 주거지역에 수양과 기도의 공간인 '토굴'을 얻어 지내는 스님이 많아지자 조계종에서 '토굴'의 명칭을 빌려 호화주택에 살면 안 된다는 규정을 만들었다는 것이다.

그동안 조계종이 하는 일이 별로 탐탁치않은 점도 없지는 않았으나 이번의 조처는 가히 '쾌거'라 할만하다.

지옥 수리중

어느 날 무비 큰스님의 카페 '염화실'을 배회하던 중 재미있는 글을 하나 발견하고 혼자 웃었다. 요지는 아래와 같다.

어느 중년 남자가 별세해 저승 염라대왕의 지시에 따라 지옥으로 가게 됐다. 그런데 이 남자가 지옥 입구에 도착해보니 '지옥 수리 중'이라는 팻말이 붙어있었다고 한다. 지옥문을 지키던 경비원에게 그 연유를 물었더니 그 경비원 왈 "한국 사람들이 평소 뜨거운 찜질방을 자주 드나들어 지옥의 '열탕 고온'을 '아! 시원하다' 하며 잘 견디기 때문에 열탕의 온도를 더 높이려고 수리하는 중"이라고 대답했다고 한다. 그리고 또 하나 색다른 시설을 보강중이라고 경비원이 부연하기에 "그게 뭐냐?"고 묻자, 한국 사람 특히 여자들이 성형成形 수술을 많이 하여 본인의 얼굴을 식별하기가 어렵기 때문에, 특별히 '정밀 얼굴 감식기'를 설치중이라고 대답했다고 한다. 우스갯소리라고 치부하기엔 뼈가 있는 내용이어서 옮겨본다.

불행하지 않을 권리

인간의 삶은 대체로 각박하다. 그렇지만 주위를 돌아보면 모두가 행복하게 살고 싶어한다. '행복'이란 인류 역사가 시작된 이래로 인간 삶의 영원한 주제인지도 모르겠다. 그런데 나는 '지금 이 순간이 아주 행복하다'고 생각한다. 불치병으로 또는 중병으로 장기간 병원 신세를 지지 않고, 자녀들에게 별다른 걱정을 끼치지 않고, 내 자신이 고생하지 않는 것만으로도 얼마나 다행스러운지 모른다.

솔직히 말해 나는 지금까지 "행복하게 살아야겠다"고 마음먹은 적은 없다. 오히려 "지금이 가장 행복하다"고 느끼며 사는 편이다. 지금도 오래 살 생각은 없고 다만 사는 동안 불행한 일이 내 앞에 닥치지 않기를 바랄 뿐이다. 나는 이것을 '불행하지 않을 권리'라고 말하고 싶다. 나에게 '행복'이란 매우 좁은 의미의 개념이다. 경쟁의 결과에 대한 성취이거나 고통을 감내하는 것에 대한 보상으로 생각하지 않는다. 아무도 뛰어가지 않을 때는 숨가쁘지 않았는데 한 두 사람이 앞서서 빨리 걷다보니 나도 뛰어가기 시작하고, 결국 모두가 숨이 차서 헐떡이고 있는 것은 아닐까.

'이데아 세계'를 꿈꾸었던 플라톤은 행복의 다섯 가지 조건을 다음과 같이 제시했다. 첫째, 먹고 입고 살기에 조금은 부족한 듯 한 재산, 둘째, 모든 사람이 칭찬하기엔 조금은 부족한 외모, 셋째, 자신이 생각하는 것의 절반 밖에 인정받지 못하는 명예,

넷째, 남과 힘을 겨루었을 때 한 사람에게는 이기고 두 사람에게는 질 정도의 체력, 다섯째, 연설했을 때 듣는 사람의 절반 정도만 박수를 치는 말솜씨를 꼽았다.

그렇다면 나는 이미 위의 다섯 가지 불행하지 않을 권리를 충족했다고 본다.

배신背信과 굴종屈從은 어떻게 다른가?

나의 속성屬性, 적성適性은 '정치'나 '권력' 쪽이 확실히 아닌 모양이다. 젊었을 때는 멋모르고 그 주변을 기웃거린 적도 있으나 지금은 소름이 끼칠 정도로 싫다. 오죽하면 TV에서 정치 뉴스가 나오면 숫제 소리를 죽여 버리거나 화면을 돌리겠는가.

일반의 배신背信과 정치권의 배신은 그 의미가 사뭇 다른데 정치권의 배신은 일반의 배신과 달리 그 배경, 환경, 반응 등이 다르고 그 나름의 변명이 통용된다.

고대 로마에서 브루투스가 시저를 찔렀을 때도 그랬다. 역사는 배신을 선악의 이분법으로 판단하지 않아서인가. 조건과 환경 등이 그때그때 다르기 때문인가. 가령 이집트의 나세르와 무바라크의 쿠데타가 다르듯이 말이다. 역사적으로 반역이니 쿠데타니 배신이니 하는 현상은 흔히 민심이 분열되고 혼란할 때 발생했다.

셰익스피어는 희곡 『율리우스 시저』에서 '배신'을 이렇게 찬

양했다. “왜 내(브루투스)가 시저를 죽였는지 이유를 요구한다면 대답은 이렇습니다. 시저에 대한 나의 사랑이 모자라서가 아니라 내가 로마를 더 사랑했기 때문입니다. 여러분 시저가 죽음으로써 모두가 자유인으로 살기보다, 시저가 살아서 모두가 그의 노예로 죽는 것을 원합니까?”

어찌 생각하면 말이 될 것도 같고, 어찌 보면 말장난 같기도 하다.

일본 전국시대에도 천하를 처음 통일한 오다 노부나가를 그의 최측근 부하이던 아케치 미쓰히데가 혼노지本能寺에서 찔러 죽였다. 중공의 린뱌오林彪는 자기를 후계자로 지목한 마오쩌둥毛澤東을 암살하려 했다.

우리나라에서도 노태우 전 대통령은 자기를 대통령으로 만들어준 친구 전두환을 백담사로 보내야 했고, 김영삼 전 대통령은 그와 손을 잡았던 노태우 전 대통령을 감옥에 보냈다.

역사는 이처럼 권력이나 무력을 동원해 정치적 스승이나 동지를 배신한 기록 등으로 점철되어 있다. 배신 없이는 역사의 페이지를 넘기기 어려울 정도이다. “권력의 속성은 부자父子간에도 공유할 수 없다”는 속설이 그래서 존재하는 것인가보다. 자고로 전제정치든 민주정치든 간에 권력을 거머쥔 자는 도전으로부터 최대한 자리를 지키려고 한다. 도전은 외부에서도 올 수 있지만 역사적으로 보면 내부에서의 도전도 적지 않았다. 하지만 명목상 2인자의 경우는 겉으로 화려한 것과는 달리 속된 말로 ‘바지저고리’인 경우가 많았다.

제2차 세계대전 당시 히틀러 정권의 제2인자였던 빌헬름 카이텔(1882-1946)도 그랬고, 우리나라 초대 이승만 대통령의 2인자였던 부통령 이기붕도 그랬다. 이들은 아예 그 이상도 탐내지 않고 만족한 경우였다. 평생 배신하지 않고 굴종하고 살기로 하면 가능한 생애이다. 그러나 일반의 상식과는 많이 다른 생애이다.

배신과 굴종의 개념이 생각하기에 따라 다르기도 하고 같기도 하는가? 때로는 자기 정치 패거리를 옹호하기 위해 온갖 억지와 막말을 마다않고 하는 오늘의 일부 정치인들이 정말 개탄스러워 보인다.

자식을 어떻게 키웠길래?

얼마 전 장례식장에서 삼남매가 어머니의 시신을 남겨둔 채 부의금만 챙겨 종적을 감춘 사건이 발생했다. 사건의 전말은 이렇다. 대전의 ㄱ병원에서 폐렴 합병증 등으로 치료를 받던 N씨가 숨졌다. 유족인 아들 2명과 딸 등은 이 병원 영안실에서 3일장을 치르기로 하고 조문객을 받았다. 그러나 유족들은 발인 예정 당일 시신을 ㄱ병원에 놔둔 채 문상객들로부터 받은 부의금만 챙겨 사라진 것이다.

이후 경찰은 수사에 나섰지만 삼남매는 책임을 서로 미루면서 시신 인수를 거부해, 병원 측이 화장을 한 뒤 납골당에 안치했다고 한다. 치료비, 장례비, 시신안치료 등 1500만원을 떼이게 된 병원 측은 최근 N씨의 자녀들을 사기 혐의로 고소하였다. 떠올리기도 싫은, 입에 담기도 싫은 패륜悖倫 사건이 아닌가. 나는 이런 뉴스를 접할 때마다 먼저 부모의 책임을 생각한다. 평소 자식을 어떻게 키웠길래?

자식은 어릴 때부터 일거수 일투족 부모의 말씨와 행동들 보고 따라 배운다. 이 패륜의 1차 책임은 부모가 무조건 져야한다. 자식을 어떻게 키웠길래 평소 인성교육이 너무 소홀했지 않았나 싶다. 자식에게 너무 헌신적이고 희생적이어서도 이런 패륜적인 결과가 나올 수 있다고 전문가들은 조언한다.

세상에 자식을 둔 부모는 많다. 그러나 내 자식을 어떻게 키울지에 관해서 깊이 고민하지 않는다. 그저 내 자식은 최고로 키워야지가 목표이다. 비싼 유모차로부터 시작해 유치원 초중고교의 학원비에 이르기까지 매사에 초월적 성의를 다하는 부모가 태반이다. 이런 가정에서 자란 아이가 부모를 극진히 보살필까? 내가 알기로는 반대다. 내가 어릴 적에 나의 어머니는 "자식의 효성은 자식 키울 때의 투자액에 반비례한다"는 말을 동네 아낙네들에게 자주 했다. "꼬부라진, 쓸모없어 보이는 나무가 선산을 지킨다"는 전래 속담도 있다.

부모가 자식을 어떻게 키웠길래 엄마의 시신을 병원 영안실에 버려둔 채 부의금만 챙겨 도망갔겠느냐 말이다. 무릇 자식 불효의 책임은 먼저 부모 자신에게 있다.

기러기 아빠 유감有感

최근 한 50대 남성이 기러기 아빠로 혼자 살다가 자살한 사건이 보도됐다. 이유야 어쨌든 안타까운 일이 아닐 수 없다. 고인이 이처럼 '잘못된 길'을 선택한 데 대해서는 적이 유감을 표하는 마음이다. 그러면서도 부모가 자식을 낳아 기를 때 '어디까지 책임을 져야 하는가?'에 대해 의문을 갖지 않을 수 없다.

자식은 부모가 낳았다고 해서 '부모의 소유물'이 아니다. 그리고 무한책임을 지는 것도 아니라는 점이다. 물론 자식이 성인이 될 때까지는 가능하면 최대한 뒷바라지를 해야 한다. 그러나 이 뒷바라지는 부모의 능력 범위 내에서, 자식의 자질 범위 내에서 해야지 덮어놓고 "내 자식이니까 무조건 최고로 키워야 한다는 식의 '무한책임'을 지는 것"은 아니라는 것이다.

이번 기러기 아빠의 경우는 전기電氣 기사로 최근 일감이 많지 않아 실직을 반복하는 등 가세가 넉넉하지 않았던 것으로 알려졌다. 그래서 4년 전 아들 둘의 유학길을 아내도 따라가고 하여 헤어진 후, 그동안 한 번도 가족상봉을 못한 것으로 알려졌다. 아빠는 실직을 거듭하고 아내는 아들들을 따라 미국으로 가 식당 종업원으로 일을 하며 자식 뒷바라지를 한 것으로 전해졌다.

이것부터 잘못 되었다는 생각이다. 이 세상 모든 부모가 능력은 있건 없건 내 자식은 특출하다고 생각하며 유학을 보내나? 설사 자식의 능력이 출중하다 하더라도 '형편'이 여의치 않으면 못하는 것이다. 이런 것을 최종 판단해야 할 사람은 가장家長이다. 이번 사건은 '가장이 판단을 잘못한 소치'라고 나는 본다. 사람은 날 때부터 각자의 능력과 분수分數가 있는 것이며, 이 분수에 따라 현명하게 대처하는 게 부모의 지혜요, 가장의 책임이라고 본다.

비단 이번의 경우가 아니라도 기러기 아빠가 되어 뜻하지 않은 외로움과 경제적 고통, 우울증 등에 시달리고 있는 사람이 전국에 만여 명 이상 있는 것으로 알려지고 있다.

팔십 노인이 생각컨대 자기들 분수에 따라 적정한 판단을 내리면 이번 기러기 아빠와 같은 불행은 없으리라고 본다.

온 세상 벗님네들! 자기는 학교 다닐 때 1등은 한 번도 못했으면서 내 자식은 1등을 해야 한다, 1등으로 살아야 한다는 등의 강박관념을 갖고 있지는 않은지 묻고 싶다. 자칫 하다간 이번 기러기 아빠의 경우처럼 장례식장에 정작 아내와 자식들의 모습은 보이지 않는 사고(?)가 날지도 모른다. 세상이 온통 '분수 잃은 사람'으로 채워진다면 정작 그 세상은 어떻게 돌아가겠는가?

고인은 유서에서 "…아빠처럼 살지 말라"고 자식들에게 당부한 구절이 있다고 한다. 이게 정답 같다.

1천원 권 지폐와 연기법緣起法

부처님이 보리수 아래서 6년 고행 끝에 깨달았다는 게 바로 '12 연기법緣起法'이다. 흔히 '제법 종연생諸法 從緣生'하고 가르치는 불교의 근원이 바로 그것이다. 부처님은 “우주 만물이 이 원리에 의해 생하고 이 원리에 의해 멸한다”는 대원리를 깨달은 것이다.

어느 종교의 교리처럼 위대한 창조주가 있어서 우주 만물을 창조한 것은 아니라는 뜻이다. 오늘날 우주과학과 물리학은 그 깊이를 더하면 더할수록 불교의 연기설이 하나하나 입증되는 과정에 있다해도 과언이 아니다. 아인슈타인의 ‘질량 불변의 법칙’이 그 현저한 예이다. 그래서인지 불자인 나도 이 연기설을 믿어, 무슨 물건이 없어지면 “인연이 다하여 나를 떠났거니”하고 가볍게 단념한다.

어제 겪은 자그마한 인연을 하나 소개할까 한다. 산행을 하고 난 뒤 목욕탕에 들러 먼저 이발을 하면서 요금 9000원을 1만원권으로 선불하고, 1000원 짜리 지폐 한 장을 거스름으로 받아 등산복 주머니에 넣어두었다. 그런데 목욕을 끝내고 나와 옷을 아무리 뒤져도 거스름으로 받은 1000원이 나오지 않았다.

옷의 주머니를 두 번 세 번 뒤져도 1000원은 오간 데가 없었다. 큰돈도 아니고 해서 “없어지면 그만이지 뭐.”하고 잊어버렸다. 그리고 집에 와서 등산복 등을 세탁기에 넣어 빨래를 했다. 그런 뒤 이튿날, 세탁기의 뚜껑이 닫혀있어 환기를 할 겸 뚜껑을 열자 내가 찾던 그 1000원 짜리 지폐가 세탁기 원통에 붙어 있지 않은가.

그렇게 찾아도 안 나오던 돈이 뜻밖에 세탁기에서 발견되다니. 이 세상 모든 것이 인연에 의해 창출되고 인연에 의해 소멸

한다는 부처님의 가르침이 이 자그마한 일에도 관련되는구나 하고 새삼 감탄했다. 하기야 우리 인생이 같은 나라에서 태어날 인연은 1천 겁劫의 세월이요 형제간으로 태어날 인연은 8천 겁, 부부로 태어날 인연은 1만 겁이라고 불교에서는 가르친다.

무엇이든 억지로 탐하거나 가지려 하지 말고, 분수에 맡겨놓고 보면 인연 생, 인연 멸하는 것을 알 수 있다.

마음을 비우고 살면 그렇게 편할 수가 없다. 1000원 짜리 지폐 한 장으로 부처님의 위대한 가르침을 새삼 상기하면서 신심을 더하게도 되고.

"연기를 보는 자는 법法을 보고, 법을 보는 자는 연기를 본다"는 가르침, "이것이 생하면 저것이 멸하고, 저것이 멸하면 이것이 생한다." 간단한 것 같지만 오묘한, 쉬 알 것 같지만 금방은 체득되지 않는 진리이다.

쓰레기의 개념 변화

내가 사는 곳은 경기도 고양시 일산의 중류 아파트다. 그런데 이 아파트에서 십여 년을 살면서 괴이한 개념의 변화를 체험하는 것이 하나 있다. 다름이 아니라 이 아파트에서는 일요일마다 주민들이 동별로 쓰레기를 내다버리는데 그 쓰레기의 종류가 각양각색이다.

언제부터인가 이 폐품 버리는 곳엔 헌 TV, 컴퓨터, 선풍기, 발

마사지기 등 각종 가전제품을 비롯해서 헌 우산, 신발장, 책장, 침대 매트리스 등 실로 다양한 품목들이 나온다. 처음에는 못 쓰는 물건이겠거니 하고 외면하다가 어느 날 궁금하기도 하여 가까이 가서 버려진 물건들을 살펴봤다. 뜻밖에 쓸만한 생활용품도 적지 않았다. 어떤 것에는 친절하게 "이 물건은 고장 난 것이 아닙니다"라는 팻말이 붙어있기도 했다. 요즘은 오후에 쓸만한 물건이 없는가 일부러 돌아보는 습관이 생겼다. 이사가는 세대가 있을 때면 헌 소파, 책장, 신발장, 어린이 장난감 등이 쏟아져 나온다. 나도 이 폐품 내다버리는 곳에서 멀쩡한 우산 등 생활용품을 몇 개 주어와 잘 쓰고 있다.

경비원에게 생활용품이 마구 버려지는 세태를 묻자 "요즘 사람들, 특히 젊은 사람들은 대체로 물건 아까운 줄을 잘 몰라요" 하고 혀를 찬다. 이쯤 되면 '쓰레기'의 개념이 변했다고 해야 옳을 것이다. 확실히 옛날과는 달리 물품이 풍성한 세대여서 어언간에 '쓰레기'의 개념이 변한 것 같다.

요즘 퍼렇게 녹조가 뜬 4대강을 보면 "아! 이거 우리는 강을 내던져 버렸구나" 싶다. 영화 〈설국열차〉가 한때 인기였다는데, 그 영화 속에선 아예 지구가 통째로 버려진다지 아마.

미국의 한 기업이 최근 화성 여행자를 모집했더니 10만 명이 몰렸다는 보도가 있었다. 이러다간 혹여 지구마저 쓰레기가 되지 않을까 염려된다.

야생화野生花처럼

나는 시인이 아니지만 등산을 하면서 하도 야생화를 많이 만나, 나도 모르게 야생화에 관한 시상詩想이 떠올라 이 시를 쓴다.

"너, 언제부터 그곳에 자리를 잡았어?
반듯한 땅에 자리한 꽃이 있는가 하면
후진 곳에 엎드린 꽃도 있다.
하루에 잠시라도 볕을 볼 것 같지 않은
빗물을 머금을 여지도 없는 그런 후미진 곳에
다소곳이 앉아있는 모습도 본다.
산행을 하다보면 이런 꽃, 저런 꽃을 만난다.
누가 봐주든 안 봐주든 상관 않는다.
그 곳에 자리해 스스로 만족하면서 생을 즐기고 있을 뿐이다.
더러 오가는 등산객의 눈길과도 아무 상관이 없다.
담담히 그곳에 자리하고 있을 뿐이다.
모양새는 어떻고? 좁쌀만한 것이 다닥다닥 붙어있는 모습.
거의 모두가 자그마한 꽃잎을 지녔다.
색깔은 보라색이 종다수. 연분홍색, 파란색도 있다.
나비가 날아오든 지나가는 행인이 봐주든 아무런 관심도 없다.
스스로 향기를 내뿜기도 하고
누가 예쁘다고 하든지 안 하든지 오불관언이다.
그저 자기에게 주어진 숙명대로

어느 기간 피었다가 지곤 할 뿐이다.
이 얼마나 도도陶陶하고 고고孤高하냐
그저 그곳에 있고 싶어 있을 뿐인 꽃.
사람도 살아가면서 저 야생화처럼
매사에 초연할 수는 없을까?
누가 봐주든 예쁘다고 하든 말든
자기가 자리한 곳이 좋든 말든
이런 따위에는 아무 관심이 없다.
나도 저 야생화처럼 조용히 살고 싶다.
저 야생화처럼 꾸밈없이 살고 싶다.
저 야생화처럼 욕심없이 살고 싶다.

3부

우리는 어떤 노인이 되어야 할까

60대 이후의 노년을 이렇게 풀이한 글이 있다. "70대면 너와 나의 학력 차이가 별반 소용없는 시절, 80대면 너와 나의 재산 유무가 그다지 말을 하지 않는 시절, 90대면 북망산천에 누운 분과 내가 그다지 다름이 없는 시절"이라고 말이다. 동의하는가?

기억하라, 당신이 도움을 원한다면
그것은 당신의 손 끝에 있다,
나이가 들면서
당신이 다른 손도 가지고 있음을 기억하라.
첫 번째 손은 당신을 돕기 위한 것이고,
두 번째 손은 다른 사람들을 돕기 위한 것이다.

오드리 햅번

우리는 어떤 노인이 되어야 할까?

어느덧 나이가 팔십을 넘겼다. '우리는 어떤 노인이 되어야 할까?'를 생각하지 않을 수 없다. 생리적으론 전두엽前頭葉 뇌세포의 경화와 호르몬 기능의 불균형 등으로 판단력이 전반적으로 약해지고 언어가 어눌해지고, 반복된 외로움이 높은 경지의 수양 대신 독단과 무성찰의 상태로 몰아가기도 한다고 한다. 이런 것이 일반적인 노화의 과정으로 설명되고 있다.

세월은 한때 뛰어난 언어와 불굴의 강건한 정신의 소유자조차 무지하고 평범한 노인으로 변하게 만든다. 지난 대통령 선거 때 '엉뚱한 변절' 같은 지지자 발표를 해 세인을 놀라게 한 시인이 있었다. 그 시인은 한때 그가 쓴 유명 시詩가 해외로까지 번역되던 명성과는 달리 이제 '웃음거리 시인'으로 회자된다. 나는 이것을 '어느 명철한 시인이 늙어서 총명을 잃은 전형典型'으로 본다.

인간은 어느 나이쯤 되어야 가장 현명하고 균형감 있는 존재가 되는가? 나이 들고도 지혜로운 존재일 수 있는 건 언제까지일까? 독일의 어느 철학자는 "인간의 지혜는 20대 중반 이후에는 저절로 증가하지는 않으며, 끝없이 새로운 것과 접촉하는 소통력과 개방적 학습능력을 갖고 있어야 늙어도 지혜가 증대될 수 있다"고 했다. 즉 늙음과 지혜는 어느 시점 이상이 되면 서로 역함수관계에 놓인다는 것이다.

결국 나이가 들수록 퇴락하는 것은 육신만 아니라는 것이다. 대개의 인간은 지적, 정신적으로도 쇠퇴를 거듭하다 결국 사망하게 된다는 것이다. 노추老醜는 실로 남의 일이 아니라는 이야기다. '노추'의 전 단계에는 반드시 '꼰대'라는 단계가 놓여있다고 보는 학자도 있다.

'꼰대'는 사전을 찾아보면 '노인이나 선생님을 뜻하는 은어'라고 되어 있다. '꼰대'의 두드러진 특징은 권위주의적이거나 자기만이 옳고 타인은 그르다 한다는 것이다. 의식이 굉장히 깨어있는 척 하지만 결과적으로는 구태의연하다는 것이다. 꼰대의 특징을 정리하다보니 꼰대가 되지 않으려면 어떻게 장년 세대를 살아야 할지도 중요하다는 생각이 든다.

어느 수준 이상 나이가 들면 자신의 언행을 객관적으로 돌아보고 업데이트할 힘이 약해지기 때문에 누군가로부터 조력을 얻어야 할 것이다. 그러기 위해서는 나름대로 '공부하는 노인', '책을 읽는 노인'이 되어야겠다. 자칫 세상에서 가장 초라하고 서글픈 '괴물'이 될지도 모르기에 말이다.

노인의 인생관

불교에서는 '무아無我'를 터득하면 '반半 부처'는 되었다고들 말한다. 그만큼 어려운 경지이다. 무아는 곧 아상我相, 인상人相 등의 4상相에서 벗어난 자리가 아닌가.

무아를 터득하면 첫째로 나와 남의 구별을 하지 않게 된다. 이것은 '사람답게', '지혜롭게' 사는 지름길이기도 한데 이 심성이 마음에 다져지면 '십지十地 보살'의 경지에 닿았다고 말하기도 한다.

60대 이후의 노년을 이렇게 풀이한 글이 있다.

"70대면 너와 나의 학력 차이가 별반 소용없는 시절, 80대면 너와 나의 재산 유무가 그다지 말을 하지 않는 시절, 90대면 북망산천에 누운 분과 내가 그다지 다름이 없는 시절"이라고 말이다. 동의하는가? 나는 이 이야기를 어느 동창회 소식지로 전해 듣고 저 혼자 한참 음미하며 마음속으로 동의를 보냈다.

요컨대 인생을 바로 알고 현명하게 살자는 금언金言으로 받아들여진다. 모르긴 하지만 이 글을 처음 지어낸 사람은 인생에 관해 어지간히 통달한 분으로 생각된다. 나는 이 같은 가르침을 평소 한번도 염두에 둔 적이 없으니 말이다. 그동안 살기에 너무 바빠 앞만 보고 뛰어서 그런지도 모른다. 아무튼 이 가르침에 충분히 공감하면서 나의 사족蛇足을 달고자 한다.

70대의 학력 무차별은 친소관계가 매우 두터울 때 이야기이고, 80대의 비유는 노인이 되면 손이 오그라들어서 돈이 있어도 못쓰니 근검절약을 저절로 하게 되는 사례를 비유한 듯하다. 그리고 90대면 아무리 수양이 모자라는 사람도 죽음을 생각하게 되어서 주변을 돌아보면 어느새 친구들은 오간데 없고, 홀로 허전함을 느끼게 된다는 경구로 들린다. 이런 삶의 근원적 이치를 나이를 먹을 만큼 먹고 나서야, 그리고 산전수전 다 겪고 나서야 비로소 알게 된다면 좀 늦은 감이 있다. 조금만 마음을 쓰면 보다 일찍 알게 되는 길이 있다. 이것을 나는 '성숙한 노인의 혜안慧眼'이라고 본다. 시의時宜를 놓치지 말아야 한다는 것이다.

노인정에서 고스톱이나 치는 등 헛된 일을 할 것이 아니라 죽는 날까지 지혜롭게 살 일을 도모하길 바란다.

하기야 인생이란 아무리 팔자가 좋아봤자 백년을 살기는 어렵고, 그러다보면 이런 인생의 좌우명이랄까 경구도 조심스레 받아들여야 할 계제건만 더러는 자기 고집, 아니 노년의 고집에 빠져 이것저것 좋은 충고를 놓치는 경우가 적지 않다. 그러나 죽도록 배우면서 산다는 생각을 저버리지 않으면 대과는 없을 것이다.

노인이 스스로를 아는 지혜

팔십 노인이 다 되어가니까 이제 철이 드는가 보다. 오늘 나는 조그마한 삶의 지혜를 터득한 것 같아 잊어버리지 않으려고 이 글을 쓴다. 그동안 "사람이 근심 걱정 없이 살려면 어떻게 해야 하느냐?"는 등의 얘기는 수없이 들어왔다. '탐진치貪瞋痴를 없애라'고 불교에서는 가르치는데 나도 나름대로 깨달은 것이 하나 있다.

노인이 되면 특히 잘 먹고 잘 싸고 잘 자야 된다는 철칙 말이다. '잘 먹어야 한다' 하니 산해진미를 연상하는 사람도 있을 듯하다. 그런 건 아니고 평소에 먹던 대로 평소에 즐기던 대로 하면 된다는 말이다. 물론 술 담배 하지 않고 소식小食은 기본이다. 그리고 '잘 싸는' 문제는 배설과 관계된다. 조금이라도 대소변에 문제가 있다 싶으면 지체하지 말고 병의원을 찾아 조기에 병증을 잡으라는 말이다. 그리고 가장 중요한 것이 '잠'이다. 노인이 되면 대체로 잠이 줄어든다. 줄어들 뿐 아니라 잠이 잘 안 오는 수도 있다. 이럴 때 어떻게 해야 할까. 잠이 잘 안 오거나 불규칙하거나 하면 만병이 찾아온다. 식욕부진, 우울증, 치매, 기력쇠진 등등 사람에 따라서는 이런 증세가 악화되어 치명적인 병을 얻을 수도 있다.

최근에 나도 잠이 들쭉날쭉하여 고민을 해왔는데 나름대로 해결의 실마리를 찾았다. '매일 1시간 이상 운동을 하라'는 비몽사몽非夢似夢간의 계시라고 할까.

의사들은 "매일 30분 이상 운동을 하라"고 권하지만 그것으로 되는 사람도 있고 부족한 사람도 있다. 자신에게 알맞은 운동이 무엇인가? 그리고 시간은 어느 정도가 좋은가를 빨리 터득해야 한다. 매일 가벼운 산행을 하든지 자전거를 타든지 그러면 '수면'의 문제는 저절로 해결된다.

요컨대 슬기롭게 노년을 보내는 것이 본인을 위해서나 주위 가족들을 위해서나 가장 중요하다는 말을 하고 싶다.

95세 노인의 수기

어느 날 '95세 노인의 수기'라는 제목의 발신자 없는 글이 나의 블로그에 날아들었다. 그런데 그 내용이 하도 마음에 들어 그냥 담아두기로 했다. 글의 내용은 다음과 같다.

"나는 젊었을 때 정말 열심히 일했습니다. 그 결과 나는 실력을 인정받았고 존경을 받았습니다. 그 덕에 65세 때 당당한 은퇴를 할 수 있었죠. 그런 내가 30년 후인 95살 생일 때 얼마나 후회의 눈물을 흘렸는지 모릅니다. 내 65년의 생애는 자랑스럽고 떳떳했지만, 이후 30년의 삶은 부끄럽고 후회되고 비통한 삶이었습니다. 나는 퇴직 후 '나는 이제 다 살았다. 남은 인생은 그냥 덤이다' 라는 생각으로 그저 고통 없이 죽기만을 기다렸습니다. 덧없고 희망이 없는 삶, 그런 삶을 무려 30년이나 살았습니다. 30년의 시간은 지금 내 나이 95세로 보면 3분의 1에 해당하는 기나긴 시간입니다. 만일 내가 퇴직할 때 앞으로 30년을 더 살 수 있다고 생각했다면 난 정말 그렇게 살지는 않았을 것입니다. 그때 나 스스로가 늙었다고, 뭔가를 시작하기엔 늦었다고 생각했던 것이 큰 잘못이었다고 새삼스레 후회합니다. 나는 지금

95살이지만 정신이 또렷하고 앞으로 10년, 20년을 더 살 지 모릅니다. 이제 나는 하고 싶었던 어학공부를 시작하렵니다. 그 이유는 10년 후 맞이하게 될 105번째 생일날, 95살 때 왜 아무것도 시작하지 않았는지를 후회하지 않기 위해서입니다."

우연히 받아본 이 글은 나 같은 노인에겐 삶의 길을 제시해주는 뼈저린 교훈 같다.

노인이 되어 느낀 노인의 특성

내가 노인이 되어서 비로소 느끼는 노인의 특성 몇 가지를 말하려 한다. 이것은 비단 나만이 아니라 나의 몇몇 친구들도 거의 공통적으로 말하는 특성임을 전제해둔다. 물론 내가 젊었을 때는 미처 못 느끼고 이해하지 못한 품성이다.

첫째는 여행이 싫어졌다는 점이다. 젊었을 때는 제법 여행을 좋아했는데 나이가 들면서 나도 모르게 여행이 귀찮아져 버렸다. 이 점은 비단 나뿐만 아니라 나의 친구들도 이구동성이다. 자식들이 여름휴가를 가면서 부모더러 같이 가자고 하면 얼싸 좋다 하고 따라나설 부모는 별로 없을 것이다. 아예 귀찮고 번거로워서이다.

젊었을 때는 "노세, 노세, 젊어서 놀아, 늙어지면 못 노나니…"로 시작되는 우리네 노랫가락이 퍽 불건전한 것으로 여겨졌다.

"젊을 때 열심히 일해야 노후에 놀 수 있지" 하는 생각에서였다. 그런데 요즘에 와선 이 노랫가락 가사가 퍽 의미있게 들린다. 노인의 일반적 심성을 제대로 반영하고 있는 듯해서 말이다.

두 번째 특성은 있는 것을 두고 새것, 좋은 것, 편리한 것을 좀처럼 사지 않게 된다는 점이다. 돈이 없어서라기보다는 절약하는 마음이 앞서서, 다소 불편하더라도 있는 것 쓰지 뭣하러 새로 사? 하는 마음이 언제나 앞서서이다. 나 자신도 지금 새로 사는게 나을지도 모를 물건이 몇 가지 있다. 믹서기가 낡아 전기 접촉이 왔다갔다해서 불편할 때가 종종 있다. "몇 만원 주면 새로 살 수 있는데…" 싶다가도 "있는데 뭘 그냥 고쳐쓰자" 하는 마음이 앞서서 새로 사지 않는다. 매사가 이런 식이니 '노인의 구매력'은 무시되기 일쑤다.

세 번째로는 영화관이나 극장에 가기가 싫어졌다는 점이다. 나는 영화를 안본 지가 너무 오래되어 그 세월을 헤아릴 수도 없다. 유명한 영화배우 안성기가 출연한 영화를 단 한 편도 본 적이 없으니 말 다했지 뭔가.

노인이 되면 감정도 메마르고 어디 나들이 한다는 것 자체가 싫어지는 모양이다. 이 모두가 혹여 나와 나의 몇몇 친구만의 타성일까?

노인의 장수長壽

노인의 '장수長壽' 문제가 매스컴에 거론되면 나는 반갑기보다는 먼저 착잡한 상념에 잠긴다. 지금 이 순간도 다수의 현명한 노인들은 그저 '오래 살기'보다는 건강하게, 그리고 가족과 사회에 폐를 안 끼치고 살다가 생을 마치기를 바란다. 그런데 매스컴의 어느 흐름은 "지금은 젊은이 7명이 노인 1명을 부양하면 되지만, 20년 뒤엔 젊은이 3명이 노인 1명을 부양해야 한다"는 등의 문구로 노인 계층이 사회의 큰 부담인 것처럼 암시한다. 누가 누구를 부양해? 요즘의 많은 노인들은 이 문제를 미리부터 염려해 왔고, 부득이 그러지 못했던 사람들도 그들 나름의 지혜를 동원해 안간힘을 쓰고 있다.

국민의 기대 수명이 2008년 기준으로 80.1세가 됐다 하니 일단은 긍정적인 뉴스가 아닌가. 그러나 현실은 다소 어둡다. 국내 18세 이상 가구 4명 중 1명은 노후 준비를 못하고 있고, 65세 이상 노인 가구의 상대적 빈곤률은 45%로 상당히 높은 편이라고 한다. 상당수의 노인들이 빈곤과 질병, 고독, 역할 상실 등에 고뇌하고 있는 것도 사실이다.

하지만 이런 문제는 대부분의 서구 선진국에서는 국가의 몫으로 지금도 열심히 대비하고 있다. 노인은 결코 젊은이 개개인이 부양해야 할 짐이 아니라 사회와 국가가 함께 공동으로 부양하는 쪽으로 정책적 지원과 보완이 이루어지고 있다. 우리도 이런 질 높은 노인복지 성향을 생각할 때이다.

근년에 와서는 우리도 노인복지가 많이 향상되긴 하였다. 몇 년 전만 해도 부족해보였던 '노인복지관'이 방방곡곡에 들어서 있는 것이 그 증거이다.

알량한 일부 보수층의 생각처럼 어쭙잖게 가지 않고 있어서 다행이다. 앞으로는 노인의 재취업, 광범한 사회안전망 구축 등 노인문제가 국가적 재앙이 되지 않게끔 미리미리 대비하는 지혜가 사회 곳곳에서 움트기를 바란다.

나의 치매 경험

어느 날 산행을 하고 돌아와 저녁을 먹고 TV에 무슨 재미있는 프로가 없나 하고 채널을 돌리려는데 리모컨이 오간 데 없질 않은가. 정말 귀신이 곡할 노릇이었다. 하는 수 없이 텔레비전에 부착된 채널 교환 장치로 이곳저곳을 불편하게 뒤지기를 몇 시간 후, 평소 텔레비전 받침대 밑 서랍에 넣어두던 손톱깎이가 탁자 위에 놓여있어 이것을 제자리에 놓아두려고 서랍을 열자 그 속에 리모컨이 들어있지 않은가.

필시 내가 손톱깎이를 넣어둔다는 게 리모컨과 바꿔 넣은 모양이었다. "아차! 이게 치매의 초기증세가 아닌가?" 하고 놀라 평소 잘 알고 지내는 정신과 의사에게 전화를 걸었다. 이 시간에 왠 전화냐고 묻기에 자초지종 얘기를 하니, 의사가 깔깔 웃으며 "리모컨과 손톱깎이가 바뀐 것을 나중에라도 바로 알았다면 걱정할 것이 없다"는 것이다.

한번은 더 걱정스러운 경험을 한 적도 있다. 요즘은 사정이 있어 아파트에 나 혼자 살고 있는데 식사는 아침엔 우유와 두유, 식빵 한 조각으로 먹게 된 지 오래다. 그리고 오전 11시쯤 되면 전기밥솥에 점심과 저녁 두 끼 식사량으로 밥을 앉히는 것이 일상이다. 그런데 하루는 낮에 이웃 부동산에 용무가 있어 잠시 다녀왔다. 돌아와서는 컴퓨터를 열어 글도 한 꼭지 쓰고 TV도 보았다. 그러던 중 무언지 모르게 출출하여 군것질도 좀 했다. 그럭저럭 저녁이 되어 밥통을 열어보니, 두 끼 밥이 그대로 남아있질 않은가. 점심식사를 잊어버리고 거른 것이다. 건망증이 다소 있기로서니 끼니를 잊어버리고 거른 적은 없는데 적잖이 걱정이 되었다.

하기야 전에 이런 우스개 같은 말도 들은 적이 있다. 어떤 아줌마가 시장에서 생선과 신발을 사와서 각각 냉장고와 신발장에 넣어두었는데 식사 때 생선을 구우려고 냉장고를 열었더니 엉뚱하게도 그 곳엔 신발이 들어 있었다나. 이 경우도 냉장고에 신발이 들어있는 것을 보고 금방 신발과 생선이 바뀐 것을 알았다면 건망증이지 치매는 아니라는 진단이다. 하지만 신발과 생선이 바뀐 것을 전혀 깨닫지 못하고 계속 헤매면 이건 치매를 의심하고 병원 진료를 받아야 한다지 않던가.

평소에 운동도 열심히 하는 내가 이런 엉뚱한 경험을 하게 되어서 요즘엔 웬만한 것은 탁상 다이어리에 일일이 메모하는 습관이 생겼다. 이 바람에 어지간한 약속, 스케줄은 잊지 않고 있다. 그래도 나이를 먹으면서 순식간에 뭘 잊어버리곤 하는 습성이 연발하는 것은 여간 주의할 일이 아니다. 젊었을 때는 남다른 기억력을 가졌다고 자부하던 내가 어느 세월에 깜박깜박 기억력을 잃어가니 이 또한 한심스런 마음이 드는 것은 어쩔 수 없다.

죽기 전에 버려라

최근에 입적한 법정스님이 왜 그리 대중에게 널리 인기가 있었을까 생각을 해봤다. 스님은 생전에 자신을 가리켜 "내 이름은 '법정 큰스님'이 아니라 그냥 '법정스님'이다" 라고 애써 강조하는 말을 들은 적이 있다. 그렇다. 스님은 불교계 안에서는 큰스님이라고 할 것이 없다. "주지住持 한 번 안 지냈는데 무슨 큰스님…" 하고 자신이 말하듯 그는 평소 스님으로서는 비교적 평범하게 지냈다. 이따금씩 들려주는 법문 내용도 '사회 사상가', '자유 사상가', '문필가'로서지 경전에 그다지 의존하는 편이 아니었다. 사상思想의 근저가 불교일 뿐이라는 인상이 짙었다. 그래서 더욱 대중에게 큰 인기를 얻지 않았나 생각된다. 스님이 남긴 저서 가운데 그 유명한 「무소유無所有」라는 책도 불경의 본뜻과는 달리 일반에겐 '숫제 아무것도 안 갖는 것'으로 알려져 더 유명하다.

스님이 남긴 법문 가운데 대중에게 알려진 구절이 한둘 아니지만 그 중에서도 "70세가 넘은 노인들은 자기가 언제 죽을지를 잘 모르니까 슬슬 하나씩하나씩 죽기 전에 놓아버려라" 라고 한 말이 나에겐 큰 가르침으로 다가왔다. 이 말을 듣고 내가 최근까지 소장하고 있던 각종 서적 약 4백여 권을 동네 도서관에 기증했다. 도서기증은 이번이 두 번째로 제법 소중하다고 생각해온 것들을 과감히 내놓는 일이어서 다소 허전하긴 했지만 그래도 가벼운 마음으로 임했다.

법정스님이 설한 법문 가운데는 이런 말도 있다. "죽기 전에 내놓으면 '기증'도 되고 '희사'도 되지만 죽은 뒤에 자식들이 처리하면 한갓 '쓰레기'가 되기 십상"이라는 비유이다. 설령 요긴한 물건이라도 죽은 사람이 쓰던 물건이라고 하면 어딘지 모르게 서늘하게 느껴져 마음이 내키지 않게 된다는 것이다. 정말 그렇다. 그래서 내가 평소 아끼던 것들 가운데 기회가 오면 내놓을 물건들을 머릿속에 그려 보았다. 3, 4년이 지나도 한번 입지 않는 양복, 젊었을 때 즐기던 각종 음반, 평소 마시지도 않으면서 세트 채로 쌓아둔 녹차 등 아직도 내놓아야 할 물건들이 숱하게 많다. 그 많던 책을 내놓아도 허전하기는커녕 되려 홀가분한 것을 보면 법정스님의 충고가 더 절실하게 다가온다. 이렇게 가신 것들을 몽땅 내놓고 버리는 마당에 새로운 물욕이 날리가 없다. 그러니 삼독심三毒心 중의 하나인 탐심貪心은 저절로 없어지게 마련이겠다. 도통 귀한 것이 없고 새삼스레 갖고 싶은 것이 없어 그렇게 마음이 편할 수가 없다. "아! 스님이 이런 마음을 가르쳤구나!" 하고 내심 반가운 마음이다.

폐지 줍는 노인이 늘어난다

솔로몬의 명언에 이런 말이 있다. "손을 게으르게 놀리는 자는 가난하게 되고, 손이 부지런한 자는 부하게 되느니라." 정말 지당한 말씀이요 동서고금을 막론하고 변함없는 진리다. 그런데 오늘날 우리 사회는 부지런히 일을 해도 넉넉해지지 않고, 그나마 손을 부지런히 할 일자리 얻기조차 힘든 세상이 아닌가. 지하철을 타보면 70대의 꾀죄죄한 백발의 노인들이 객석을 뛰다시피 오가며 선반에 놓인 무가지를 줍는데 혈안이 되어 있는 모습을 자주 본다.

이 풍경이 근자엔 또 달라졌다. 연령층이 점점 내려가 60대, 50대까지 뒤엉켜 돌아다닌다. 그 뿐인가? 지금 우리 사회는 부모의 피나는 뒷바라지로 간신히 대학을 졸업해도 제 밥벌이조차 못하는 청년이 부지기수다. 평일 산행을 해보면 쉬 알 수 있다. 한때는 젊음의 열정을 바쳤던 청 · 장년들이 직장에서 밀려나 산을 배회하는 모습도 심심찮게 눈에 띈다.

이런 판에 점점 고령화 되어가는 대책 없는 사회만을 탓하기도 멋적다. 그래서 일부의 노인들은 "몸으로 때우려 해도 받아주는 데가 없다"며 한숨을 짓는다. 더러는 몸도 따라주지 않아 집안에서조차 천덕꾸러기가 되어버린 경우도 있다. 그저 자식들이 주는 밥이나 먹고 화장실 들락거리기가 눈치 보여서 선택한 길이 파지를 줍는 일인지도 모를 일이다.

한 나라의 생활수준을 평가할 수 있는 구매력이 세계 17위라는 우리나라에 노인들은 해마다 늘어나지만 정부가 노인들을 위해 뭔가 해보겠다는 소리는 좀처럼 들리지 않는다. 옛날의 긍지도 꿈도 사라진 이 땅의 노인들은 이제 어떻게 처신해야 현명할까? 더구나 2020년부터는 우리나라의 인구도 감소하여 아이를 낳아도 살벌한 생존경쟁 사회에서 키워야 한다지 않던가. 이런 마당에 국가의 성장동력은 줄고 고령자는 자꾸 늘어만 간다면 '복지사회의 꿈'은 그야말로 요원하다 할 것이다. 노인들에게 잡은 고기를 주기보단 고기 잡는 법을 가르칠 방도는 정말 없는 것일까?

부처 죽음

66세에 정년퇴임을 했으니까 벌써 10년여 세월이 지났다. 그동안 나는 나름대로 불교에 귀의하여 마음을 닦아 어지간히 정진을 했다고 자부한다. 그리고 육신을 위해서는 부지런히 산행山行도 하고 있다. 마침 산을 잘 타는 동향친구가 있어 지금은 산행이 생활습관처럼 되었다.

요즘은 나정한 친구나 노인들을 만나면 으레 '건강' 안부를 입버릇처럼 묻곤 한다. 오래 사는 것이 문제가 아니라 건강하게 사는 것을 모토로 하고 있다 할까. 옛날에는 '인생 70 고래희古來稀'라 하여 70도 못사는 경우가 많았으나 지금은 생활환경이며 의료혜택이며 여러 가지가 모두 좋아져 노인들의 수명이 무척 길어졌다. 그래서 그런지 대다수의 노인들은 "건강하게 살다가 어느 순간 숨을 거두는 것" 이것을 가히 소망으로 읊조리고 있다. 병원엘 가보면 산소마스크를 쓰고 심지어 목에 낸 구멍을 통해 음식을 주입하는가 하면, 몇 년째 식물인간이 되어 자신과 주위를 곤혹케 하는 사례를 왕왕 본다.

누가 이런 삶을 원하겠는가? 그저 병치레 없이 정정하게 살다가 어느날 갑자기 숨지면 이를 '호상好喪'이라 한다. "저녁밥 잘 드시고 잠자리에 들었는데, 아침에 일어나지 않으셔서 방에 가보니 돌아가셨더라" 이런 죽음을 맞는 노인이 더러 있으며 세상 사람들은 이런 경우를 '부처죽음'이라 하여 부러워한다.

누구에게나 한 평생 짊어지고 있던 육신을 고통 없이 벗는다는 것이 간단하고 쉬운 일은 아닐 것이다. '부처죽음'은 그래서 수행하는 스님들에게도 꿈이다. "건강한 선승禪僧은 부처님처럼 위대해 보이나 병든 선승은 대처승보다 더 추해 보인다"는 말도 있다. 우리네 5복福 중에서도 마지막에 '제 명대로 살다가 편히 죽는 것' 이것을 '고종명考終命'이라 하여 그 가치를 높이고 있다. 하지만 마음대로 잘 되지 않는 것이 죽음이다. 이에 대해서는 선방의 고승들도 마음대로 되지 않아 고뇌한 글을 더러 볼 수 있다.

죽음이란 것이 여전히 인간의 영역이 아니긴 하지만 평소의 수행으로 죽음 자체를 두려워하지 않게 되면 어지간한 마장魔障은 저절로 소멸된다고 스님들은 가르치고 있다.

불우노인

연말이면 곳곳에서 불우이웃돕기의 목소리가 울려 퍼진다. 우리나라도 이제는 웬만큼 살게 되어 이웃을 생각하는 마음이 저변에 넓게 깔려 있다. 한동안 사회복지공동모금회에서 일부 간부들이 파렴치한 짓을 했다하여 연말의 기부 동기가 다소 주춤해지는 느낌도 들었으나 어느덧 다시 상당량 평균 수준으로 되살아나고 있다는 소식이다.

매주 등산모임을 갖는 세 친구끼리 산행 도중 이런저런 대화를 나누다가 "아참! 어제가 동지였지?"하며 '동지팥죽' 이야기가 나왔다. 한 친구가 물었다. "자네는 이번에 동지팥죽 먹었는가?", "너는?". 친구 모두에게 '동지팥죽' 소식을 물었으나 한 사람도 얻어먹은 사람이 없지 않은가.

옛날 부모 슬하에서 자랄 때는 으레 형제자매들끼리 오순도순 나눠먹던 동지팥죽이 무슨 희귀음식이 되어버린 것인가. 친구 중에 아내가 열부烈婦여서 팥죽쯤은 능히 얻어먹었을법한 친구도 "요즘은 마누라가 게을러서 그런 것 잘 만들어주지 않는다"고 실토한다. "그럼 잘 되었다. 우리 셋 모두가 불우노인(?)이 됐으니 우리끼리라도 새알팥죽 끓이는 음식점을 찾아 동지팥죽 새알팥죽을 나눠먹자"고 약속하고 평소 가끔씩 들르던 팥국수 집을 찾았다.

마침 그곳 식당 여주인이 "그렇잖아도 새알팥죽을 찾는 사람이 많아서 특별히 준비를 해두었다"며 동동 새알팥죽을 권한다.

다행히 팥죽을 먹긴 했으나 한 친구가 "이것 먹으면 또 한 살의 나이를 먹게 되는데" 하고 농담도 하면서 "우리 셋은 모두 집에서 새알팥죽을 얻어먹지 못했으니 똑같이 불우노인이야." 하고 허허 웃었다.

무엇이 효孝의 으뜸일까?

나는 이미 양친이 작고하여 효도를 하고 싶어도 할 길이 없다. 이제 장성한 자식들이 새해나 명절 때 선물이나 용돈을 들고 들르곤 하여, 무엇이 효도의 으뜸일까 새삼 생각해 보는 것이다. 서양 사람들은 한국인의 '효'에 대해 굉장히 높이 평가한다고 한다. '효'는 인간이 지닌 최고의 덕목 아닌가. '효'란 자식이 어버이를 섬기는 도리로써 유교에서는 윤리규범의 으뜸으로 삼고 있다. 그럼 어떻게 섬기는 것이 어버이에 대한 진짜 효도일까? 여기에 대해서 한마디로 '이것'이라고 내세우기는 어렵다. 우리나라 고전에선 아버지의 눈을 뜨게 하기 위해 공양미 삼백 석에 몸을 내던진 심청이가 있지만 지금 세대와는 맞지 않는다.

조선시대 말기에 한 고을 사또가 임지에 부임하면서 "이 고을에 어떤 효자가 있는지 소상히 조사하여 아뢰라."고 엄명을 내렸다. 그랬더니 몇 년째 병석에 누워있는 아버지를 극진히 돌보는 아들 등 여러 형태의 효자가 추천되었다. 사또는 이 추천을 토대로 효행들을 일일이 현장 점검했다. 그러던 중 어느 동네 우물가에서 늙은 아버지로부터 목물질을 받고 있는 '효자후보'를 발견했다. 그 젊은이에게 사또가 다가가 물었다. "늙은 아버지한테서 목물질을 받고 있는 네가 어째서 효자로 추천됐는지를 모르겠구나?" 그때 그 젊은이의 대답이 걸작이었다. "저는 효자로 추천된 줄도 몰랐습니다. 다만 아버지가 엎드려 목물을 받으라고 해서 아버지 시키는대로 하고 있을 뿐입니다." 이 말을 들은 사또가 즉석에서 무릎을 치며 "네가 으뜸가는 효자로구나."하며 '으뜸 효자상'을 내렸다는 고사가 전해온다.

역시 효도란 고래로 물질보다는 부모의 마음을 우선 편안하게 해주는 것이 기본이란 생각이 든다.

황혼이혼黃昏離婚

요즘 '황혼이혼'이라는 말이 자주 인구人口에 회자膾炙된다. 황혼기에 이른 아내가 그동안 사회적 체면에 눌리고 남편의 위세(돈벌이 등)에 눌려 꾹 참아왔던 '이혼', '별거'를 쉬 결행한다는 것이다. 서울시가 발표한 '서울 부부의 자화상' 통계에 따르면 지닌해의 경우 결혼 20년 이상의 황혼이혼이 전체 이혼의 27.3%로, 결혼 4년 이내의 신혼이혼(25%)을 처음 앞질렀다고 한다.

황혼이혼은 아내의 반란이 현실화하고 있다는 반증이다. 한 여론조사기관에서 아내에게 "이 다음 생에서도 지금의 남편을 만나면 다시 결혼하겠느냐?"는 물음에 가부可否의 응답 대신

"미쳤어?"라며 반문하는 사례도 꽤 있었다는 말이 있다. 나이가 들면서 아내가 남편을 부르는 호칭도 '여보', '당신'에서 '그 물건' 심하면 '그 원수怨讐'라고 내뱉는 경우도 있다고 한다.

남편이 집에서 밥을 먹는 횟수에 따라 아내가 '영식님', '일식씨', '이식이놈', '삼식이 새끼'로 달라진다는 우스갯소리도 있다. 동창생 모임에 다녀온 아내가 시무룩하여 남편이 이유를 물었더니 "친구들이 홀몸으로 즐기며 사는 모습이 부러워서"라고 응답했다나. '아내의 반란'이 심심찮게 튀어나온다.

사회 통념상 결혼에 실패했다는 뜻이 강한 이혼이라는 말 대신 '해혼解婚'이라는 말이 간혹 쓰이기도 한다. 7세기경 중국 남조南朝시대에는 해혼 제도가 실제로 있었다고 한다. 자식이 다 성장하고 나면 부부의 의무에서 벗어나게 해주는 제도였다나 뭐라나? 서로 새 짝을 만나 살아보라는 뜻인지도 모르겠다. 결혼에 실패했다는 말보다는 품위가 있는 것도 같다.

결혼은 어떤 면에서는 '잔인한 제도'라고 말하는 철학자도 있다. 특히 일부일처 제도가 그렇다는 것이다. 평균수명이 40~50세도 안되던 시절에 만들어진 이 제도를 평균수명이 80세가 넘는 오늘에 이르기까지 적용하는 것은 부자연스럽다는 주장도 있다.

오늘날의 황혼이혼은 지난날 남편의 기세에 눌려 지내던 아내가 "더 이상 참을 이유는 없다"는 절규로도 해석된다. 역시 세상이 이렇게 저렇게 변하고 있나 보다.

어느 노인의 죽음 예찬

산행을 하려고 아침 일찍 지하철 노인석에 탔다. 내 옆자리에는 출근길로 보이는 30대 청년이 자리를 했다. 그런데 두 정거장을 갔을까, 80대의 노인이 올라타 좌석을 찾아 두리번거리자 30대의 젊은이가 벌떡 일어나 자리를 양보하는 게 아닌가. 그러자 노인이 얼른 자리에 앉으며 한다는 소리가 "나이를 먹으면 죽어야 하는 건데 공연히 젊은이에게 폐만 끼치는구먼." 하고 중얼거렸다. 여기까지는 그래도 들을 만했다. 그 다음 이 노인이 덧붙이는 소리는 나의 귀에 거슬렸다.

"우리나라에는 노인이 너무 많아요. 오래 살아서 국가에 도움이 되는 것도 아니고 죽어야 하는 건데 공연히 쌀만 축내고…" 예전 같으면 나도 한 말씀 했을 것이다. "영감이 지금 하신 말씀, 진심입니까? 진심이면 영감님이 먼저 죽음을 실천해보세요. 좋다 싶으면 나도 따라하게요." 라고. 하지만 말이 목에까지 차오르는 것을 꾹 참았다.

요즘은 지하철 속에서 하도 상식 밖의 일들이 많이 일어나니까 되도록이면 직접 나한테 말을 걸어온 경우가 아니면 외면하는 게 상책인 것 같다. 상식 밖의 순간만 모면하면 마음이 차라리 편해지니까. 이래저래 나도 지독한 '개인주의자'가 되어 가는가 싶어 쓴 웃음이 나온다.

노인 요양병원 실태를 아는가?

언제부터인가 우리나라 곳곳에 노인 요양병원이 생겨나기 시작해서 지금은 산부인과 병의원보다 더 많이 눈에 띈다. 가끔은 이런 곳들이 원래의 취지에서 벗어나 '현대판 고려장' 장소로 악용된다는 말도 있다. 오직 자식 하나만 보고 전력을 다해 키워놨더니 세월이 흘러 자식들은 적당한 구실을 붙여 허술한 노인 요양원에 부모를 맡기기가 일쑤라는 것이다.

치매 기운이 있다고 자식 부부에게 이끌려온 어느 노인은 요양원에 입원한 지 며칠도 안 되어 병세가 악화되어 지금은 팔에 링겔만 꽂은 채 죽을 날만 기다리고 있다는 증언도 있다.

요양병원이 마치 병실에 가둬 약을 먹여가면서 정신질환자들을 계속 입원만 시켜 보험금을 타먹는 일부 파행 정신병원과 다를 바 없다고 말하는 사람도 있다. 요양병원의 빈약한 의료시설에도 불구하고 이들 병의원이 한 해에 건강보험공단으로부터 타먹는 보험금액이 거의 1조원 수준이라고 한다.

요양병원의 의료 현실은 이럼에도 환자 유치경쟁은 치열해 어떤 노인들은 자신의 의지와 상관없이 병원 브로커들에 의해 강제입원 되기도 한다고 한다. 실제 상당수의 요양원에서는 진료한 것보다 더 많이 의료비를 부풀려 엉터리 청구를 하는 사례도 비일비재하다고 한다.

현재도 곳곳의 병의원이 마치 돼지우리 같이 방에 침대를 다닥다닥 들여놓고 거기서 노인들은 송장처럼 누워만 있다는 것이다. 이런 노인들은 돌아가신 건지 잠이 들었는지 모를 정도라는 말도 있다.

이웃 일본에서는 노인들이 응급상황이 아니면 대개 자신의 집에 간호사가 왕래하여 제공하는 의료서비스를 받고, 최소한 인간의 품위를 잃지 않는 선에서 병마와 싸우는 것으로 알려져 있다.

김대중 대통령 시대에부터 생겨나기 시작한 요양병의원은 그동안 당국에서 세심히 돌보지 않은 바람에 "노인들을 상대로 의료보험금을 타먹는 곳으로 전락했다 해도 과언이 아니라"는 현장 전언도 있다. 목하 여야 정계에서도 총선 때가 되면 예의 '노인 공약'을 내놓는다. '노인 틀니'는 선거 단골메뉴이다.

겉치레에 머무는 노인 정책 말고 좀 더 성의 있는 노인 정책이 나오기를 바란다.

노인들의 외골 보수保守 성향

지하철을 타고 귀가하던 길에 '해괴한 민심 노심老心'을 읽고 내뱉는 넋두리라 해도 좋다.

내가 탄 어제의 지하철 노인석에는 나를 포함해 5명의 노인이 앉아있었다. 그런데 저쪽에서 한 30대의 젊은이가 분노한 목소리로 고래고래 소리를 지르며 달려오지 않는가. 승객들은 모두 무슨 영문인지 몰라 어리둥절해하고 있는데 내 앞에 앉은 한 노인이 버럭 소리를 질렀다. "이봐, 무슨 짓이야!" 그러자 그 젊은이가 다른 칸으로 갔다가 다시 돌아와서는 그 노인에게 시비를 걸었다. "방금 뭐랬어, 응?" 노인은 젊은이가 한마디만 더하면 손찌검을 할 태세였다. 젊은이는 "되어먹지 않은 노인이…"하며 다른 칸으로 갔다. 그야말로 태풍 직전의 순간이었다. 그 젊은이가 폭력이라도 행사했으면 어쩔 뻔했나. 가만히 앉아 구경만 할 수도 없고 그렇다고 일어나서 젊은이를 때릴 수도 없고 말이다.

이런 긴장의 순간이 지나간 후 노인들은 저마다 한마디씩 했다. "요즘 젊은이들 정말 한심하다"로 시작해서 80대가 내일 모레라는 한 노인은 "김대중, 노무현이가 젊은이들을 저 꼴로 만들었어. 어린이 양육에 정부가 몇 십 만원씩을 줘?" "젊은 것들이 빨갱이가 뭔지 알기나 해?" "오늘도 서울역 앞에선 이명박 물러가라고 데모를 하고 있더군." "간첩이 서울 구석구석에 우글거려도 잡는 사람이 없어."

나를 제외한 4명의 노인들은 한결같이 이른바 '진보성향'을 규탄하며 '보수'를 자처한다. 나는 이 틈에서 말 한마디 안했지만 "아! 이들 노인의 뜻대로라면 세상이 바뀌기는 틀렸구나. 박원순 서울시장이 당선된 것은 순전히 젊은 세대의 뜻이지, 노인의 표에 의한 것은 전혀 아니로구나." 하는 생각을 떨칠 수가 없었다.

한마디로 말하면 그 자리의 노인들은 한결같이 박정희, 전두환 시절의 '힘의 통치'를 그리워하는 듯이 들렸다. 나도 내일 모레 팔십이지만 이건 아닌데 그 노인들 생각대로라면 4.19혁명은 어떻게 일어나며 광주민주화운동은 어떻게 일어나겠는가? 모두가 보수 일변도의 생각으로 반공反共만 외치면 될 성 싶은가? 노인인 내가 진보 성향인 것이 잘못된 것인가 자문自問하지 않을 수가 없었다. 그러면서 나는 속으로 자책自答을 했다. "저 케케묵은 노인들의 생각으로는 이 사회가 한 발도 나갈 수 없어."

나도 노인이지만 늙음이 한탄스럽다.

나 홀로 가구

서울 신촌에 이상한 일식 라면집이 등장했다고 한다. 자판기에 돈을 넣으면 식권이 나오고 메뉴에서 맛과 반찬 등을 선택한 뒤에 벨을 누르면 라면을 갖다 준다. 독서실형 칸막이 좌석에 앉아 먹기 때문에 앞자리와 옆자리에 앉은 사람의 시선視線을 의식하지 않아도 된다. 음식 맛도 맛이지만 식사를 마치도록 아무런 말이 필요하지 않는 식당문화를 가진 식당이다.

혼자 생활하는 나 홀로 가구가 늘어가면서 생겨나는 새로운 풍속도이다. 시선을 마주치는 것도 어깨를 부딪치는 것도 말을 섞는 것도 귀찮아진 시대니까. 광고를 봐도 원룸과 1인용 인스턴트 식품이 범람하고 있다.

통계청이 발표한 '장래가구 추계'에 따르면 2012년 혼자 사는 1인 가구가 전체 가구의 25.3%로, 2인 가구 25.2%를 처음으로 앞질렀다고 한다. 2035년이 되면 1인 가구가 34.3%에 이를 것이라고 한다. 이러한 인구 추이는 사회 변화를 반영하는 거울인 동시에 사회정책의 결과물이기도 하다. 그러니까 노인들이 흔히 바라는 '우아한 노년'은 벌써 물 건너가 버린 셈이다. 지난날 가족 부양의 의무에 허덕이다가 어느덧 쓸쓸한 노년을 맞는 사람들이 늘어난다는 말이다.

2035년에 75세 이상 독거노인 가구는 210만5000가구, 65세 이상의 가구는 902만5000가구로 늘어난다고 한다. 머지않아 노인들의 상당수가 복지의 사각지대에서 허우적대며 노년을 보내야하는 '복지난민福祉難民'이 쏟아질 판이다. 작금에 '선별적 복지'니 '보편적 복지'니 하는 정치인들의 탁상공론이 얼마나 허망한 지 눈에 선하다.

2011년 우리나라의 '지니계수'도 사상최고를 기록했다는 통계가 나와 있다. 이는 빈부의 격차가 더 심해졌다는 뜻이 아닌가. 1인 가구와 농촌 가구를 제외한 전국 가구의 지니계수도 2003년 이후 계속 올라 2011년에 0.331을 기록했으며, 2007년과 비교하면 0.002 올랐다는 것이다. 대졸자들은 일자리를 구하지 못해 경제불안에 시달리는 판에 '우아한 노년'이란 정말 꿈이 아닌가.

노인들의 지하철 무료탑승이 아니꼽다고?

나는 나들이를 할 때 주로 지하철을 이용한다. 편하고 무료니까. 그런데 최근 경춘선을 타 본 어느 공무원이 매체에 올린 시각視角은 좀 다른 것 같다.

"경춘선을 타보면 노인이 태반인데 무료로 타는 노인 때문에 자리가 없어서 서서 가는 다수의 유료승객들을 보니 어딘가 문제가 있어보인다"는 내용이었다.

아직 나는 경춘선을 타보지 않았지만 젊은이들의 눈에 공짜 승객인 노인들이 언짢게 보이는 것만은 분명한 것 같다. 특히 수도권에 사는 노인들에게 경춘선은 도심의 팍팍한 일상에서 벗어나게 해주는 주요 교통수단일 수 있다. 중간에 대성리, 청평, 강촌 등 가볼만한 곳도 많아서 승객 10명 중 5~6명은 노인이며 좌석은 대부분 노인들의 차지라는 것이다.

노인들의 무료탑승 문제에 대해 일각에서 곱지 않은 시선이 많은 것 같다. 어느 국무총리도 65세 이상 노인들에게 지하철 탑승을 무료로 하는 것은 과잉복지라며 제도 개선의 뜻을 비친 적이 있다. 일부의 관료들이 노인 무료탑승 문제를 과잉복지로 인식하고 있는 것이 문제라면 문제다.

통계청 조사에 따르면 한국의 노인 수는 2012년 2월말 581만여명으로 인구 100명 중 11~12명이 노인인 셈이다. 이들 중 일을 하고 있는 노인은 대략 151만 명이니 나머지 430만여 명은 일이 없어 쉬고 있는 '상대적 빈곤상태'이다.

한국보건사회연구원의 '2011 빈곤통계연보'를 보면 2010년 말 한국의 노인 빈곤률이 47.1%이다. 혼자 사는 노인 빈곤률은 2010년 말에 76.6%라고 한다. 노인의 빈곤률은 전체 인구의 빈곤률의 3~4배에 이른다고 한다.

의학의 발달 등으로 평균수명은 늘어나 100세 시대가 다가오고 있지만 노인복지에 관한한 아직 뾰족한 수가 보이지 않는 상태다. 그런데도 노인들의 지하철 무료탑승이 아니꼽다고?

노인의 호칭

간혹 나이 많은 분을 만나면 호칭을 어떻게 할지 잠시 망설일 때가 있다. 노인들을 호칭할 때 '어르신'이라고 하면 무난하긴 하지만 덮어놓고 '어르신'으로 불렀다간 오히려 실례(?)가 되는 수도 있다. '과공비례過恭非禮(지나친 공손恭遜은 오히려 예의禮儀에 벗어남)'로 말이다.

현실적으로 노인을 호칭할 때는 '어르신' 외에 다음과 같은 단어를 많이 쓴다. '노인장老人丈', '영감님', '선생' 등이다. 하지만 이들 단어는 때에 따라 그 뉘앙스가 다르다. 가령 '노인장'이라고 부르면 인상을 찌푸리는 사람도 있다. 내가 듣기에는 '어르신'이란 호칭이 싫지 않던데.

요즘은 세상이 어떻게 변해서인지 '노老'가 붙으면 다소 부정적인 말로 들리는 경우가 있다. '노인老人'이란 단어 자체도 그렇고 '노망老妄', '노욕老慾', '노파老婆' 라는 단어 등등이다.

노인이라는 말의 사전적 의미는 '나이가 들어 늙은 사람'을 뜻한다. 지난날 한 때는 '풍부한 경륜이 있는 어른'이란 뜻으로 통하기도 했다. 그러나 지금은 이런 긍정적인 의미는 온데간데없고 '무기력한 사람', '물러선 사람' 등의 부정적인 어감이 강하다. 그럼 외국에서는 '노인'을 어떻게 호칭하는지 살펴볼까.

이웃 일본의 경우는 '고년자高年者'라는 단어를 자주 사용한다. 50대 장년과 70대 이후 노년 사이의 60대는 연륜과 경륜이 녹아든 결실의 시기라는 의미로 '실년實年'이라고도 한다. 중국에서는 50대를 '숙년熟年' 60대를 '장년長年' 70대 이상을 '존년尊年'으로 칭하기도 한다. 미국에서는 '시니어 시티즌(senior citizen)', '골든 에이지(golden age)'라고도 칭한다.

지난 4월에 우리나라에서도 '고령자' 명칭을 '장년'으로 바꾸는 '고령자고용촉진법 개정안'을 입법예고한 적이 있다. 또한 서울시에서는 이미지가 안 좋은 '노인', '경로당' 등의 호칭을 대신할 용어를 공모한 것으로 알고 있다. 호칭도 호칭이지만 노인들이 자기 역할을 제대로 하며 '팔팔하게' 살 수 있도록 돕는 일이 더 중요하겠단 생각이 앞선다.

노인의 눈에 비치는 관상觀相

나이가 들면서 얻는 이점이 더러 있다. 그 중에 하나가 '관상觀相'이 아닌가 싶다. 요즘 지하철을 타고 노인석에 앉아 사람들을 보면 상대가 어떤 인물인지 대충 보인다. 심술궂은 사람, 욕심이 덕지덕지 붙은 사람, 화를 잘 낼법한 사람, 아만我慢에 젖은 사람, 양보심이 덜한 사람 등등 나쁜 점이 많은 사람은 확실히 보인다. 마음을 비운 사람, 마음이 평화로운 사람, 양보심이 많아

보이는 사람, 법 없이도 살 사람 같은 얼굴도 한눈에 보인다. 마음이 따스해서 자기보다는 남을 먼저 배려할 듯이 보이는 사람이면 잠깐 눈만 마주쳐도 인사를 나누고 싶은 생각이 든다. 하지만 한눈에 영 아닌 사람에겐 되도록이면 거슬리지 않도록 조심을 한다. 공연히 시비에 말렸다간 나만 손해니까.

한눈에 선善과 악惡이 대충 판별되는 사람이면 그래도 대하기가 두렵지 않다. 착한 듯 보이면서 그 속을 잘 알 수 없는 사람, 얼굴은 편안해 보이는데 행동은 딴판인 사람은 상대하기가 여간 어렵지 않다. 내가 경험한 바로는 이런 등속의 사람이 정치인政治人들 속에 많다. 거짓말을 식은 죽 먹듯이 하는 사람도 식별하기가 쉽지 않다. 처음 당국에 의해 조사를 받을 때는 "전혀 그런 사실이 없다"고 딱 잡아떼다가도 나중엔 "국민에게 송구한 마음"이라고 꼬리를 내리는 사람이 대부분 정치인들이다.

이런 등속의 사람들은 놀음판에서 돈을 잃더라도 별로 내색을 않는다. 다음에 따면 되니까 하는 심성이 먼저 동한다 할까. 거짓말을 잘 못하고 마음 여린 사람이 도박을 하다가 돈을 잃으면 얼굴이 붉으락푸르락 한다. 이런 사람은 기본적으로 '정치인 자질'이 없다고 보면 대과는 없을 것이다. 공직자 중에 자기가 모종의 뇌물사건 등에 걸리면 본격 수사가 시작되기도 전에 혐의가 세상에 알려지는 것만으로 자살을 선택하는 사람도 있다. 이런 사람은 절대로 정치판에 얼쩡거려서는 안 된다. 마음이 아주 고운, 여린 사람이기에 말이다.

논란이 되었던 '높은 이자利子 사기사건'을 예로 들어볼까. 이런 사기사건에 말려드는 사람은 자기도 모르게 일확천금一穫千金 또는 횡재를 평소 생각해왔다고 봐야한다. 그 잠재된 마음 때문에 쉽게 유인된 것이다. 평소에 그런 생각이 전혀 없으면 달콤한 유혹의 말에 금방 속아 넘어가지는 않는다. 사기꾼들은 '언젠가는 횡재를 바라고 사는 사람', 그런 류의 '마음'을 눈치채고 감언이설로 꼬드기는 것이다. 노인이 되어 '관상쟁이'가 된 것 같은 기분이다. 젊어서는 안보이던 '요상한 눈'이 새삼 노인이 되면서 밝아오니 말이다.

지하철 안에서 아기가 자기를 보고 방긋 웃으면 누구나 반기며 귀엽다는 애정표시를 하게 마련이다. 그 아기의 티 없는 열린 마음을 전혀 의심하지 않기 때문이다. 이토록 세속의 이런저런 현상을 직감으로 지혜롭게 구별하는 눈을 불교에서는 '혜안慧眼'이라고 말한다. 육안肉眼, 혜안慧眼, 법안法眼, 불안佛眼이라는 사안四眼 가운데 두 번째 단계의 눈이 '혜안'이다. 그런데 나의 눈은 아직 '혜안'은 못되고, 그저 나이 들어 다소 성숙해진 '육안'이라고나 할까.

고독사가 매년 증가한다

1인 가구가 증가함에 따라 아무도 모르게 쓸쓸히 생을 마감하는 '고독사孤獨死'도 함께 늘고 있다는 보도다. 경제적 궁핍과 사회적 소외가 빚어낸 결과이지만 정부 대책은 전무한 실정이다.

보건복지부 집계에 따르면 전국 무연고 사망자가 해마다 늘고 있다고 한다. 2012년 서울시에서 발생한 무연고 사망자는 282명으로 매년 200~300명의 무연고 사망자가 발생하고 있다. 외로운 죽음 이후 뒤늦게 가족들에게 시신이 인도되는 경우를 감안하면 실제 고독사 숫자는 더 많을 것으로 추정된다.

1인 가구 비율은 지난 20년새 3배 가까이 늘었다. 2025년에는 전체 가구 중 31%에 이를 것으로 전망된다. 고독사가 심각한 사회문제로 대두될 가능성이 크다는 얘기다. 하지만 정부는 고독사 뿐만 아니라 무연고 사망자 현황조차 파악하지 못하고 있다. 자살, 타살, 과실사, 재해사, 중독사 등으로 나눠지는 경찰 변사 통계에도 고독사는 잡히지 않고 있다. 정부 관련 대책 또한 독거노인 중심이어서 청장년층의 고독사 문제는 정부 내에서 전담하는 부서도 없고 이렇다 할 대책도 없는 상황이다.

복지부 관계자 조차도 "청장년층의 고독사는 가구 구성의 변화, 가족 및 지역 사회와의 관계 단절 등에 의해 발생하는 것으로 보이지만 이것이 과연 행정력으로 대처할 수 있는 문제인지 고민스럽다"고 말한다.

"고독사는 사회적 관계망이 약화된 것뿐만 아니라 경제적 빈곤 등 물질, 심리, 정서적으로 복합적인 빈곤 상태를 경험하면서 나타나게 된다"며 "고독사 위험군에 사회적 관심을 기울일 수 있는 지역사회, 공동체 복원 등 정부와 지자체의 정책적 대응이 필요하다."고 학자들은 말한다.

우리의 노익장老益壯

'노익장老益壯'이란 말은 참 좋은 말이다. 늙어서 더욱 왕성하다는 말이 아닌가. 나도 등산을 하다보면 젊은이들한테서 "노익장이시네요. 대단하십니다"는 말을 자주 듣는다.

이 말은 원래 중국의 『후한서後漢書』에서 유래했다고 한다. '대장부위자 궁당익견 노당익장 大丈夫爲者 窮當益堅 老當益壯'이란 말이 그 유래인데 '대장부는 늙을수록 건장해야 한다'는 의미이다.

후한後漢 광무제光武帝 때 명장 마원은 만족蠻族의 반란이 일자 왕에게 토벌 책임을 맡겨달라고 간청한다. 왕이 그가 늙었다는 이유로 주저하자 마원은 "소신이 비록 예순두 살이나 두꺼운 갑옷을 명주처럼 걸치고 젊은이보다 말을 잘 타는데 어찌 늙었다고 하십니까?"라면서 말에 뛰어올라 종횡무진 기량을 뽐내보였다고 한다. 그래서 결국 마원은 반란 토벌에 큰 공을 세웠다는 얘기이다.

오늘날 70대 노인이 마라톤을 완주하면 '노익장을 과시했다'는 말을 흔히 듣게 된 것에 이런 고사가 깔려있다고 한다.

OECD 통계에 2011년 한국의 65~69세 고용율이 41.1%로 다른 나라의 평균(18.5%)을 크게 웃돌았다(2위)는 보도가 있었다. 1위는 아이슬란드로 46.7%였다. 한국 노인들이 일터에 남는 평균 연령도 남성 71.4세, 여성 69.9세로 멕시코에 이어 2위였다. 한국 남성 노인은 미국보다 6년, 독일보다는 10년을 더 일하고 있는 것으로 나타났다.

이것이 한국 노인들의 힘이 펄펄 살아있어서 이른바 '노익장'을 과시하는 수치라면 더없이 바람직한 일이겠다. 하지만 지금은 청년실업과 조기퇴직 등 고용불안에 시달리는 시대가 아닌가. 그래서 속사정을 살펴봤더니 그렇게 반가운 것 같지는 않았다. 한국의 65세 이상 고령자 가구소득 중 근로소득 비중이 58.4%로 가장 많았고, 국민연금 등 공적소득은 15.2%에 그쳤다. 이건 은퇴 후 생활이 막막하기 때문에 노인들이 생계형 노동을 계속할 수밖에 없다는 뜻이 된다. 어찌 보면 우리의 '노익장'엔 그럴 수밖에 없는 쓸쓸함이 묻어있는 셈이다.

90 88 23 4

언제부터인가 우리 사회에 '99 88 23 4'라는 은어隱語가 나돌고 있다. 그 뜻인 즉 '99세까지 88(팔팔)하게 살다가 2~3일(이틀 사흘) 앓은 뒤 4(죽는) 것'을 기대하고 지어낸 말로 풀이된다. 고령시대가 다가오니까 욕심 많은 노인들이 그러기를 바라고 하는 소리일 것이다. 이 은어에 접한 상당수의 노인들은 "99세는 너무 과욕 아닌가?"하고 자평하기도 했다고 한다. 말이 99세이지 실제로 99세를 살면 온갖 번뇌 망상을 다 겪게 될 것이다. 아들 · 딸 걱정하기도 힘겨운데 손자 · 손녀 걱정까지 하려면 노인의 처지로서는 여간 버거운 게 아니다. 불교에서도 인생은 즐거운 일보다는 괴로운 일이 더 많다고 정의하고 있지 않은가. 너무 오래 살다보면 이른바 '참척慘慽(자손이 보모나 조부모에 앞서 죽는 일)' 같은 끔찍한 일을 당할 수도 있으니까 말이다. 노인들이 손아래 사람의 장례식에 참석하여 "내가 너무 오래 살았어" 하며 자탄하는 소리를 들어봤을 것이다.

그런데 현실이 점점 장수長壽 쪽으로 기울고 있다. 의학의 발달, 영양식의 발달, 건강에 대한 개개인의 인식 제고 등 날로 장수시대를 예고하고 있다. 우리나라도 벌써 남자는 평균 연령이 78세, 여자는 84세라고 하지 않는가. 이 평균 연령은 수많은 육해공의 사고사死, 질병사, 자살 등을 합한 수치니까 실제로 70~80대 노인들은 이 평균연령보다 훨씬 더 오래 살 것으로 예상된다. 그러다보니 자신의 노년시대를 미리 대비하지 못한 노인들이 온갖 시련을 겪는 모습을 우리는 생생히 목도하고 있다.

그러나 다행스럽게도 산에서 만나는 사람들은 모두 자신의 건강을 열심히 닦는 모습이다. 나 자신도 이들 노인 가운데 한 사람임에 틀림없다. 그래서 팔십을 맞은 올해 '99 88 23 4'는 지나친 욕심인지 몰라도 '90 88 23 4', 다시 말해 "90세까지는…" 하는 욕심이 슬그머니 생긴다. 누구를 막론하고 죽을 때 오래토록 앓지 않고 이삼일 앓다가 죽기를 원하니까. 물론 "까딱 잘못하면 90세까지 살고 운이 나쁘면 100세를 산다"는 농담도 있기는 하다.

퇴계의 밥상

참으로 어지러운 세상이다. 공직자들이 깡그리 부패한 세상인지라 조선 중기의 대학자 퇴계 이황(1501~1570) 선생을 생각하게 된다. 우리의 선조 중에서도 이토록 청렴하고 저명한 대학자가 있어 정말 자랑스럽다. 선생은 성리학性理學의 대가로 지금도 동양 3국에서는 선생의 철학에 대한 연구가 활발하다.

낙동강변 안동군安東郡 도산면 퇴계리에 자리 잡은 도산陶山서원은 선조 7년에 세워져서 선생의 위패를 모시고 있는 곳으로 해마다 수많은 관광객이 이곳에 들러 선생을 추모하고 있다. 도산서원에 가보면 검소했던 선생의 면모가 여기저기에 드러난다. 특히 서원의 사랑채는 방이 하도 작아서 키가 6척쯤 되는 사람이면 길게 눕기가 어려울 정도이다.

선생의 겸손하고 소박한 삶을 더욱 확인시켜주는 『퇴계 언행록』(6권 3책)에는 배울 것이 정말 많다고 후학들은 입을 모은다. 이 책에는 제자들의 구체적인 증언(사례)으로 퇴계의 학문, 덕성, 자질, 몸가짐, 철학, 예禮, 생활 등이 적혀있으며 특히 「벼슬살이와 향리생활을 말함」(3권)에서는 단출하기가 그지없는 '퇴계의 밥상'이 나온다. 제자 김성일의 증언에 의하면 끼니마다 세 가지 반찬을 넘지 않았고 여름에는 건포 한 가지뿐이었다고 한다.

퇴계는 "나는 참으로 박복한 사람이다. 기름진 것을 먹으면 체한 듯하여 속이 편치 않은데 쓰거나 거친 음식을 먹으면 속이 편하다"고 적고 있다. 잡곡밥에 가지와 무나물, 미역뿐인 '1일 2

식, 3색 반찬'의 밥상이다. 이것이 퇴계 스스로 말한 체질 탓이거나 아니면 어릴 때부터 잔병치레를 많이 해 위장이 좋지 않은 탓만은 아닐 것이다.

김병일 한국국학진흥원 원장이 『퇴계처럼』에서 소개했다는, 퇴계가 한양 서성西城에 머물 때 좌의정 권철과의 식사 일화 한 토막을 소개한다.

그날도 평소대로 밥상을 차렸다. 권철은 맛이 없어 젓가락도 대지 못하고 말았다. 그 모습을 본 퇴계가 "제가 대감께 올린 밥상은 백성들에 비긴다면 성찬"이라며 '여민동락을 잊은 정치인, 백성의 생활과 동떨어진 관리'를 걱정했다 한다.

선생이 55~60세 때 쓴 편지 가운데 수양과 성찰에 도움이 되는 22개를 모아 직접 편집한 『자성록自省錄』이라는 책이 있다. 이 책에서 선생은 "옛 사람들이 말을 함부로 하지 아니한 것은 실천이 따르지 못함을 부끄러워했기 때문이다"로 시작해 "이 책에는 원고지가 없어서 수록하지 못한 것도 있다"는 등의 글귀도 나온다고 한다. 새삼 선생 같은 청백심성淸白心性이 그리워진다.

복지국가로의 길 밖에 없다

칼 마르크스는 모든 좌파이론가들의 아버지로 추앙받는 인물이다. 그는 자본주의에 관한 그야말로 얄팍한 진단을 통해 시한부 선고를 단행했던 사람이다. 그는 국가를 자본의 '미친한 시녀'라고 폄하했다. "노동자의 몫을 욕심껏 빼앗아 가는 '자본주의의 추악함'은 세월이 갈수록 점점 더 심해질 것"이라고 예단했다. 이 모순을 프롤레타리아 혁명에 의하지 않고는 해결할 수 없다는 게 그의 최종결론이었다.

하지만 마르크스의 이러한 예단은 빗나갔다. 자본주의가 세계 도처에서 곪아 터지기는커녕 세월이 갈수록 위세를 더해갔다. 많은 자본주의 국가들은 자본주의를 진화시키는 과정에서 '복지福祉'를 택했음이 드러났다. 자본주의를 채택한 많은 국가들이 마르크스의 '단견短見'에서 벗어나 '복지'를 자본주의의 파수꾼으로 채택한 것이다.

오늘날 자본주의를 운영하고 있는 구미의 선진국들은 나름대로 복지국가의 꿈을 차근차근 발전시켜 왔다. 그 중에서도 스웨덴, 노르웨이, 덴마크 같은 북유럽의 여러 나라들과 영국, 독일 등 선진국은 우리가 상상하기 어려울 만큼의 복지정책을 실현하고 있다.

그러나 우리나라는 재벌, 대기업들과 함께 '복지국가 대한민국'을 그다지 달갑지 않게 여기는 정치인과 고위공직자들이 그동안의 부정부패와 함께 뒤얽혀 나라를 나락으로 몰고 가곤했다. 그러나 지금이라도 늦지 않았으니 '복지국가'가 사회주의 혁명의 '주적主敵'임을 깨닫기 바란다.

1917년 레닌의 볼셰비키 혁명으로 소련이라는 대제국이 생성된 뒤로 20세기는 한때 자본주의와 공산주의의 대결장 같은 양상을 띠기도 했으나 레닌의 마르크스시즘 실험은 70여 년 만에 종말을 고해, 동유럽의 공산 위성국들은 대부분 자본주의로의 재생의 길을 찾았으며 이제는 '중국'과 '북한'만이 세계 정치사에 유례가 없는 정체政體로 남아서 이데올로기상으로는 자본주의의 결함을 보완하도록 요구하고 있는 양상이다.

헤겔이 말했듯이 '자본주의와 사회주의(공산주의)의 대결' 다음의 변증법적辨證法的 해답은 어떤 형태로든 '수정修正 자본주의'가 될 것이 확실해졌다. 이런 틈에 한 좌파학자는 "복지국가의 이념 바람에 이른바 '혁명'이 미뤄지고 있다"는 등의 괴이한 주장을 내놓기도 했다. 복지국가가 자본주의적 발전의 최대공헌자요 은인임은 이제 자명해졌다. 다만 부정과 부패로 인해 마르크스가 기대했넌 내로 멸망한 장개석의 중국 국민정부의 패퇴는 우리에게 시사하는 바가 크다.

유례없는 여야의 복지공약 끝에 탄생한 박근혜 정부의 '한국형 복지국가론' 현안에 국민들은 많은 기대를 걸고 있다. 노블레스 오블리주의 품격까지는 바라지 않는다 하더라도 정치인과 공직자 · 기업인들이 야합하여 관행적으로 좀 먹어온 부정과 부패는 복지국가 건설 이전에 말끔히 척결되어야 한다. 그렇게 되면 어려운 복지예산 창출도 상당액이 저절로 풀려나올 것이다. '한강의 기적'이니 '4대강 사업'이니 하는 전시적 대규모 국가행사만 벌이지 말고 '복지국가'를 제대로 세우겠다는 노력이 우리 모두에게 절실한 계제다.

사후死後세계는 있는가? 없는가?

사후세계가 있는가? 없는가? 이 문제는 인류의 오랜 수수께끼로 전해오고 있다. 이에 관해 영국의 세계적인 물리학자 스티브 호킹 박사는 『가디언』지와의 인터뷰에서 "천국과 내세에 대한 믿음은 인간이 죽음을 두려워해서 지어낸 이야기"라며 사후세계를 부정하는 말을 했다. 사실 이 문제를 과학으로 설명할 수는 없다. 과학은 경험과 논리의 학문이므로 논리적 모순이 있고 경험상 검증이 되지 않으면 그걸 진실이라고 인정하지 않는다. 따라서 인간이 죽은 다음의 세계는 기본적으로는 과학의 분석 대상이 되지 못한다.

과거엔 종교 지식이 과학에 한참 뒤져 있었다. 이 문제와 관련한 유명한 일화가 전해온다. 갈릴레오가 1633년 코페르니쿠스의 지동설地動說을 지지하며 "지구는 돈다"고 주장하다가 로마 교황청의 종교재판에 회부되었다. 그리고 유죄판결을 받고 차후로는 지동설을 말하지 않기로 하고 재판정을 나오다가 "그래도 지구는 돈다" 하고 혼잣말로 중얼거렸다.

당시 가톨릭은 맹목적이었다 할까? 땅덩어리가 눈에 보이듯이 평평하기만 할뿐 지구가 태양 주위를 돈다는 이론은 상상도 못했던 것이다.

이와는 반대로 지금은 과학으로는 사후세계를 운위云爲할 수가 없게 됐다. 인간이 죽은 다음의 세계에 대해서는 그야말로 알 길이 없다. 종교는 이 어려운 내세를 설정하고 있는 것이 특징이다. 불교는 '극락세계'를 기독교는 '천국'을 설정해 놓고 있다. 사실 종교는 근본적으로 권선징악勸善懲惡을 가르친다. 불교에서는 '육도 윤회설과 극락'을 제시해놓고 좋은 일, 착한 일을 많이 하라고 권한다.

정토종淨土宗의 정목스님은 "윤회는 없으며 믿음이 어느 단계에 이르면 모두 극락에 간다"고 설파하고 있다. 스님은 이것이 신라의 대승 원효元曉스님의 가르침이라고 부연한다. 육조六祖 혜능선사도 "지구로부터 1만8천 리 떨어진 서방에 아미타불이 관장하는 극락세계가 있다"는 재래의 가르침에 대해 회의懷疑를 표했었다. 오늘날 대법사로 불교 신도들이 공인하는 무비스님도 "불교를 믿고 석가모니 부처님의 가르침을 따르되 사후의 극락세계에 대해서는 확신이 안 간다"고 설파한다. 석가모니 부처님의 가르침을 잘 따르다가 "죽은 뒤 극락세계가 있어서 갈 계제가 되면 가고, 그렇지 못하면 각자가 지은 업보에 따라 윤회하면 된다"는 논리를 편다. "살아서 부처님의 가르침을 충실히 따르되 죽어서 극락세계가 없으면 도리 없지 않느냐"는 뜻으로 법문하는 것을 들은 적이 있다.

물론 현재의 과학이 풀지 못한다고 해서 그것을 진리가 아니라고 말하기는 어렵다. 사실 따지고 보면 인간이란 한치 앞도 알지 못한다. 그렇다면 사후세계에 대한 과학적 예단은 더더욱 불가능하다. 그러나 이를 예감할 수 있는 차원이 단 하나 있다. 그것이 종교적 영성靈性이다. 보통의 경우라면 발휘되지 못하는 힘이나 예지력 또는 감각이 어느 순간 폭발적으로 생겨나는 것을 우리는 경험으로 알고 있거나 보기도 한다. 인간에게 내재된 영적 차원의 능력은 3차원을 넘어서는 영역과 소통하는 힘이고, 그 힘은 삶과 죽음의 세계에 대해 생각하고 상상하는 기능을 한다고 보는 것이다.

사후세계에 대한 확신은 과학적 이성으로 납득했기 때문이 아니라, 이 '영적 차원의 깨침이 가져다주는 평화와 감사'라고 표현되기도 한다. 사후세계는 인간에게 주어진 최대의 바람이자 축복이라고 할 수도 있을 것이다. 이것이 없으면 삶 자체가 너무 고독하고 힘겹지 않겠는가?

부모가 아이 앞에서 해서는 안될 말

언젠가 TV에서 가수 남진의 고향 목포와 고향집 등을 소개하는 프로를 보았다. 남진의 아버지는 목포에서 유명한 인물이다. 목포일보 사장도 지냈고, 국회의원에 당선되기도 했다. 남진이 말하듯 "목포에서는 아들 남진보다 이름이 더 알려진" 분이다. 그런데 아버지의 임종에 이르러 아들 남진이 병상 앞에서 머리를 조아리고 있는데 아버지가 남진을 향해 한마디 했다. "너 지금도 '풍각쟁이'(사전에는 장터 등지를 돌아다니면서 앵금을 켜거나 노래를 불러 돈을 구걸하는 사람으로 되어 있다) 노릇을 하냐? 어디 할 짓이 없어서 그걸 해?"

이 말을 전하는 남진 역시 몹시 겸연쩍은 표정을 지었다고 한다. 나는 순간 "아무리 자기 자식이라도 아들의 적성과 능력 등을 무시하고 '관존민비官尊民卑'의 케케묵은 사상을 내세워 아들의 직업을 비하卑下하는 것은 좀 아닌데…" 하고 느꼈다. 그런 일이 있은 한참 뒤에 이 신문 저 신문을 뒤적이다가 외국인 심리학자 부부인 로리 젤링거박사와 프래드 젤링거박사가 강조한 '아이들 앞에서 부모들이 해서는 안될 말'이라는 제목의 글을 보았다. 언뜻 남진의 아버지가 한 말이 생각나서 많은 어버이들에게 참고가 될 것 같아 간추려 옮겨본다.

이 심리학박사 부부가 첫 번째로 강조한 말은 아이들 앞에서 " '잘했어'라고 말할 줄 알았지?"라고 비꼬는 말은 무조건 삼가야 한다는 것이다. 아이들은 이 말을 어른들처럼 농담으로 받아들이지 못하기 때문에 마음에 깊은 상처를 받는다는 것이다.

"죽는다는 건 잠드는 것과 비슷한 거야." - 부모들은 종종 죽음을 잠에 비유하곤 한다. 하지만 이렇게 말할 경우 아이들은 잠자리에 들기 두려워하는 부작용을 낳을 수도 있다는 것이다.

"겁내지 않아도 돼." - 아이들이 무서워하는 반응을 보일 때, 부모는 아이들을 달래기 위해 이처럼 말을 한다. 구체적으로 어떤 부분을 무서워하는 건지를 파악하고, 해결방법을 함께 모색하거나 구체적인 설명을 곁들여주는 것이 중요하다고 한다.

"입 다물어." - 때때로 부모는 엄격해질 필요가 있지만, 폭언이나 악담으로 가르치려 해서는 안 된다는 것이다. 아이를 심하게 다그치면 아이는 자신의 행동을 고치기보다 소리 지르는 부모의 말투와 행동을 배우게 된다는 것이다.

"더 이상 못 참아. 한 달 동안 외출금지야." - 마음에 없는 말로 경고하거나 협박하는 일도 주의해야 한다. 아이에게 당분간 밖에 나가 노는 것을 금한다는 협박을 가하는 부모들이 있다. 이처럼 지켜지지도 않을 말을 반복하면 아이는 부모의 말을 진실이 아니라고 믿게 될 것이기 때문이다.

이밖에 젤링거 부부는 학교 가기 싫어하는 아이에게 "학교는 원래 지루한 곳이야." 하며 학교나 교사를 부정적으로 표현하는 말도 삼가야 한다고 충고한다.

우리의 주변에선 자식에게 입에 담기도 어려운 욕설을 하거나 막말을 예사로 하는 부모들을 더러 본다. 이것이 자식에게 어떤 화를 미칠지도 모르고 말이다.

부처님의 가르침에도 사섭법四攝法 (포시布施, 애어愛語, 이행利行, 동사同事)이란 것이 있는데 '사랑스런 말'을 널리 강조했다. 깊이 새겨봐야 할 일이다.

나는 오늘을 어떻게 살고 있을까?

나는 오늘을 어떻게 살고 있을까? 그리고 얼마나 반갑게 하루를 맞이하고 있을까? 어찌 보면 철학 같고 어려운 질문일 듯 하지만 노인이 맞이하는 오늘은 의미가 크다.

나는 잠자리에서 눈을 뜨면 오늘을 보다 건강하게 보내자는 의미에서 먼저 가벼운 도수체조를 한다. 그리고 책상에 앉아 오늘의 스케줄을 점검한다. 더러는 바쁜 날도 있고 맥없이 한가한 날도 있다. 일정하게 정해진 나의 일과는 '하루는 등산, 하루는 공원산책'이다. 하루하루를 건강하게 사는 게 모토이다.

일전에 선산에 추석 성묘를 갔을 때 어언간 부모와 형님 두 분이 저 세상에 가시고 나홀로 하루하루를 보내는 느낌이 들어 몹시 허전했다. 뭔가 여생동안 내가 할 일이 있을 것이다 싶어 기도하는 마음이었는데 '조상의 유택을 때 놓치지 않고 잘 관리하라'는 계시를 받았다. 이 얼마나 영광스런 하명이냐? 나는 그 길로 고향집에 내려와 장차 다가올 시류時流의 변화에 대비해서 선산의 새로운 관리방법을 상조카와 세밀히 의논했다. 그리고 새로 꾸며질 선산의 비문碑文 초를 잡아봤다.

어쩌다 세월은 이렇게 빨리 흘러갔는가? 어릴 때는 언제 어른이 되어… 이일저일 할 일이 많았는데 이제 다들 떠나고 외톨이라니. "어제 상상했던 내일과 내일이면 돌아봐야 하는 어제가 바로 오늘"이라는 말은 일촉도 허투루 쓰지 말라는 금언이 아닐까. 그러면서 어제를 면밀히 회상하고 후학들에게 기회가 닿을 때마다 산 교훈을 들려줘야지 생각한다.

어느 지인은 '오늘'을 표기하는 두 가지 표현 방법이 있다고 했다. 하나는 '어제의 내일'이고 다른 하나는 '내일의 어제'라 했다. 얼핏 보면 말장난 같으나 상당한 의미를 함축하고 있다. "너는 오늘을 왜 사느냐?"고 물으면 뭐라고 대답할 것인가? 나는 서슴없이 "전생의 여분餘分을 즐기고 있다"고 대답할 것이다. 그리고 오늘을 하늘에서 뚝 떨어진 독립적인 시간이 아니라 '매 순간 흘러가는 시간의 연속'이라 말하고 싶다. '건강한 몸에 건강한 정신' 이라는 삶의 신조를 1초도 잊지 않으면서.

만병 통치약은 있다

나는 의사는 아니지만 내 체험을 통해 터득한 건강에 대한 진리가 하나 있다. 그것은 무엇보다도 틈틈이 '운동'을 하는 것이다. 운동도 여러 가지가 있지만 내 경험으로는 '등산'이 으뜸이다. 산책도 좋고 골프도 좋고 테니스도 좋다. 하지만 등산은 맑은 공기를 마시며 높낮이가 다양한 산길을 걷는 등 이와 견줄 만한 운동이 없다고 생각한다. 나무는 사람에게 산소를 내뿜어 주고 사람이 내뱉는 이산화탄소를 흡입한다. 이런 자연의 조화가 또 어디 있겠는가.

중국의 진시황秦始皇은 죽기가 싫어 불로초不老草를 구하려고 그 넓은 중국 대지를 누비다가 50세도 못 넘기고 한 여름에 객사했다. 환궁하는 길에 시체가 썩어 냄새가 나니까 그것을 감추기 위해 신하들이 시체 실은 가마에 똥물을 뿌렸다는 고사가 전해온다. 만병통치약이 자기 몸 속에 있는 것을 몰랐던 것이다. 바로 '혈액순환'이 만병통치약 역할을 하는 것이다.

인간의 몸에는 무려 12만km에 달하는 혈관이 있다고 한다. 서울-부산 간(400km)의 300배나 되는 길이다. 혈액이 혈관을 따라 인간의 몸 구석구석을 돌아다니면서 영양을 공급하고 각종 호르몬을 조절하는 등 인간의 건강에 관여한다. 요즘 노인들에게 흔히 발병하는 척추디스크 질환도 운동을 통해 척추를 둘러싼 근육과 인대 등의 모세혈관이 잘 순환되게 하면 근육이 고유의 기능을 다해 척추를 오래오래 보호할 수 있다.

문제는 혈액 관리이다. 건강한 혈액이 중요하다. 건강한 혈액을 유지하려면 평소에 단백질, 비타민 등 영양소를 골고루 섭취하되 술 · 담배는 삼가야 한다. 혈당, 콜레스테롤 수치 등에 유의해 1년에 한 번씩 보건소에서 무료로 실시하는 혈액검사를 받는 게 좋다. 그리고 탐욕을 버리고 분노憤怒를 삼가는 등 마음 관리에 유의해야 한다. 나는 이런 덕목을 삼독심三毒心, 탐진치貪瞋痴를 없애라는 부처님의 가르침을 통해 익히고 있다.

건강한 혈액이 못 고치는 병도 있다. 세균성 전염병으로 예를 들면 특수 바이러스에 의한 질병 같은 것이다. 외상外傷, 골절상, 정신질환 등 혈액과 무관한 것을 제외한 웬만한 내과 질환은 모두 혈액과 관계가 깊다.

나의 경우는 등산 직전에 찔금찔금 나오던 소변이 하산 직후에는 세차게 나온다. 신진대사가 그만큼 왕성해졌다는 증좌이리라. 젊었을 때부터 고질이던 편두통도 사라지고 등 가려움증도 어느새 없어졌다. 이런 현상을 나는 혈액순환을 왕성하게 해주는 '등산 효과'라고 확신한다. 그러니 가히 '만병통치약'이라 할 만하지 않는가.

세태를 보는 눈 속의 눈

나는 약 40년간 근무하던 언론계를 정년퇴직한 후부터는 신문을 잘 안 본다. 언론 본래의 사명인 시시비비是是非非의 시각視角을 외면하고 어느 날부터 '보수'대 '진보'의 반열로 갈라서서 아귀다툼을 하는 신문이 보기 싫어졌기 때문이다. 그래서 내가 신문을 보고 싶을 땐 인터넷에 들어가 내가 읽고 싶은 신문, 읽고 싶은 제목의 칼럼, 시론, 다큐멘터리 등을 찾아서 본다.

그런데 정초에 H신문에 실린 한 노인의 인터뷰가 눈에 들어왔다. '채현국 효암학원 이사장'을 상대로 한 인터뷰 칼럼이었다. 제목은 "노인들이 저 모양이란 걸 잘 봐두어라"였다. 그러지 않아도 나의 눈에 못마땅해 보이는 시국이 펼쳐지고 있어 언짢던 참에 이 노인은 무슨 생각을 하나 싶어 읽어보았다.

첫머리에 "며칠씩 신문을 보기 싫을 때가 있다"로 인터뷰 기사는 시작되어 나와 일맥상통하는 점이 있다 싶어 계속 읽었다.

"한때 개인소득세 납부액이 전국에서 열 손가락 안에 들 정도로 거부였던 채현국 씨는 유신維新시절 쫓기고 핍박받는 민주화 인사들의 마지막 보루였다"로 글은 시작된다. 나 자신도 '유신'이라면 매우 강한 거부감을 지금도 갖고 있다.

언론인 임재경의 회고에 따르면 "채현국은 『창작과 비평』의 운영비가 바닥날 때마다 뒤를 봐준 후원자"였다. 김지하, 황석영, 고은 등 유신시절 수배자들에게 은신처를 제공한 분으로도 소개됐다. 처음에는 인터뷰를 거부하던 채 선생을 조계사 찻집에서 어렵사리 대면했다는 대목도 나온다.

"죄송하지만 연세는?" "35년생입니다." 그리고 본격 인터뷰로 들어가 "한때는 소득세 10위 안에 드는 거부였다고 들었는데 지금은 어떠신가?" 라는 물음에 "난 여섯 번 부자 되고 일곱 번 거지된 사람"이라고 알쏭달쏭한 답을 한다.

"한때는 황금알을 낳는 탄광업을 하셨다던데?" 이 질문에 "72년에 유신이 선포되고 국회가 해산되면서 이제는 더 이상 탄광을 할 이유가 없었다. 내가 정치인은 아니지만 군사독재 무너뜨리고 인간이 인간답게 살아야 한다"고 결론을 내려 탄광업을 걷어치웠다고 한다. "그럴수록 돈을 벌어서 민주화 운동을 지원해야 하는 것 아닙니까?"라는 질문에 "사업을 하게 되면 자꾸 여기저기 끌려들어서 정의正義고 나발이고 삶의 목적도 다 부수적인 격이 되고 말거든."

"일제 때는 지식인 중에 사회주의에 경도된 사람이 많았다는데 최 선생님의 아버님은 어떠셨나요?" "아주 자유로운 사람이었어요. 사상이나 이념 그런 것에 구애받지 않고 '사람'을 좋아하셨다"고 소개한다.

"대학 졸업 후 채현국 선생이 선택한 직업은 중앙방송(KBS의 전신) 공채 1기 연출직이었는데?" "입사 석 달 만에 박정희를 우상화하는 드라마를 만들라는 지시가 떨어져 사표를 내고 말았어."

"선생께서는 돈이란 게 무엇이라고 생각하십니까?" "이게 사람에게 힘이 될지 해가 될지, 사람을 회전시키고 굴복시키고 게으르게 하는 건 아닐지 늘 두렵다"

“살면서 서운하거나 원망스러운 적 없으셨나요?” “모든 건 이기면 썩는다. 돈이나 권력은 마력 같아서 아무리 작은 거라도 자기가 휘두르기 시작하면 썩는다. 아비들이 처음부터 썩은 놈은 아니었어. 그놈도 예전엔 아들이었는데 아비 되고 난 다음에 썩는 거야.”

“보통 선생 연배에 이른 분들을 뵈면 4.19에 열렬히 참여하고 독재에 반대했던 분들이 나이 들면서 급격히 보수화保守化되는 경우가 많아요. 어떤 의제에 이르면 종북從北이냐 아니냐로 색칠을 해서 다른 모든 가치에 우선시하곤 하는데 이런 따위 갈등은 어떻게 풀어야 하나요?” “세상엔 장의사적인 직업과 산파적인 직업이 있는데, 갈등이 필요한 세력과 모순이 있어야만 사는 세력이 장의사적인 직업이다. 판사 · 검사 · 변호사들은 범죄가 있어야 먹고 살고 남의 불행이 있어야 성립하는 직업들이다. 그 중에서도 제일 고약한 건 갈등이 있어야 설 자리가 생기는 정치인들이다. 이념이고 뭐고는 중요하지 않다. 남의 사이가 나빠져야만 말발 서고, 화목하면 못 견디는… 난 그걸 장의사적인 직업이라고 말하고 싶다” “그럼 산파적인 직업은 뭔가요?” “시시하게 사는 사람들 즉, 월급 적게 받고 이웃하고 행복하게 살려는 사람들…. 실제 장의사는 산파적인 사람들인데 갈등을 먹고 사는 장의사적인 사람들이 노인네들을 갈등 속에 불러들여서 이용한다는 것이다. 아무리 젊어서 날렸어도 늙고 정신력이 약해지면 심심한 노인네에 지나지 않는다. 심심한 노인네들을 뭐 힘이라도 있는 것처럼 꾸며 여러 가지로 이용하고 있는 게 현실

같은 거다."

"요즘 친우들한테 한 말씀 해달라, 노인세대를 어떻게 봐야 할지에 대해서?" "봐주지 마라. 그리고 노인들이 저 모양이라는 걸 잘 봐두어라. 너희들이 저렇게 되지 않기 위해서"

"요즘 청년들은 '안녕들 하십니까' 대자보를 이어가고 있습니다. 어떻게 보시나요?" "아주 고마워! 젊은 사람들, 그렇게 하는 게 얼마나 고마운지 모르겠어. 그렇게라도 살아있어줘서 얼마나 다행인지. 날조 조작하는 요즘의 언론판에 조종당하지 않고 그렇게라도 터져 나오니 참으로 고마워. 역시 젊은이들이 말을 하는구나, 암만 늙은이들이 잘못해도 그 덕에 사는구나 싶다."

회고컨대 우리의 민주주의 역사는 1945년 해방 이후로 따져 약 70년 되었다. 1215년 마그나 카르타 이후 20세기까지로 따져 700년이 걸린 영국의 민주주의에 비하면 엄청난 속도로 달려온 셈이다. 1960년의 4.19의거, 1980년의 광주민주화운동, 1986년의 6.3항쟁 등 굵직굵직한 민주화운동을 거쳐 선진 민주주의로 발빠른 걸음을 내딛고 있는 것이 현실이기도 하다. 하지만 2013년 대통령선거에선 다수의 노인들이 "박정희 전 대통령이 새마을운동, 경부고속도로 건설 등으로 우리를 잘 살게 하지 않았느냐"며, 유신의 딸에게 투표를 해서 지금은 도처에서 '유신의 잔재'가 꿈틀대고 있다. 인터뷰어의 눈도 그것을 주시하고 있는 듯하다.

이제야 보이는 삶의 뒤안길

왜 전에는 안보이던 찌든 삶이 이제야 보일까? 나이 탓인가?

나에게는 팔십 고개를 넘겨서야 겨우 보이는 이런 저런 일들이 숱하다. 그리고 그들 하나하나를 음미하며 새삼 연륜의 값어치를 알 듯도 하다. 솔직히 70세까지는 느끼지 못했던 삶의 이치랄까? 혜안慧眼이 80세를 넘겨서야 겨우 와 닿는 일이 한 두 가지 아니다.

지난날엔 나만을 생각했다 할까 식견이 좁았다 할까, 나 주변의 삶은 보이지 않았다. 어떤 사람은 왜 저렇게 고생만 하며 살까? 또 다른 사람의 삶은 왜 저토록 고달플까? 이런 원초적 의문을 가져보지 않았다. 아니 머리에 떠오르지 않았다고 해야 옳을 것이다.

길거리에서 노점상을 하는 꼬부랑 할머니, 철가방을 실은 오토바이 청년 배달꾼, 중년으로 보이는 택배꾼, 이삿짐 사다리차 주변에서 일하는 젊은이들, 이 모두가 요즘의 내 눈에는 측은히 비치는 삶들이다.

학업을 하던 청소년 시절엔 부모덕에, 취업전선에서 뛸 때는 '내 잘난 맛(?)'에 인생의 뒷면이나 어려운 모퉁이를 감지하지 못했다. 그런데 이 나이가 되니 삶의 밑바닥에서 뛰는 저들에게 저절로 고개가 숙여진다.

이렇듯 개개인은 이렇게 잘 살기 위해 저마다 노력하고 있는데 국가나 그 속에 몸담고 있는 정치가들은 진실로 백성을 위하는 마음이 없는 것 같다. 자본주의를 경제체제로 한 다수의 민주주의 국가나 통제경제를 핵으로 하는 일당독재의 사회주의 국가들이 저마다 돌아가는 꼴을 보라. 미국은 미국대로, 일본은 일본대로, 또 한국은 한국대로 정치인 자기네들끼리 싸움질 하는데 여념이 없다. 이런 점은 러시아, 중국, 북한 등 사회주의 국가는 더하다.

생산성에는 다소 차등이 있을지언정 양쪽 모두 근본적으로 사회의 복지화福祉化를 이루지는 못하고 있다. 다만 생산성의 고저로 인한 빈부의 차이가 있을 뿐이다. 자기 배만 채우려는 부정부패는 격차가 없을 정도로 심각하다.

오늘날 민주주의를 표방하고 있는 미국, 일본, 한국 등 자본주의 경제체제의 국가들도 모두가 '자본의 독재'로 신음하고 있고 통제경제를 표방한 사회주의 국가도 '일당독재'로 인해 파멸의 길을 걷고 있다. 헤겔의 변증법에 따라 민주주의와 사회주의가 '어떤 결합'을 해야 인류에게 새로운 숨통을 틔울지는 두고 볼 일이다.

아무튼 나는 현재 어렵게 사는 젊은이나 노인네들을 볼 때마다 "저 사람들이 모두 보다 편안하게 사는 사회가 와야 하는데…" 하는 마음에 잠이 오지 않을 때가 있다.

우리 것이 좋은 것이여

우리의 판소리가 퍽이나 구슬프게 들려 가슴이 울컥할 때가 있다. 젊어서 판소리를 들었을 때는 아무렇지도 않던 것이 이제는 구절구절 짠하게 와 닿는다. 특히 흥부전 두 번째 박 타는 대목에서 흥부가 "이 박에서 금은보화가 나오거들랑 형님에게 갖다주자…"고 읊자 흥부 마누라가 대뜸 "나는 안 탈래요…" 하며 지난날에 당한 슬픔을 들먹이는 대목이 나온다. 그러자 흥부는 이를 받아 "타지마요 타지마요…" 하며 강인한 형제애를 강조하는 대목에 이르면 나도 모르게 눈물이 난다.

나는 지난날 형님들에게 무엇을 했는가? 돌이키며 반성도 하게 된다. 나는 어릴 적 어머님이 판소리를 좋아해 유성기에서 나오는 판소리를 들은 것이 고작이다. 그런데도 성장기에 자주 접하던 이탈리아 푸치니의 고전 오페라 따위는 가슴에 별로 와 닿지 않고 우리의 고전 판소리 특히 흥부전, 심청전, 춘향전에 이르면 귀가 번쩍 뜨이고 만감이 교차한다.

우리의 고전 판소리에는 구절구절 형제애(흥부전)와 효심(심청전), 그리고 정절(춘향전)이 깃들어 있다. 그래서 요즘 내가 가장 즐겨보는 TV프로가 토요일 낮에 하는 〈국악 한마당〉이다.

방송에서 공연에서 학교 교육과정에서도 지금보다 좀더 '우리 것', '우리 고전'에 비중을 두었으면 하는 마음이다. 푸치니가 어떻고 셰익스피어가 어떻고 물론 외국의 고전을 익히는 것도 중요하지만 우리 것이 먼저이다.

아름다운 가게, 아름다운 눈물

내가 사회활동을 할 때 입던 옷가지를 정리해야겠다는 생각이 들었다. 옷장에 보관해둔 옷들을 이것저것 정리해 보았다. 코트, 양복, 자켓, 와이셔츠 등 요즘에 와선 내가 입지 않는 옷들이 많았다. 이들을 정리하여 '아름다운 가게'에 기증하기로 했다.

종전에는 아파트에 가끔 알뜰시장이 생겨서 헌 옷가지나 책, 장난감 등을 내놓기도 했었는데 요즘은 이런 시장이 사라져 고심하던 차에 어느 친지가 '아름다운 가게'를 소개해준 것이다.

내가 지난날에 입던 옷을 잔뜩 움켜쥐고 있어봐야 죽고 나면 쓰레기가 될 것이 뻔한 노릇이니 처분하는 게 옳지 않은가. 내가 소장하고 있던 책 약 4백여 권은 고양시 마두동의 새마을 도서실에 진작 기증했다. 그러니까 옷 기증은 한참 늦은 셈이다.

그런데 이옷, 저옷을 챙기는 동안 눈에서 나도 모르게 눈물이 나오는 게 아닌가. 나 스스로도 "웬 눈물이냐?" 머쓱했지만 지난날의 과거가 오롯이 떠올랐다. 나도 모르게 나오는 눈물, 나는 이것을 '아름다운 눈물'이라고 명명하련다.

마침내 약속한 날짜에 '아름다운 가게' 직원이 와서 내가 준비해둔 옷과 물품들을 한가득 차에 싣고 갔다. 의외로 헌옷을 보내는 마음은 여간 가뿐하지 않다.

옛날엔 '인생칠십고래희人生七十古來稀' 라고 했지만 지금은 의술이 발달하고 좋은 식품도 많아서 바야흐로 우리도 '고령화시대'로 접어들었다. 어느 유행가 가사처럼 "내 나이(81세)가 어때서…" 하고 교만을 떨기도 한다. 그러나 인생의 황혼도 지혜롭게 살아야 훨씬 유익하지 않겠는가.

외롭다고?

노인들의 대화에서 '외롭다'는 말이 자주 오간다. 외롭다는 말을 국어사전에서 찾아보면 '홀로 되거나 의지할 데가 없어 쓸쓸하다'는 뜻으로 풀이되어 있다. 그런데 결론부터 말하면 인생은 날 때부터 외롭게 태어나 외롭게 죽게 되어 있다. 그러니 외롭다고 생각할 까닭이 없다.

태어날 때 삯꾼 데리고 태어나는 사람 있던가? 죽을 때 더불어 죽어줄 사람 있던가? 인생은 본래 외로운 것이다. 살아가면서 부부를 이루고, 슬하에 자식을 두고, 가족과 함께 융화하지만 이 모두는 살아가는 과정에서의 일일뿐 죽을 때는 혼자 죽는 것이다. 원리가 이러하거늘 "외롭다느니 고독하다느니…" 넋두리를 하는 것은 참으로 부질없는 짓이다. 처음부터 '인생은 고孤'라고 대전제를 하면 외로울 것이 전혀 없다.

의술 등의 발달로 노인의 수명도 길어지고 미혼을 당연시하는 풍조도 늘어나, 우리나라의 경우 전체 세대의 4분의 1이 독거獨居인 것으로 조사되고 있다. 이웃 일본에서도 65세 이상의 고령세대가 차지하는 비율이 2035년에 가면 40%를 넘을 것으로 전망된다는 조사결과가 있는데, 그러면 홀로 있는 이들이 얼마나 많아지겠는가?

현실적으로 외로움을 '문제'로 보는 시각에서는 여러 가지 탈출 방안을 내놓기도 한다. 외로움을 이기는 방법으로 '목욕'을 권하기도 하고, 초콜릿이나 빵 같은 간식을 먹어도 좋다고 권한다. 살이야 좀 찌게 될지 몰라도 외로움은 한결 덜해진다는 것이다. 하지만 외롭다는 생각이 들면 나는 우선 '운동'을 하라고 권하고 싶다. 운동 중에서는 '등산'이 가장 적합한 것 같다. 산山처럼 노소귀천을 가리지 않고 환대하는 곳이 또 있을까? 푸른 숲에 상쾌한 공기에 샘솟는 호연지기浩然之氣 하며, 외로움 같은 감상感傷 쯤이야 단숨에 날려버린다.

'오늘을 지혜롭게 그리고 사람답게 살면 그만이지' 라는 부처님의 가르침에 투철하면 외로움 따위는 아예 발붙일 틈이 없다. 그야말로 공수래 공수거空手來 空手去인 것을.

외로움은 마음의 작용이 아닌가. 이 마음을 다스리는 데는 부처님의 가르침이 으뜸이라고 믿는다. 죽음도 두렵지 않아지는 나이에 '외로움' 쯤이야.

공자孔子의 인간유형론

사람의 자질은 천태만상이다. TV에서 보면 미취학의 꼬마가 농악에 심취하여 배우지도 않은 꽹과리를 즐겨 치는가 하면, 날 때부터 음계音階에 밝아 스스럼없이 작곡을 하는 꼬마도 있다.

이들 어린이는 어떤 사물을 배우지도 않고 저절로 익힌 경우이니 이런 어린이들을 어른들은 '천재天才'라고 부른다.

공자孔子의 인간유형론도 퍽 재미있다. 『논어論語』를 뒤적이다 보면 「계씨季氏」편에 이런 구절이 나온다. "인간에는 네 종류의 인간형이 있다. 1번 생이지지자生而知之者, 2번 학이지지자學而知之者, 3번 곤이학지자困而學之者, 4번 곤이불학지자困而不學之者이다. 태어나면서부터 아는 사람이 상급이고, 배워서 아는 사람이 그 다음이며, 곤란을 겪고 나서야 배우는 사람이 또 그 다음이다. 곤란을 겪고 나서도 배우지 않는 사람은 하급이다."

태어나면서부터 아는 사람은 이른바 '천재'이다. 예술 분야에서는 출생과 더불어 득도한 것처럼 보이는 사람이 더러 있다. 이들을 세상에선 천재라 부른다. 두 번째로 배워서 아는 사람은 어렸을 때부터 꾸준히 학문을 닦은 사람이다. 이런 사람은 의지가 중요하다. 세 번째로 곤란을 겪고 나서야 배우는 사람, 공자는 이런 경우를 가리켜 '곤困' 이라 했다. 아시다시피 곤이란 부족함, 난처함, 위태로움 등을 뜻한다. 목이 말라서 우물을 파는 자는 늘 한 발 늦는 것이다. 우물을 파는 동안 타는 목마름을 느껴야 하니까 말이다. 네 번째, 곤란을 겪고 나서도 배우지 않는 사람이 있다. 이런 사람은 참 구제불능이다.

이쯤에서 나는 어디에 속하는 지 대입시켜 본다. 나는 비록 태어나면서부터 도를 알지는 못하였으나 꾸준히 배우려고 힘썼다고 자부한다. 적어도 곤란을 한번 겪고 나서는 시행착오를 되풀이하지 않기 위해 노력했다고 생각한다. 그러니까 공자의 분류

대로라면 두 번째는 되는 셈이다.

두 번째와 세 번째 인간은 자의든 타의든 배우려는 사람들이니 가르침이 가능하다. 그러나 첫 번째와 네 번째는 가르칠 수 없다. 첫 번째는 태어나면서부터 아는 사람이니 가르칠 필요가 없고, 곤란을 겪고도 배우지 않는 네 번째는 가르칠 도리가 없는 것이다.

'가장 어리석은 사람'이 자신을 '가장 지혜로운 사람'이라 착각하고 변화를 거부할 때는 최악이다. 오늘날 우리 정치계에 '가장 어리석은 사람이 가장 지혜로운 사람'을 자처하고 변화를 거부하는 사람은 없는가?

연말 자선냄비의 감명

해마다 연말이 되면 거리에 구세군 자선냄비가 등장한다. 그리고 감동적인 소식이 매스컴을 통해 전해진다. 작년 이맘 때 자전거를 타고 왔던 수수한 차림의 60대 노신사가 예의 봉투를 하나 내밀고 갔는데 그 속에 또 거금 1억 원짜리 수표 한 장이 들어있었다는 것이다. 이 노신사는 벌써 4년째 같은 선행을 하고 있다는 소식이다.

정말 나로서는 흉내내기도 어려운 모습이다. 나도 불교를 익혀 '보시布施' 하면 적잖이 흉내 아닌 흉내를 내려고 노력은 한다. 장애인재단에 소액이나마 매달 헌금을 하고, 서울시 불우어린이돕기에도 관여한다. 그래봤자 솔직히 말해 '소액'이다. 한 노인이 구세군 냄비에 내는 희사금에 비하면 부끄러울 정도이다. 비단 나뿐만 아니라 우리 한국인들은 대체로 '기부寄附'에 인색하다. 자기 핏줄이다 싶으면 만금을 아까워하지 않지만 남에게는 오불관언이다. 가족 단위의 벽에 막혀 일반 사회에서는 철벽이다. 서구 선진국의 '노블리주 오블리제(높은 신분에 따르는 도덕상의 의무)'에 이르면 너나 할 것 없이 부끄러워진다.

그만한 돈을 희사할 사람이 많지 않은 사회지만 그럴만한 여유가 있는 사람이라 해도 그리 쉬 나서지 않는 것이 우리네 풍토가 아닌가. 미국이나 서구 선진국에서는 자주 일어나는 일이 우리나라에 와서는 희귀한 행태가 되고 있으니 딱하다. 정말 자괴감이 든다. 부끄럽다.

1934. 12. 20

1934년 12월 20일은 내 생일이다. 그리고 2014년 12월 20일에 나는 만 80세를 맞았다.

우리 속담에 "10년이면 강산도 변한다"고 했는데, 80년이 흘렀다. 79세를 맞기까지는 별다른 감회를 느끼지 못했는데 80세를 맞으니 생각이 많이 달라진다. 앞으로 살날이 정말 얼마 남지 않았다는 생각도 들고.

생일날에 "아! 이제 나도 노인이구나." 또 깨닫는다. 그러고 보니 허리, 어깨, 팔, 다리, 무릎 어느 한 곳 번갈아 안 아픈 데가 없다. 건강 교사들의 가르침에 따라 열심히 운동은 한다. 1주일에 3번은 산을 타고 중간에는 공원을 산책한다. 그렇게 해서 건강을 유지하는가 싶다가도 또 난데없이 아픈 데가 솟아나는 등 하루하루 일거수일투족이 여간 조심스럽지 않다.

집안 남자 어른들한테서 '노년의 생활', '노인이 되어서 주의해야 할 점' 등에 관해 배우지를 못했다. 아버지는 50을 못 넘기셨고, 세분 형님들도 모두 70을 못 넘겼으니까. 세월이 가면 저절로 알게 되겠거니 하다가 나도 나이를 많이 먹어버렸다. 요즘은 입맛도 변하고 밥의 양도 적어져서 "오늘은 뭘 먹지?" 망설일 때가 종종 있다.

아침마다 규칙적으로 보던 대변도 요즘에 와서는 변의便意를 못 느낄 때가 많다. 공원을 산책하는 등 운동을 하고나서야 변의가 느껴지기도 한다. 몸의 신진대사가 예전만큼 원활하지 않다는 뜻이 아닌가.

저녁에 잠자리에 들 때나 아침에 일어날 때 가벼운 준비운동을 게을리 하지 않는다. 일견 몸의 일부분이 이상하다 싶으면 얼른 동네 병원을 찾아 상담을 하는 등 건강에 신경을 쓰는 편이다. 자기 몸은 자기가 알아서 다스려야 한다는 게 나의 노년 생활 모토다. 나보다 나를, 내 몸을 더 잘 아는 사람은 없으니까.

나의 마음과 몸에 관한한 내 스스로가 가장 잘 아는 의사다. 식사며 운동이며 친구들과의 교제 등 무슨 일이든 내 자신이 스스로 판단을 하며 살아간다. 이것이 가장 지혜롭게 사는 지름길로 알고 있다.

다행히 불교를 익혀서 탐진치貪瞋痴 삼독심三毒心을 배제하고 인간이 정신생활을 원만히 해나가는 법 등을 부처님의 가르침대로 실천하여 스트레스를 덜 받는 것이 큰 도움이다. 남을 미워하지 않고 원망하지 않고 욕심을 내지 않는 등 매사에 스트레스를 받지 않도록 노력하고 이런 부처님의 가르침을 따르다보니 삶은 저절로 편안해진다.

만 80세가 되는 생일에 '축하 행사'를 어떻게 하는 것이 좋겠냐고 자식들이 물어와서 의논 끝에 차남 정훈의 집에서 모이기로 합의를 보았다. 차남의 널찍한 아파트에서 손자들과 함께 오찬을 즐겼고, '祝八旬'이라고 적힌 거금의 봉투도 받았다. 이만하면 '팔순 잔치'로 훌륭하지 않느냐 말이다.

4부

근심 걱정 덜 하는 법

근심 걱정을 덜 한다거나 번뇌 망상을 끊는다는 등의 말을 언필칭 되뇌곤 하지만 쉽고 쉬운 문제가 아니다. 불교에서는 번뇌 망상이 떠난 그 자리를 일러 '해탈'이요 '열반'이라 하지 않던가. 많은 수행승들도 이 문제를 풀려고 참선을 하고 용맹정진을 한다 해도 과언이 아니다.

내가 확신하는 한 가지는
신체가 아닌 마음의 평화가
치유의 척도라는 것이다.

조지 멜턴

생각을 단순화하라

근심 걱정을 덜 한다거나 번뇌 망상을 끊는다는 등의 말을 언필칭 되뇌곤 하지만 결코 쉬운 문제가 아니다. 불교에서는 번뇌 망상이 떠난 그 자리를 일러 '해탈'이요 '열반'이라 하지 않던가. 많은 수행승들도 이 문제를 풀려고 참선을 하고 용맹전진을 한다해도 과언이 아니다. 그만큼 신심信心과 수행이 뒷받침이 되지 않으면 도달하기가 어려운 자리임은 분명하다. 그러니 어쩌겠는가 어차피 불자로서 부처님을 믿고 극락왕생을 기원하는 이상, 닦아 나가야 할 길임은 분명하다 할 것이다.

어느 날 교직을 퇴직한 노 부부가 보증을 잘못 섰다가 퇴직금과 연금을 2억 가량 날리게 됐다며 "이 일을 어쩌면 좋겠느냐?"고 한 스님을 찾아와 호소했다. 스님은 "부처님이 가르친 두 가지 처방이 있긴 한데…"하며 이 부부에게 일러줬다.

첫 번째는 "그 돈은 부부가 전생에 빚진 돈이니 이제 갚았다고 생각하고 잊어버리라"는 것. 그런 뒤 두 번째 해결방법으로 "이건 다소 어려운 문제"라고 전제하면서 "그 돈은 본래 내 것이 아니며 조금 일찍 돌려준다고 생각하고 체념하라" 했다는 것이다.

두 가지 방법 모두 신심信心을 밑바탕에 깔지 않고는 쉽게 받아들이기 어려운 일임에는 분명하다. 그래도 이런 처방 말고는 달리 방도가 없으며 계속 속앓이를 해봤자 몸만 상할 뿐 아니겠는가.

이런 문제에 관해 범어사의 무비無比 큰스님은 자기가 개발한 처방이라며 '나지관법'을 내세운다. '나'는 '그렇게 됐구나'의 끝 글자, '지'는 '그렇겠지'의 끝 글자로 이 두 글자를 합해서 '나지관법'이라고 명명했다는 것이다.

범사를 이렇게 긍정적으로 해석해야지 "남은 안 그런데 왜 나에게만 이런 불행이 닥치는가"하는 식으로 낙담하고 분하게 생각하면 한이 없다는 요지였다. 법문을 들을 때는 그렇구나 싶다가도 막상 자신이 기가 막히는 일, 억울한 일을 당하면 이렇게 마음쓰기가 어려운 것이 우리네 보통 모습이 아닌가 싶다. 그래도 죽는 날까지 노력은 해봐야지. 우리 모두 근심 걱정 덜 하는 쪽으로 꾸준히 지혜를 쌓는 길밖엔 달리 방법이 없는 듯하다.

마음을 단순히 하면 그만큼 근심 걱정이 덜한 것은 사실이다. 그래서 '단세포'가 되라고 권유하는 스님도 있다. 생각을 단순화하라는 뜻. 이 점은 출가한 스님들이 비교적 '단세포'의 사고를 가진 사람이 많다는 것으로 설명이 될 수도 있겠다.

만연도방하 상념관세음 萬緣都放下 常念觀世音

또 새해가 밝았다. 다들 새해에는 복많이 받고 건강하게 살자며 덕담 인사를 나누곤 한다. 특히 올해는 온 세계 경제불황의 여파로 개개인의 형편이 몹시 어려울 것으로 여겨진다. 이럴 때 '부처님의 가피로 근심 걱정을 덜 하는 방법이 없을까' 하는 생각이 문득 난다. 근심 걱정은 만병의 근원이요, 이로 인한 스트레스가 모두 신환身患이 됨을 생각할 때, 이는 여간 중요한 문제가 아니다.

그래서 본인이 터득한 불교적인 방편이 하나 있다. 다름이 아니라 아침저녁으로 짬을 내어 '관세음보살' 염불을 하며 이런 저런 모든 일을 부처님 뜻대로 하시기를 미뤄 기도하는 것이다. 불자들은 평소 '불생불멸'을 되뇌며 죽음도 두려워하지 않는 신심信心을 가지려고 노력하지 않는가. 하물며 살아서 일어나는 사소한 그리고 미래에 닥칠지 안 닥칠지도 모르는 일을 미리 '잘못되면 어떡하나' 하고 근심 걱정을 떨치지 못하는 것은 불자답지 않다는 것이다.

평소 해탈을 하려고 기도하는 마당에 정토에 태어나려고 기도하는 마당에 이 세간의 일, 그것도 미래에 닥칠지도 모르는 일에 노심초사 하는 것은 불자의 정견正見은 아니라고 확신한다. 요컨대 '오늘'을 성실히 '지혜롭게 사람답게' 살면 그것으로 족하지 않나 하는 생각이다. 아무쪼록 부처님을 단단히 믿고 기도하며 조심조심 새해를 살아가는 불자가 되기를 간절히 바란다.

어느 경전에서인가 "만연도방하 상념관세음萬緣都放下 常念觀世音"이라는 가르침을 배워 지금까지 정성껏 시간이 날 때마다 실천하고 있다. 이 글의 참뜻은 "이것저것 자꾸 괴로운 인생살이 생각만 하지 말고, 과거에 지었던 오만가지 인연일랑 가급적이면 놓아버리고, 근심 걱정이 머리를 감쌀 때마다 오직 '관세음보살'만 염하는 자세로 살라"는 가르침으로 안다.

"그렇지요. 이런 저런 세간의 인연을 되도록 놓아버리면 번뇌의 범위는 한결 좁아질 것입니다. 안 그렇습니까?" 경전의 가르침대로 큰 스님의 가르침대로 '만연도방하 상념관세음' 하고 살련다.

현재만을 생각하라

문득 영감靈感이 떠올라서 우리의 삶 가운데 가장 큰 관심거리의 하나인 '근심 걱정 덜 하기'를 다시 한 번 조명해볼까 한다. 이후에 쓰는 글과 그 내용은 모두 여천 무비無比 큰스님의 가르침을 따른 것이며 이것이 '고급불교'이자 '정도正道'라고 생각되어 그 요지를 펴보고자 하는 것이다.

무비 큰스님은 입버릇처럼 "자신은 아직 깨닫지 못했다"고 하나, 내가 보기엔 벌써 깨달은 분임이 분명하다. 그렇지 않고서야 '한국불교가 바로 나아갈 길' 또는 '한국불교 속의 거품' 등에 대해 거침없이 설파할 수가 있겠는가? 그래서 무비스님의 가르침에 따라 얘기를 풀어보고자 하는 것이다.

근심 걱정을 덜하는 데는 삼세三世 가운데 오직 '현재', '지금 현재' 만을 생각하는 것이 요체라고 가르친다. 삼세 중에서 '과거'는 이미 지나갔고 '미래'는 아직 닥쳐오지 않았으므로 오로지 '현재' 만을 생각하면 '가슴 아픈 후회'니 '미래에의 불안'이니 하는 것은 저절로 사라질 것이라는 얘기다. 우리가 느끼는 번뇌의 상당 부분이 따지고 보면 "과거에 내가 이렇게 했으면 좋았을 것을…" 하는 따위의 회한에서 출발하여 '막연한 미래'로까지 이어진다. 그러니 이런 쓸데없는 번뇌는 놓아버리라는 것이다. 이것만 되면 누구나 번뇌 망상의 절반 이상은 사라질 것이다.

그리고 '미래'는 아직 닥쳐오지 않은 내일을 말하는 것이니 굳이 서둘러 걱정할 일은 아니라는 것이다. 그러면서 무비스님은 "불교 믿는 것을 무슨 복을 많이 받으려는 데 두지 말고, 무슨 신통을 구하려는 따위에 두지 말고, 오직 사람답게 사는 데 지혜롭게 사는 데 두라"고 누누이 강조한다. 심지어는 "극락 가본 사람 있습니까? 지옥이 어디 있는지 아십니까?" 지장경에 보면 동쪽을 한참 가서 무슨 산을 지나면 18가지 지옥이 있다고 되어있다. 그런데 이런 것은 불자의 근기에 따라 설파되는 방편에 불과하다는 것이다.

무비스님은 심지어 '49재', '예수재'니 '어디에 우담바라 꽃이 피었다'느니 하는 것도 한갓 방편으로, 더 심하게 말하면 근기 낮은 불자들을 유혹하는 수단쯤으로 치부한다. 답답하게 이런 설법을 하면서도 "기복祈福을 강조하면 사람들이 많이 모이고 '장사'는 잘 되던데요 뭐." 하고 웃는다. 나는 오늘날 한국불교에 '무비' 같은 큰스님이 계시는 것을 퍽 다행스럽게 생각한다.

무비스님은 이런 말도 한다. 평소에 근심 걱정을 가급적 떨쳐버리고 '사람답게' '지혜롭게' 살면 모든 일이 잘 풀리게 된다는 것이다. 그렇게 살다가 죽어서 극락이 있으면 당연히 거기에 가게 될 것이라는 말씀이다. 무비스님은 평소 누누이 '현재'를 지혜롭게 사람답게 살라고 강조한다. 이것이 불경 몇 줄 더 읽는 것보다 몇 백배 더 복받는 일이라고 가르친다. "어떤가?" 무비스님의 가르침이 백분의 일만큼이라도 전달되었는지 모르겠다. 나무 관세음 보살.

등산은 번뇌와 망상을 놓는 길

나는 그간의 불교 공부를 통해 내 나름의 '근심 걱정 덜 하는 법'을 터득했다고 생각한다. 그 가운데서도 근자에 내가 확신하게 된 첩경은 '산을 통해서'이다. 등산하자고 집에서 나설 때는 잘 몰라도 산길에 첫발을 내디디면 어느새 잡다한 세상사, 번뇌, 망상 따위는 온데간데 없다. 아니 없어진 사실조차 못 느낀다. 오로지 산길을 따라 한 걸음 두 걸음 걷는 것이 생각의 전부가 된다. 참 신기하지? 다른 산행 친구들에게 물어도 이 점은 대충 공감한다.

요즘 나는 이것을 10년 가까운 산행을 통해 확실히 체득했다. 그리고 또 한 가지 명심할 것은 '건강을 위해 산행을 한다'는 산행의 목적이 '작위적'이지 않다는 점이다. 나는 별 생각이 없어도 평소의 내 마음과는 다른 또 하나의 마음이 "산에 가자"고 재근하는 것 같다. 분명히 이것은 '부작위不作爲'라고 나는 말하고 싶다. "어제 산행을 했으니까 다음엔 언제 산행을 하고…" 하는 식의 작위가 전혀 끼어들지 않고 있는 점이 신기하다.

그리고 산행으로 얻은 기분을 중심으로 매사에 '긍정적으로' 그리고 '좋게' 해석하는 습성이 나도 모르게 생겨났다 할까. 정년퇴직을 하고 집에서 TV를 보다가 컴퓨터를 뒤적이다가 그래도 무료해서 산에 가는 것은 결코 아니다. 일부러 작정한 '산행'은 아니로되 이것을 능가할 삶의 가치는 오늘 나에게는 없다. 아마 내일도 그럴 것이다. 물론 내심으로는 "죽는 날 죽더라도 사는 날까지는 건강하게 살았으면…" 하는 노인의 기본적 욕구가 늘 잠재해 있음을 부정하지는 않는다. 하지만 따지고 보면 이것은 개인의 '욕심'에 가깝다. 이 욕심 이전에 '산행하자'는 또 다른 마음이 분명 작용하고 있는 것 같아 신기하다. 누가 뭐래도 나는 요즘처럼 '검소하게' 그리고 '건강하게' 살다가 갔으면 한다. 그리고 이산怡山 혜연선사慧然禪師의 발원처럼 "이 다음에도 불심이 두터운 가정에 태어나서 불도를 한껏 닦을 수 있게 되기를" 간절히 염원해 본다.

관세음보살의 첫 계시啓示

나는 재가 불자佛子이다. 모태신앙으로 불교와 인연을 맺어왔는데 불교 공부를 본격적으로 하기 시작한 것은 정년퇴직한 후 60대 중반 이후이다. 경전을 보고, 불교 관련 TV방송을 열심히 보고 듣고, 범어사 무비無比스님의 인터넷카페 '염화실' 회원으로 가입하여 경전해설과 법문 등을 익히고부터 비로소 불교 공부에 눈을 뜨게 되었다. 그런데 최근에 '번뇌 망상 덜 하는 법' 이랄까 '중생이 어떻게 하면 번뇌 망상을 여의고 살 수 있을까?' 에 관해 깊은 관심을 갖게 되었다.

각자 지난날 골치를 썩인 근심과 걱정 대여섯 가지를 한번 떠올려 보기 바란다. 대체로 본인이 애태우고 노심초사했던 것과는 상관없이 그 근심이 이미 사라진 사실을 알 수가 있을 것이다. "무소식이 희소식"이라는 옛 속담을 곱씹어 볼만하다. 소식이 없으면 "잘 있겠거니…" 하고 근심하지 않는 것이 상책이라는 말이 아닌가.

내가 지난 가을에 겪은 실화 한 토막을 소개하련다. 어떤 일로 은행에 집을 담보로 2억 원 가까운 돈을 융자 받은 적이 있다. 물론 피치 못할 사정이 있긴 했으나 만약 잘못 되면 어쩌나 싶어 밤에 잠이 안 올 지경이었다. 온종일 이 일로 고민하던 어느 날 밤 꿈에 흰 옷을 입은 도사(관세음보살의 화신인 듯)가 나타나 "무슨 일로 그렇게 잠을 못 잘 정도인가?" 하고 물어왔다. 그때 나는 침대 앞에 서있는 도사에게 솔직히 자초지종을 이야기하였고 도사가 "그럼, 걱정을 해서 어느 정도 해결될 가망이 있느냐?"고 되물었고 나는 "그럴 가능성은 거의 없다"고 대답했다. 그랬더니 그 도사가 "앞으로 무슨 걱정으로 잠이 안 올 때는 '관세음보살'의 명호를 계속 외우라"고 일러준 뒤 사라졌다. 이런 현몽現夢이 있은 며칠 뒤 일이 잘 풀려 담보로 잡혔던 집 문제도 무사히 해결된 '가피可被'의 경험을 갖고 있다.

최근에는 '유식唯識 30송'을 조금 공부하게 되어 마음자리를 간결히 하면 할수록 근심 걱정을 덜고, 보살의 경지와 가깝게 된다는 사실을 배웠다.

쓸데없는 지난날의 '반연絆緣' 따위는 과감히 끊어버리라고 부처님은 가르친다. 이것이 번뇌를 끊는 지름길이라는 것이다.

무주無住, 하심下心, 방하착放下着

대학을 나온 후 나는 근 40년을 언론계에서 외골수로 세월을 보냈다. 지금 생각하면 무척 다행스럽기도 하다. 그런데 당시에 나는 대목대목 험한 가시밭길로 여겨질 때가 적지 않았다. 신문사는 처음에 견습기자로 들어가서 세월이 흐르면 차장 대우, 차장, 그리고 능력을 인정받으면 부장, 부국장, 국장, 그러다가 편집국을 떠나 논설위원실로 가면 논설위원, 논설위원실장, 더 잘되면 주필 등의 직함을 받으며 세월을 보낸다.

물론 이렇게 시간이 흐르는 동안 세상일에 대한 철저한 시시비비是是非非가 원칙이다. 과거 신문은 지금처럼 보수 대 진보로 나눠지지는 않았다. 모두가 원칙적으로는 정권에 대한 감시와 비판을 주 임무로 했다.(군사 독재의 암울한 시기를 제외하고는…) 하지만 이상의 이야기는 '신문쟁이로서의 삶의 대원칙'을 얘기한 것일 뿐 그간의 애로사항과 고초는 이루 말로 다 할 수가 없다.

한번은 여름휴가를 갔다가 돌아오니 내 의자가 어디론가 치워지고 없었다. 급사 아이에게 물어보니 손가락으로 "저기…"라고 가리킨다. 순간 젊은 혈기에 울화가 치밀었고 당장 사표를 낼 각오로 한바탕 분풀이를 하고 싶은 생각을 참을 수가 없었다. 그래서 대낮부터 술을 먹고 울분을 토한 기억이 난다. 그래도 종내는 참았다. "나는 더 출세出世를 해야 하고 아이들을 위해 좀 더 가장家長의 자리를 굳건히 지켜야 한다"며.

간밤에는 이런 따위의 '괴로운 꿈'이 연이어져 제대로 잠을 이루지 못했다. 이 얼마나 괴로운 시간이요 세월이었던가. 꿈을 깨고 나니 그렇게 홀가분할 수가 없다. 지금 생각하면 정말 아찔하고 지겹기까지 하다. 나에게 그 무엇이 그런 쓰라린 대목에서 인내심을 발휘하게 했는지 가늠하기가 어렵다. 그저 망상을 헤맨 세월이 아닌가. 좀 더 슬기롭게 넘길 수 있는 길을 까맣게 모르고 방황을 한 것만 같다.

은퇴 후 불경佛經 공부를 하고 있는데 경을 읽다보면 '무주無住', '하심下心', '방하착放下着' 같은 낱말이 눈에 띈다. 금강경金剛經의 '응무소주 이생기심應無所住 而生起心' 같은 사구계四句偈가 그 대표적인 예라 할 것이다. 별로 대단치도 않은 일에 목을 매고 '집착', '애착'하며 허둥댄 적이 어디 한두 번이던가? 뭘 얻겠다고 집착하지 말고 '놓아버리면' 간단한 것을. 이것이 무주 하심 방하착無住 下心 放下着 일진대 이런 간단한 부처님의 가르침을 모르고 울며불며 억세게 반발하고 괴로워한 세월이 정말 부끄럽게 느껴진다.

현실을 어떻게 긍정할까

몇 년 전 입적한 법정스님의 추모 법문을 들으면서 '아! 그렇게도 생각할 수 있구나' 하고 감명 깊게 들은 부분이 있어서 공유해 보련다.

스님은 몇 년 동안 폐암으로 고생을 하셨다고 한다. 그래서 강원도 움막 산사에서 한밤중에 기침이 심해 잠을 깨면 "부처님이 나에게 '이 적막한 밤의 고요'를 요모조모 느껴보라고 가르치는구나!"하고 생각을 해보았다는 것이다. 여기서 화두는 어떻게 기침으로 잠을 깨서는 이토록 현실을 긍정적으로 받아들이냐? 하는 점이다. 보통 사람이면 "내가 무슨 죄를 많이 지었길래 이런 병마를 안겨주는가?" 혹은 "내가 살면서 남에게 그리 잘못한 것이 없는데" 하면서 세상을 원망하고 근심과 공포, 회한에 잠기게 마련이다. 그런데 밤중의 기침마저 '있을 법한 일'로 혹은 '뭔가 가르쳐 주는 일'로 받아들이다니, 이런 정도의 현실 긍정이야말로 일반 사람들의 마음 씀씀이에 큰 가르침을 주고 있지 않나 싶다.

또 하나, 세차게 밀어닥치는 홍수와 같은 물사태를 보고 "물보살님이 노하셨구나" 하고 받아들인다는 것이다. 평소 사람들이 물의 중요성을 가벼이 여기고 함부로 쓰고 오염시키는 점에 대해 물 보살이 인간에게 경고의 가르침을 주고 있다고 본다는 것이다.

사람들은 흔히 "매사를 긍정적으로 보라. 그러면 근심 걱정이 한결 덜 할 것"이라고 쉽게 말한다. 그렇게만 생각이 들면야 근심 걱정 할 일이 별로 없을 것이다. 하지만 말대로 그렇게 쉬운 일은 아니다. 그런데 스님은 무엇이든지 아무리 고통스러운 일이든지 이 모두를 있는 그대로 "그러려니" 하고 받아들였다니, 확실히 보통 사람이 할 수 있는 일 같지는 않다. 그래서 더더욱 '정말 한 수 배우자'는 간절한 마음에서 이 현실 긍정의 발상을 글로 옮겨 보는 것이다. 평소 매사에 이런 식으로 생각하며 살기를 발원하면서.

더 이상 필요한 것은 없다

어느 날 '나의 현재'를 돌이켜보면서 '더 이상 나에게 필요한 것은 없다'는 생각이 문득 떠올랐다. 물론 이것은 내가 무슨 대단한 도인이 되어서가 아니라 10여 년간 불교를 공부해 오면서 불자가 버려야 할 '탐진치 삼독심貪瞋痴 三毒心' 가운데 하나인 탐심에 관해서 어느 정도 벗어날 수 있게 되었다는 이야기이기도 하다.

하지만 아직은 갈 길이 멀다. 삼독심 가운데 '어리석은 마음痴心'은 어느 정도 극복했다고 자부하나 '성내는 마음瞋心'에 관해서는 지금도 자신이 없다. 남이 엉뚱한 말로 나를 모함하거나 인격적인 모욕을 해오면 참기가 어려우니까 말이다. 그런데 일반적으론 탐심에서 벗어나기도 쉽지는 않은 법이다. 다행히 나는 이 모퉁이에서는 살짝 비켜서 있지 않나 하는 생각을 감히 해보는 것이다.

탐심 하나만 비켜가도 번뇌를 털어버리는 데 상당히 기여하게 된다. 세상 사람들이 이 탐심 하나 때문에 사기詐欺를 치고 부정을 저질러서 쇠고랑을 차고 남의 눈에 피눈물이 나게 하고, 얼마나 사람답지 않은 짓들을 많이 저지르는가. 날마다 TV에는 이 탐심으로 말미암아 패가망신하는 사례가 널려 있다.

'만연도방하 상념관세음萬緣都放下 常念觀世音'- 관음경에 보면 숱한 번뇌로 머리가 어지럽고 견디기가 어려우면 "지난날의 갖가지 인연을 다 내려놓고 노상 '관세음보살'을 염하라"는 글귀가 나온다. 어차피 자기가 근심하고 걱정해서 해결될 일이 아니면 잡다하게 머리를 굴리지 말고 제반 인연의 고리에서 벗어나도록 노력하라고 부처님은 가르치고 있다.

요컨대 현실을 있는 그대로 긍정하고 받아들이는 노력만 해도 탐심에서 어지간히 벗어날 수가 있다는 것이다. 이것은 전적으로 내가 부처님의 가르침에 의지하여 터득한 지혜라고 믿고 싶다. 이것이 나의 여생을 아주 편하게 해주는 방편도 될 것이기 때문이다.

과거를 생각마세요

흘러간 우리 가요에 〈과거를 묻지 마세요〉라는 제목의 노래가 있다. 이 노래 가사의 뜻은 '내가 살아온 과거를 캐물으면 괴로우니까 묻지 말아 달라'는 게 요지이다.

이것도 번뇌를 잊는 한 방법은 될 것이다. 그러나 상대방을 향한 한 가닥 당부일 뿐 통째로 번뇌를 삼제하는 방책은 못된다.

진실로 번뇌를 잊으려면 "먼저 자신의 과거를 떠올리지 말라"고 부처님은 가르친다. '과거'는 이미 지나갔으니까 생각해 보았자 이고 '미래'는 아직 다가오지 않았으니까 미리 걱정할 필요가 없고 '오직 현재'만 생각하라는 가르침이 그것이다.

옛날 중국의 고승 덕산德山선사의 일화 한 토막을 소개할까 한다. 어느 날 덕산스님이 남녘에 '용담龍潭'이라는 선승의 명성이 높다는 말을 듣고, 자기가 평소 즐겨 공부하던 '전공과목'인 금강경 봇짐을 잔뜩 지고 길을 나섰다. 그런데 산길 도중에 허기가 져서 뭘 좀 먹을까 하고 두리번거리던 참에 떡장수 할머니를 만났다.

이 할머니가 덕산에게 물었다. 불경에 "과거심 불가득 현재심 불가득 미래심 불가득過去心 不可得 現在心 不可得 未來心 不可得'이라는 말이 있다는데, 이 말의 뜻을 좀 일러주시오. 대답을 잘하면 떡을 공짜로 줄 것이로되, 잘못하면 스님에겐 떡을 팔지도 않겠소."라고 선수를 쳤다. 얼떨결에 덕산스님은 이 구절을 제대로 설명을 못했고 결국 떡을 사 먹지 못했다고 한다.

위의 말은 과거심은 이미 지나간 것이니 생각할 것 없고, 미래심은 아직 다가오지 않았으니 이러쿵저러쿵 잡념을 일으킬 것 없고, 오직 현재만을 생각하라는 뜻으로 요약된다. 요컨대 번뇌 망상을 없애는 데는 공연히 과거심 미래심 따위를 생각할 필요가 없다는 가르침이다.

누구나 과거를 생각하면 회한悔恨, 분노, 애증愛憎 등의 번뇌 잡념이 고개를 든다. 이런 망념이 앞날에 무슨 도움이 될까. 도리어 어지러운 망상을 일으켜 마음이 산란해지기 십상이다. 그럴 이유가 없다고 경전은 가르친다. "과거를 생각마세요" 이 한 마디 가르침이 괴로운 마음을 크게 떨쳐낸다.

하필 내가 왜?

병원에서 암 진단을 받은 환자에게 인터뷰 하는 장면을 보면 대개는 "하필 내가 왜" 하고 말을 꺼내는 경우가 많다. 이 말에 이어 "나는 다른 사람에게 죄를 짓지도 않았는데 왜 이런 몹쓸 병이 나에게" 하고 괴로워한다. 이런 말, 이런 생각의 바탕에는 대체로 "나에게는 불행이 있을 수 없고, 아이들도 재능이 특별하며, 무엇이든 나는 남과는 다르다"는 '아상我相'이 깊이 박혀있다.

불교에서 초심자들에게 제일 먼저 가르치는 것이 바로 사상四相-아상我相, 인상人相, 중생상衆生相, 수자상壽者相을 버리라는 것이다.

이 사상 가운데서도 첫 번째인 아상我相이 가장 문제이다. 아만我慢, 아집我執 등의 사고思考가 모두 이 아상에 속한다는 것이다. '내가 누군데…'라고 늘 생각하다 보면 평소에도 남을 깔보기 일쑤다. "이 아상을 고치라"고 법사들은 노래를 부르다시피 한다. 평소에 '내가 으뜸이고 제일'이라고 자만심을 세우면 남이 잘 되고 잘 사는 것을 못 보고 시기하게 된다. 그러면 자연히 사교社交에도 뒤떨어지고 외톨이가 되어 종내는 "나는 왜 이런가?"하고 혼자 번민하고 끙끙 앓게 된다는 것이다. 병원에서 암 진단을 받는 것은 누구에게나 일어날 수 있는 일이며, 결코 자기만의 불행은 아닌 것이다.

매사에 내가 제일이라는 생각은 참으로 금물이다. 나와 남을 구별하는 인상人相을 그래서 경계하는 것이다. 온갖 번뇌 망상이 여기에서 움트기 때문이다. 평소에 내가 남보다 잘난 것이 없다는 생각을 마음속에 깔고 있으면 시기나 질투 등 사촌이 논을 샀다고 배 아파할 이유가 없는 것이다. "왜 하필 나에게…" 하는 생각을 버리자. 그러면 매사가 한결 부드러워지고 편해진다. 남과 더불어 잘 지낼 수 있게 된다. 이것이 부처님의 기초적인 가르침이다.

두 번째 계시啓示 - 덤 인생

"새해(갑오년)부터의 삶은 '덤'이라…" 정월 초하룻날 아침에 잠을 깨어 일어나기 직전, 비몽사몽간에 흰 도복을 입은 신선(관세음보살의 화현인 듯)이 나타나 "새해부터 자네는 '덤 인생'을 사는 것이니 그리 알고 매사에 처신하라"고 엄히 당부하고 사라졌다. 그 순간 나는 의식이 멍하여 옳게 받아들이지를 못했다. 그리고 아침을 먹은 후 곰곰 생각하니 분명 관세음보살이 화현으로 나타나 나에게 '앞으로의 생애를 어떻게 살라'고 준엄히 가르치는 계고임을 깨달았다.

'덤'으로 인생을 살면 우선 부족한 것이 없고 성낼 일이 없고 섭섭한 것이 없고 '매사를 가히 편안 일색'으로 살아도 되는 생애가 아니겠는가. 현실의 정치, 경제, 사회, 문화, 그리고 가족관계, 오욕락五慾樂, 이 모든 영역을 초월해도 되니까 말이다.

나는 지난 해 후반에 자질구레한 병치레를 많이 겪었다. 백내장 수술로 근 2개월간 고초를 겪었고 연이어 오른쪽 어깨와 팔 통증을 겪었다.(재활의학의원에서 엑스레이를 찍어보더니 '목디스크 초기'라고 진단) 이 통증으로 약 40일을 고생했다. 그 사이에는 또 산행을 하던 중 넘어져서 타박상, 귀에 이물질이 들어간 질환, 치주염 등 평소에 앓지 않던 여러 잔병을 연거푸 겪어 심란하던 터였다.

나는 이런 일련의 잔병치레를 스스로 "아홉수(滿으로 79세가 되는 해)여서 그러려니…"하고 자위했다. 이런저런 잔병을 겪은 후 말끔해진 상태에서 맞는 새해는 나 자신에게도 새로운 힘을 주는 한 해가 될 것이 틀림없다 여겼다. 그런데 새해 아침잠에서 깨려는 순간 그런 계시를 받았으니 철저히 '덤 인생'으로 알고 살아가기를 결심할 수밖에.

우선 '나' 자신과 나의 여생만을 생각하면 되니 마음이 홀가분하고 가벼워서 정말 좋다. 그리고 이 사실을 스스로 망각할까봐 증인을 세울 겸해서 나의 절친한 친구 안승두 군에게 전화로 술회했다.(만약 내가 서툰 짓을 하고 '덤 인생'이라는 사실을 잊어버릴 것에 대비해서)

'덤 인생'은 내가 이 나이를 먹는 동안 들어본 적이 없는 말이다. 그러나 관세음보살의 준엄한 계시를 지켜 앞으로 몇 해가 됐건 남은 수명이 다할 때까지 꼭 그렇게 살아볼 작정이다.

세 번째 계시啓示 - 가피可被

최근에 나는 부처님의 또 다른 '계시'로 생각되는 가피를 체험하였기에 이 글을 쓴다.

노인은 나이가 팔십을 넘기면 가히 안 아픈 데가 없다시피 골골한다. 내가 최근에 체험한 노환은 어깨와 팔이 아프고 저린 통증이었다. 재활의학과에 갔더니 "노인성 질환으로 흔히 있는 것"이라며 물리치료를 하고 약을 처방해 주었다.

병원에서 시키는 대로 하자 그럭저럭 보름 만에 통증은 나았다. 그러다가 또 도져서 병원에 갔더니 "노인성, 퇴행성 질환은 잘 완치되지 않으므로 적절히 운동을 하고 조심하는 수밖에 없다"고 일러주었다. 그러면서 처방해주는 약은 일종의 진통제로, 4일분을 지어주면서 "5시간 만에 한 봉씩 먹되 안 아프면 안 먹어도 된다"고 했다. 어깨와 팔 저림 증세가 어느 정도 호전되어 약이 조금 남아 있었는데 이번에는 오른쪽 허벅지 뒤가 주사바늘로 찌르는 듯한 통증이 나타나 밤에는 잠을 못 이룰 정도였다. 내일은 아침 일찍 병원에 가야지 하고 이리저리 뒤척하는 사이에 예例의 도사(관세음보살의 화신인 듯)가 다시 꿈에 나타나 "지금 가지고 있는 진통제를 먹어보라"고 했다. "그렇다" 싶어 약을 찾으니 6봉지가 남아 있었다. 그 중 한 봉지를 꺼내 먹었더니 허벅지 통증이 점차 사라지는 게 아닌가.

나는 이 흰 도복 입은 도사로부터 이미 '덤 인생'이라는 계시를 받은 바 있어 요즘 '덤 인생'으로 살아가는 처세와 인생관에

골몰하고 있다. 그런데 이 도사는 이번에 세 번째로 나타났다 사라지면서 '덤 인생'에 관한 충고도 잊지 않는 것이다.

"덤 인생이란 제백사除百事하고 자신의 건강만을 위하며 살되 여생의 모든 일은 원한다고 해서 다 되는 것이 아니요 원하지 않는다고 해서 안 되는 것도 아니니라." 그리고 엄중히 말하기를 "앞으로의 일은 그대가 지은 업業에 따라 분별될 것이니 덤 인생 동안 아침저녁으로 예불이나 열심히 하라."고 당부하는 것이다. 나는 이 당부를 충실히 이행하여 앞으로 몇 해를 더 살던 '덤 인생' 동안 무엇이든 현실 그대로 나타나는 모든 것을 수용하고 마음 편히 살 생각임을 다시 한 번 다짐한다.

사람다운 사람이 모여 사는 곳

당대의 대법사 무비無比스님은 법문할 때 "사람다운 사람 지혜로운 사람이 되라"고 가르친다. 처음에는 "이게 뭐 그리 중요한가?" 싶었는데 요즘에 와선 마음속 깊이 와 닿는다. '사람다운 사람'이란 첫째, 늘 하심下心을 하고 나보다 남을 먼저 배려하는 사람, 둘째는 무슨 일이든 남에게 폐해를 주지 않는 사람을 일컫는 것으로 여겨진다. 이런 사람들이 모여 사는 곳은 없을까?

나는 나이가 팔십이 넘어서부터는 '사는 동안 건강하게 살다가 생을 마감하는 것'이 가장 큰 소망이었다. 그런데 요즘에 와선 이것이 '사람다운 사람이 모여 사는 곳'에 가는 것으로 바뀌었다. 그러다보니 불교에서 가르치는 육도윤회六道輪廻 가운데 '천상天上'이 바로 그곳이 아닌가 생각된다.

불교 신자라면 누구나 아미타불이 관장하는 '서방정토 극락세계'가 소망이겠으나, 나 정도의 신심信心으로는 감히 바라기가 어렵고 하여 일단 천상에 태어나기를 소망하며 신심을 닦고 매일 같이 기도를 드리고 있다. 이유는 있다. 최근에 세상이 너무 썩은 것을 절감하고 보니 이 '남섬부주(南贍部洲, 불교에서는 우리가 살고 있는 이 사바세계를 가리킴)'에 다시 태어나 살기는 싫다. 보라! 당장 우리가 살고 있는 세상의 이 모습 저 모습을. 정치, 경제, 교육, 종교 할 것 없이 안 썩은 곳이 없다. 돈으로 안 되는 일이 있나? 부징부패가 가히 극에 달했다. 국회의원이라는 작자들은 양심을 저버린 지 오래다. 군대도 썩었다. 1200억 원을 들여 건조한 구축함이 못 쓰는 배라고 하지 않던가. 우리 사회 어느 한 곳도 맑은 곳이 없다. 일반 국민들도 그렇다. 조금이라도 자기에게 유리한 일이면 물불을 가리지 않는다.

얼마 전 영화배우 김부선씨가 고발한 중앙난방제 아파트의 부정도 드러났다. 나는 이런 세상이 정말 싫어졌다. '사람다운 사람들'이 모여 사는 곳이 없는가? 곰곰 생각하니 부처님이 가르치는 '천상天上' 밖에는 없는 듯하다. 육도윤회의 우두머리 자리인 '천상'은 욕계欲界, 색계色界, 무색계無色界를 합쳐 삼십삼천三十三天 나머지 생애 동안 잘 수행하고 바르게 살면 이중 한 곳에는 가게 되지 않을까 싶다.

오늘 우리가 살고 있는 세상을 보라. 매일 같이 갖가지 부정부패 투성이다. 인간이 저토록 간악할 수가 있을까 싶을 정도이다. 이 염부제閻浮提가 지겹다.

"부처님! 남은 생애동안 열심히 신심信心을 기르고 참다운 불자로 살기를 맹세합니다. 이 다음 생에는 부디 천상에 태어나기를 기원하며 간절히 기도드립니다. 나무 관세음 보살! 나무 관세음 보살! 나무 관세음 보살!"

5부

나의 회고담

나는 거실 벽에 걸어둔 가족사진을 볼 때마다 이것이 한 시절 행복했냐는 물증이구나 싶기도 하다. 가족사진에는 절대로 괴로움이나 회한이 앉아 있을 자리가 없나보다.
한 가족을 최대한 평화롭게 담아내는 게 가족사진의 임무 같다. 사람은 늙어가도 가족사진은 늙지 않는다.

누가 바람을 보았는가?
너도 나도 못 보았다.
그러나 매달려 있는 나뭇잎이 흔들릴 때
바람은 지나간다.

윌리엄 워즈워드

올챙이 기자시절의 비망록

대한언론인회 편집실장으로부터 '기자시절의 취재 비망록'을 써달라는 청탁을 받았다. 하지만 취재 쪽에서는 그럴듯하게 내세울만한 소재가 생각나지 않아 올챙이 기자시절의 생활을 돌이켜본다.

나는 1960년대 초에 올챙이 기자로서 감히 넘나들 수 없는 '국방부 출입' 명을 받았다.(선배 대기자들의 다툼 끝에 생긴 어부지리) 경찰서 출입반 하던 나에겐 그야말로 '별천지'였다. 당장 출입기자 앞으로 '종기(종군기자)' 넘버의 군용 지프차가 자가용으로 나왔다. 하지만 당시의 기자실 단장 J일보 B기자가 "올챙이 기자는 본인의 지시 없이는 종기차를 못 탄다"고 엄명(?)을 내려, 나를 비롯한 몇몇 초짜 기자는 종기차를 못탔다. 그리고 연말이다가와 일선 국군부대의 전투태세를 돌아보는 연말특집 취재를 가게 됐다. 국방부 보도과에 "연말 전방 취재를 하러 가겠다"고 말하자 제반 편의를 봐주며 "몇 날 몇 시까지 어느 군용비행장으로 나오라"고 했다. 사진부 기자와 함께 약속한 날 그 곳으로 가니 L19 경비행기가 대기하고 있었다. 비행기가 동부전선 OO기지에 이르렀을 때 비행장 한 모퉁이에선 의장대가 열심히 사열준비를 하고 있었다. "오늘 높은 양반이 이곳에 오는가 보다"고 생각하며 비행기를 내리니 그 의장대가 바로 나를 맞이하는 것이었다. 올챙이 기자에겐 "이 얼마나 가슴 뿌듯한(?) 일인가". 당시 그 곳에는 사단장 Y소장이 있었는데 내가 사단장실로 안내를 받아가자 사단장은 때마침 들른 미 군사고문관에게 사단 내의 상황을 브리핑하던 중이었다. "our soldier's moral is very high…"하며 한국식 영어로 한참 브리핑을 하던 장면이 지금도 눈에 선하다. (당시의 이곳 사단장은 5.16 군사 쿠데타 후 최고회의 모 분과위원장을 맡기도 했다.) 이쯤 되면 그 뒤의 예우는 불문가지. 앉아서 부대공보장교가 마련해주는 보도자료 등을 받아놓고 그날 밤은 푹 쉬기만 하면 '출장취재 끝'. 이 얼마나 호랑이 담배 피던 시절의 얘긴가.

또 다른 이야기를 하면, 이것은 당시 어느 부처 할 것 없이 기자실의 공통된 치부에 속하지만 속죄하는 뜻으로 밝혀야겠다. 국방부 기자실 총회 때의 일이었다. 그 당시는 '총회'라면 응당 관계되는 곳에서 기자실 후원금을 보내오고 이것을 회원끼리

나눠 갖는 것이 관례였다. 그런데 이 총회 날 정복을 입은 한 고급장교가 기자실 한 구석에 계속 앉아 있는 게 아닌가. 무슨 연고가 있나 해서 물어보니 자기는 사단장의 명을 받아 기자실 총회에 사단장 축사를 대신하려고 기다리는 참이라고 했다. 이 얼마나 때 묻지 않은 사단장이요, 참모인가.

5.16쿠데타 당시 기자들의 취재활동은 매우 자유로워서 웬만한 부대 이동이나 사건사고쯤은 기자들 가운데서 금세 냄새를 맡기 십상이었지만 기자들은 당시 군사기밀, 안보 등의 이유로 '혹시라도 문제가 될까'봐 기사를 특종 보도하기보다는 '풀'해서 나눠 쓰는 게 통례였다. 쿠데타 하루 전날인 1961년 5월 15일 새벽, 국방부 기자들은 서해 연평도에서 우리 해군들의 바다작전을 취재하기로 예정돼 있어 몽땅 국방부 정훈국의 주선에 따라 연평도로 갔었다. 그리고 그날 밤 늦게 서울로 돌아와 각자 곤히 잠에 빠졌다가 이튿날 새벽에 신문사로부터 전화를 받고, 또는 라디오 방송을 듣고 쿠데타가 난 것을 알게 되었다. 이것이 쿠데타 정보가 누설될까봐 두려워한 쿠데타군의 사전작전인지 아닌지는 지금도 알지 못한다. 당시 국방부 정훈국장이던 이 모 소장은 지금 고인이 되어 더더욱 확인할 길이 없다.

그날부터 국방부 기자들의 처우는 급전 직하되었다. 무슨 일인가 해서 육군본부에 가봤자 기자실에서 변소 가는데도 헌병들이 따라다녔으며, 조금이라도 발을 옮겨 취재를 하려 하면 불벼락이 떨어졌었다. 눈뜨니 하루아침에 세상이 바뀌었다고 하듯, 기자들은 군인들의 안면몰수 처세와 혼동 속에 파묻혀 캄캄

한 나날을 경험해야 했다. 이것도 올챙이 기자시절의 비망록이라면 비망록이다.

일선 경찰기자 시절의 이야기도 남긴다. 지금 생각해도 1959년 자유당 말기의 경찰기자 시절은 괴로움보다 낭만이 더 많았던 것 같다. 정치깡패 임화수 씨가 희극배우 김희갑 씨를 폭행한 사건이 문득 생각난다. 이 사건은 처음에는 영화배우 P씨가 폭행한 사건으로 서울시경에 의해 얼버무려졌다. "분명히 이건 사실이 아닌데..." 싶어 각 사의 일선 기자들이 뭉쳤다. 시경 대 기자들의 '왜곡된 보도'를 뒤집기로 묵계가 이뤄졌던 것이다.

기성 기자들의 권력영합이냐 일선 기자들의 정의감이냐의 다툼 같기도 했다. 우리 일선 기자들은 당시 김희갑 씨가 입원한 병원을 찾아 누구에게 맞았는지를 철저히 취재키로 했다. 어느 날 을지로 백병원 2층 복도에서 김희갑 씨와 꼭 닮은 노인을 만났다. "김희갑 씨가 이 방에 입원해 계시지요?" 하고 묻자 "댁들은 뉘시요?" 하는 것이 아닌가. 옳다 됐구나 하고 병실 문을 열자 김희갑 씨는 깜짝 놀라는 기색이었다. 그 무렵 김씨는 얼굴에 붕대를 잔뜩 감고 갈비뼈가 부러져 운신을 못할 정도였다.

당시 임화수 씨는 연예계의 폭군이요 자유당 정권의 실력자였다. 올챙이 기자들이 "누구에게 맞았습니까? 사실대로 말하시오. 사실대로 말 안하면 당신만 불리하게 됩니다." 하고 다그치자 그는 임씨에게 맞은 사실을 실토했고, 일선 기자들이 이 사실을 소상히 기사화해 권력이 감추려던 폭행의 실체를 낱낱이 폭로할 수가 있었다. 당시 올챙이 기자로서는 "큰일을 해냈다"

싶어 여간 뿌듯하지 않았다. "기자 하는 맛이 바로 이거로구나" 싶을 만큼 희열을 느꼈다고 지금도 자부한다. 이 바람에 시경이 발칵 뒤집힌 것은 물론, 임화수 씨는 구속되기에 이르렀으니까.

지금 반추해보면 기자로서 더러는 분수에 넘치는 대우를 누린 것 같기도 하고, 또 조금은 정의감으로 사회를 바로잡는 데 기여했다는 생각도 해본다. 이 모든 일들이 한갓 부질없는 기억으로만 치부되지는 않기를 바라는 마음이다.

참회의 눈물?

부처님 오신 날, 연등도 달고 부처님에게 경배를 올리려고 산행을 나선 길에 불광동 정진사(조계종)에 들러 연등 접수를 하고 부처님 전에 삼배를 올렸다. 그리고 절을 나서는데 나도 모르게 갑자기 눈물이 펑펑 쏟아지는 게 아닌가. 부끄러워서 옆에 누가 없나 둘러보며 한참 동안 울먹울먹하며 절을 빠져 나오는 순간, 생전의 어머님 모습이 문득 떠올랐다.

살아생전 어머님께 제대로 효도하지 못한 것을 참회케 하는 부처님의 가르침인가 싶어 더더욱 눈물이 쏟아졌다.(생전에 큰 효도는 못했지만 불효도 하지 않았다고 생각했는데) 나는 부처님 오신 날을 기념해서 조그마한 연등이라도 밝혀, 보다 더 지혜롭게 사는 길을 모색하려던 참이었는데 도리어 부처님은 "생전에 어머님에게 효도 잘했는지를 반성하라"고 채근하는 듯하여 참회하는 마음이 들었다.

여태까지 절에 들러 부처님에게 경배를 했을 때 이런 울컥하는 참회의 경험은 한 적이 없어 더더욱 송구스러운 마음이다. 나무 석가모니불! 나무 석가모니불! 나무 시아본사 석가모니불!

요절한 여동생 양자良子의 현몽現夢

나에게는 착하고 예쁘고 공부 잘하여 나무랄 데 없는 막내여동생이 있었다. 초등학교를 나오고 중학교에 진학할 때까지 어머니의 속 한번 안 썩이던 여중 2년생 효녀 여동생이 어느 날 심장병을 앓게 되어 무척 고생을 했다. 그때가 50년대 초였기에 심장병을 수술하고 잘 치료하는 큰 병원도 없었다. 부산 서면에 있던 독일병원(독일인 의사가 진료)까지 가보고 좋다는 약은 다 지어 먹여도 별 효험이 없었다.

그러던 어느 여름날 우리 집 아래채에서 자고 있던 나에게 여동생 귀숙이가 허겁지겁 달려와 "양자가…" 하고 비보를 전하는 게 아닌가. 그후 지금까지 양자 동생은 꿈에도 한번 현몽한 적이 없었다. 그런데 어젯밤 꿈에 그 동생 양자가 나타났나. 신분은 분명히 나의 딸인데 얼굴은 나의 여동생 양자였다.

꿈의 무대는 어느 중류 한옥. 하루는 내가 일찍 퇴근하여 집에 와 있는데 딸이 현관문을 열고 들어선다. 그러면서 "아빠! 나 배고파." 하고 가냘프게 말하지 않는가. 순간 나는 화가 치밀어 그

길로 바로 아내가 일하고 있던 부엌으로 갔고, 아내에게 "여보! 오늘 우리 딸 도시락 안 싸줬어?" 하고 묻자 아내는 실수를 했다는 듯 얼굴이 겁에 질린 표정이다.

평소 같으면 나는 고래고래 소리 지르고 화를 냈을 것이지만 그날은 용하게도 참았다. 그리고 내 방으로 돌아와 자리에 누우면서 한없이 울었다. 그러다가 잠을 깨고 보니 새벽 4시. 진짜 운 것처럼 눈에는 눈물이 가득 고여 있고 베갯머리도 젖어 있었다. 도대체 이 꿈이 무슨 뜻인가?

평소 한 번도 꿈에 안보이던 여동생 양자가 나의 딸처럼 나타나 보이고, 꿈속에선 우리 부부 사이에 다른 자녀는 없고. 나의 짐작으론 이것이 '양자 동생의 지연 양으로의 환생還生', 다시 말해 자신의 재능과 복덕을 모조리 지연 조카에게 주고 있다는 계시로 여겨졌다. 이보다 더 좋은 해석이 있을 수 있을까?

일생을 통해 잊히지 않는 일

다음의 글은 잠결에 또렷이 기억이 나지 않는 누군가가 "일생을 통해 잊히지 않는 일이 있으면 지금 당장 글로 남겨두라"고 현몽하여, 새벽 3시에 잠을 깨고 일어나 쓰는 것이다.

사람은 누구에게나 일생을 통해 잊히지 않는 일이 있다. 나도 팔십 평생을 회고해 보면 딱 잊히지 않는 일이 두 가지 있다. 내가 큰 은혜를 받은 일도 아니요, 크게 남을 도운 일도 아니다. 삶의 길목에서 맺히는 한 가닥 추억이라고 할까.

그 첫째는 내가 5.16쿠데타 후 병역미필로 직장에서 쫓겨나 거의 매일 같이 이웃 기원에서 바둑으로 소일하고 있을 때의 일이다. 그 당시 나는 신촌 어느 셋집에 살고 있었고 신혼 초였다. 아내는 백일해에 걸린 아들(장남)을 밤낮없이 등에 업고 지낼 때였고, 나는 아침 숟가락을 놓으면 기원에서 종일 살다시피했다. 그러던 어느 날 저녁, 집에 돌아오자 아내가 시골에서 숙모와 고모가 다녀갔는데 이분들이 가면서 '쌀 한 가마니'를 사주고 갔다는 것이다. 그때는 그런가 보다 했다. 그런데 팔십이 다되어 가는 이 시점 나에게 '고맙게 여겨지는 첫 번째 기억'이 되었다.

잘 나갈 때는 크게 은혜를 입어도 잘 모른다. 하지만 어려울 때의 일은 이처럼 뇌리에서 떠나지 않는가 보다.

또 한 가지 더 있다. 병역미필을 면하려고 1962년 4월 국토건설단에 자원입대하여 강원도 정선 산골에서 고생할 때의 일이다. 한번은 휴가를 얻어 서울에 나와 명동에서 통일증권 과장으로 있던 박 모 친구 사무실을 찾아갔다. 그랬더니 이 친구가 까까머리에 초라한 나를 반갑게 맞으며, 직원에게 담배 두 갑을 사오라고 시켜서 한 갑을 나에게 주는 것이 아닌가! 나는 지금도 공연히 마음이 센티해지거나 하면 이 생각이 문득 떠오른다.

일생을 통해 내가 남을 도와준 일도 한두 가지가 아니지만, 도움을 받은 일도 한두 가지가 아닐 것이다. 한데 별것도 아닌 그야말로 사소한 정이 오래도록 머릿속에 남아 지난 인생을 곱씹

게 한다. 사람은 누구에게나 '잘 나갈 때'와 '어려울 때'가 있다. 그런데 이 중에서 잘 나갈 때의 일은 거의 기억이 안 나고 어려울 때의 순간이 떠올라 새삼스레 삶을 되돌아보게 한다.

외할머니 사랑

심심해서 TV를 여기저기 돌려보다 보면 〈세상에 이런 일이〉라는 프로그램에 눈길이 머물 때가 종종 있다. 오늘 내용은 할머니와 여고에 다니는 두 외손녀 이야기였다.

할머니는 파지를 주워서 부모가 없는 외손녀 둘을 돌보며 가난하게 살고 있는데, 어느 날 할머니가 교통사고를 당해 입원을 했다. 그러자 두 외손녀는 할머니가 좋아하는 김밥을 만들어 문병을 하기로 하고, 시장 볼 비용을 마련하려고 교복을 입은 채로 할머니가 하던 코스를 따라 파지줍기에 나선다. 그리고 파지를 판 돈으로 서툴게 김밥을 말아 할머니가 입원한 병원으로 문병을 간다. 그리고 이들 외손녀들은 어릴 적부터 한푼 두푼 모아온 용돈으로 1백만 원짜리 수표 2장을 마련, 외할머니 치아를 치료하는 데 보태라며 병실에서 내놓는다.

이런 장면을 보고 감동하지 않을 어버이, 눈물이 글썽이지 않을 어른이 어디에 있겠는가. 세상이 아무리 험하다 해도 이런 맛에, 이런 훈훈한 인정이 살아 있어서 살만한 것이다.

외할머니 얘기를 하자니 나의 외할머니 생각이 난다. 아주 인자하고 고운 분이었던 것으로 기억된다. 그런데 외할머니는 외삼촌 집 살림이 그리 넉넉하지 않아서인지 우리 집에서 지내는 날이 많았다. 하지만 우리 집에 오는 손님은 대개가 김 씨여서, 외할머니는 김 씨 사람들이 올 때면 얼른 뒷방으로 가서 몸을 숨기곤 했다. 아들 집이 다소 부실하여 딸 집에 더러 머물긴 해도 김 씨 사람들에게 자신의 모습을 보이기는 싫었던 모양이다. 그러던 어느 날 외할머니가 몸이 좋지 않다며 집으로 데려다 달라 하여 아들 집으로 간지 며칠 만에 돌아가시고 말았다. 문득 그때 우리 외할머니 얼굴이 떠오르니 눈물이 글썽할 수밖에.

유달산儒達山의 추억

젊은 시절 나는 주로 신문사 사회부(일반 행정과 사건사고 담당부서) 주변을 맴돌면서 세월을 보냈다. 사회부 근무를 하다보면 저녁에는 회식이다 뭐다 하여 술자리를 갖는 일이 잦다. 그래서 자연 귀가시간이 늦어져 밤늦게 택시를 타고 집으로 가곤 했다.

하루는 술이 거나하게 취해 택시를 잡아타고선 나도 모르게 〈목포의 눈물〉을 흥얼거렸던 모양이다. "사공의 뱃노래 가물거리며 삼학도 파도 깊이 스며드는데…" 하고 혼자서 노래를 부르는데 운전사가 다정히 뒤돌아보며 "손님! 고향이 어디시유?" 하고 정겨운 미소를 보내지 않는가. 그 택시 운전사의 고향이 목포여서 운전을 하면서도 목포 고향 손님이다 싶으면 무척 반가웠던 모양이다.

'목포' 하면 지금도 잊을 수 없는 추억이 하나 있다. 70년대 초 언젠가 기자협회 간부들이 목포에서 모임을 갖고 저녁에 유달산 중턱에 있는 요리집에서 술을 한 잔 한 적이 있었다. 자리에 앉자마자 술상이 들어오고 잔을 돌리는 순간, 3인조 악사들이 들어와 넙죽 인사를 하며 '목포 애국가'를 연주하겠다고 자청한다. 그러면서 〈목포의 눈물〉을 전주곡과 더불어 뽑아대던 기억이 지금도 생생하다.

외지 사람들에게 '목포' 하면 먼저 떠오르는 것은 이난영이 부른 가요 〈목포의 눈물〉이요 그 다음은 '유달산'과 '삼학도'이다. 유달산에서 바라보는 목포 앞바다는 무척 다소곳하고 정겹다. 그 가운데서도 '삼학도'는 일품이다. 삼학도는 유달산과 함께 목포의 상징적 존재이다. 옛날엔 배를 타고 건너가 사랑도 나누고 유희를 즐기던 항구의 섬이었다고 하는데 지금은 매립이 되어 육지와 연결되었지만 유달산, 대중가요 〈목포의 눈물〉과 더불어 목포 사람들의 꿈이요 마음의 고향이 되고 있다.

나는 고향이 경상도여서 목포와는 그다지 인연이 없는 것 같지만, 나 역시 술을 한 잔 하면 십팔번처럼 흥얼거리는 노래 중의 하나가 〈목포의 눈물〉이다.

호랑이 영어선생님의 은덕

나는 근자에 와서야 60여 년 전 K중학교 2학년 재학 시절, 호랑이 영어선생님한테서 입은 은덕을 깊이 깨닫게 돼 감사하는 마음이다. 특히 산행을 하는 중에 바람이 불면 문득 미국 시인 윌리엄 워즈워드의 〈who has seen the wind?〉 라는 제목의 시詩를 혼자 읊조리며 감상에 젖곤 한다.

Who has seen the wind?
Neither I nor you,
But the leaves hang trembling,
The wind is passing through

누가 바람을 보았는가?
너도 나도 못 보았다.
그러나 매달려 있는 나뭇잎이 흔들릴 때
바람은 지나간다.

오래 전에 배운 이 시가 지금에 와서까지 잊히지 않는 것은 무슨 연유일까.

중학교 2년 재학 시절, 호랑이 영어선생님은 영어수업 중에 중요한 구문句文이나 외울 필요가 있는 시 등이 나오면 이를 학생들에게 모두 외워오라고 지시하고, 그 다음 시간에 무작위로 학생을 지적하며 외워보라고 명령하였고, 이 숙제를 어긴 학생은 양손을 펴게 하고 대나무 작대기로 사정없이 때려 여간 두렵지 않았던 것이다. 내가 대학진학에 혹은 취업시험 등등에서 조금이나마 영어점수를 좋게 받은 것은 전적으로 이 호랑이 영어선생님의 은덕이 아닌가 생각된다.

돌이켜보면 대체로 개개인의 실력이나 능력의 차이는 종이 한 장 차이일 때가 많다. 이 차이로 삶의 승패가 갈리는 경우를 수없이 보아왔다. 예컨대 세계적인 프로골퍼들도 그린 위에서의 퍼팅 한 번 또는 두 번의 근소한 차이로 한 사람은 자가용 비행기 타고 투어를 다니고, 다른 한 사람은 버스를 타고 다닌다는 말을 들은 적이 있다.

새삼스레 60여 년 전 호랑이 영어선생님이 떠올라 많은 생각을 하게 한다.

후회 없는 선택

나는 1958년 견습기자로 언론계에 투신하여 1995년 정년퇴직을 했으니까 따지고 보면 근 40년을 한 우물에 종사한 셈이 된다. 그리고 내가 줄곧 근무한 곳이 '사회부 계통'이요, 말년에 논설위원실로 옮겨와서도 '사회부 성향'으로 비판하고 고발하고, 구린내가 나는 곳이면 어디든지 파고들어 들춰내는 것으로 큰 보람을 삼아왔다.

"그래야 직성이 풀려서" 라고 표현함이 옳을 것이다. 그러니까 결과적으로 보면 우연히 선택한 '신문기자'라는 직업이 어쩌면 그렇게 나의 개성, 적성適性과 맞아떨어졌는지 지금 와서 돌이켜 생각해도 "나 개인에겐 행운이었다" 라고 밖에 말할 길이 없다.

사람은 누구에게나 태어나면서부터 적성이 있게 마련이며 이 길을 좇아가면 결코 '후회가 없는', 뒤돌아봐도 전혀 아쉬움이 남지 않는 삶을 살았다고 자부할 수가 있을 것이다.

어릴 적부터 신문기자를 하겠다고 생각한 적은 없다. 일제日帝 때 일본 군인들이 행군하는 것을 보고 "나는 장차 옆구리에 칼을 찬 육군 장교가 되어야지." 하고 마음을 낸 적은 있으나, 그 밖에는 장차 나의 직업이나 적성에 대하여 부모님이나 형님 등 어느 누구로부터도 "너는 커서 이런 사람이 되어라."고 말하는 것을 들은 적이 없다. 신문기자가 된 것도 그야말로 우연한 기회였고 이것이 천직天職이 될 줄은 전혀 몰랐다.

대학원 재학시절 "나는 장차 교수가 되겠다"는 꿈을 가지고 있었지만 가세가 기울어 어려워졌을 때 우연히 신문에서 '견습기자 모집' 광고를 보게 되었다. 하숙비라도 벌자는 마음에 응시한 것이 다행히 합격이 되어 근 40년의 인연을 맺게 된 것이다.

대학원 졸업 후에는 지도교수의 추천으로 D대학 정치학과에서 '비교정부론' 강의를 맡았었다. 그때나 지금이나 대학강사 월급이래야 뻔하지, 생활이 안 되어 전전긍긍하던 중 신문기자가 되니 "옳다, 이젠 살았구나." 했다. 그리고 그때부터 한동안 겸직을 하며 뛰었다. 그러던 어느 날 교수 대기실에서 당시의 저명한 L교수가 테이블 앞에 놓인 나의 고급담배를 보고 "김 선생, 담배 하나 피웁시다."고 말하는 것을 보고는 문득 "대학 교수의 길을 걷다가는 초년에는 밥도 제대로 못 먹겠구나."하는 생각이 머리를 스쳤다. 그 후로도 일정 세월 겸직을 하다가 신문기자직을 결국 선택했던 것이다. 지금도 이 선택에는 전혀 후회란 없다.

나의 강직한 성격과 신문기자라는 직업이 너무나 어울리고, 더구나 사회부 계통에선 구린내 나는 곳을 고발할 기회가 많아 너무나 나의 생리에 맞았다. 그리고 줄곧 사회부에서 잔뼈가 굵어졌으며 그런대로 나의 인생관을 펼치고 살 수 있었던 게 얼마나 다행이었는지 모른다. 물론 기자 생활 도중에 세월이 급변을 거듭해 다른 직업을 선택할 뻔한 기회도 있었고, 타천으로 직업을 바꿀 계기도 있었다. 하지만 그때도 지금 생각하면 '공교롭게' 타이밍이 어긋나는 등의 상황에서 언론계를 떠날 수 없었으며, 지금 생각하면 이것이 알게 모르게 언론계 40년의 외길 인생을 살게 하는 결과가 되었다고 생각한다.

내가 기자직을 선택하던 50년대 말에는 선택하고 싶은 직업군群이 그리 많지 않았다. 대학에 다니면서 문과의 경우 기껏 넘겨보는 것이 사법시험이요 이것이 적성이 아니면 공무원시험, 은행, 신문사 등이 고작이었다. 사법시험은 1년에 10명 내외가 합격하는 정도였으니까 웬만해선 엄두도 못냈다.

지금의 세계적 기업인 삼성三星, 현대現代도 당시는 중소기업 수준이었고, SK · 한화 · 한진 · 두산 같은 오늘의 대기업 군은 있지도 않을 때였다. 그래서 대학에서 추천하는 직종도 지극히 제한적이었다. 부모의 억지 권유로 의과대학에 진학했다가 해부학 실습시간에 쇼크를 받아 오줌을 싼다던가 하여 자퇴하는 해프닝, 이런 경우도 부모가 자식의 좁은 취업문을 염려하여 미리부터 '안전직'을 선택하게 한 데서 파생된 넌센스였다.

이런 해프닝은 견습기자 과정에서도 왕왕 빚어졌다. '사츠마와리'(경찰서 돌기의 일본말)라 하여 일선 경찰서에 드나들며 취재훈련을 하는 견습과정이 있는데, 한 동료는 형사가 강도 잡으려고 잠복하는 곳에 같이 잠복근무를 하는 등 신문사에 며칠씩 출근도 안하다가 야단이 나 신문사를 자퇴한 경우도 있다. 그런가 하면 현역 모 탤런트의 경우는 시골서 상경하여 취직을 하려다가 뜻을 이루지 못하고 실망하여 공원 벤치에 우두커니 앉아있던 중 바람에 날려오는 신문을 보다가 거기에 난 탤런트 모집광고를 보고 그 길로 방송국에 응모하여 오늘의 대 탤런트가 됐다는 얘기도 있다. 물론 이런 경우는 지극히 예외적인 얘기지만, 직업이란 그것이 사회에서 우대를 받든 천대를 받든, 자기가 남보다는 잘하는 타고난 '적성適性'에 맞춰 선택해야 하며, 부모나 자신은 이 적성을 개발토록 노력하는 것이 성공의 또는 삶의 지름길임을 알아야 한다. 그래야만 남보다 한발 앞설 수도 있고 성공할 수도 있으며 이 다음 정년퇴직을 한 후에도 후회를 않게 되는 것이다. 그러지 않고 남들이 선호하는 직종이라 하여 이른바 '성적'에 맞춰 선택을 했다가는 결코 성공하지 못하고 중도에 낙마하는 경우가 비일비재하다.

같은 적성, 같은 조건일 때는 "누가 조금 더 노력하느냐?"가 성공의 관건이 됨은 물론이다. 이름이 기억 안 나는 일본의 한 저명 저널리스트는 "기자라면 일생을 통해 책을 3권은 내야한다"고 갈파한 글을 읽은 적이 있다. 단순히 밥벌이로 'reporter' 직에 종사하는 것이 아니라 넓은 의미의 'journalist'가 되어 자기가 체험한 세상을 책으로 정리해낼 수 있어야 된다는 것이다.

예전 내가 기자생활을 할 때는 누구나 '독립된 journalist'라는 인식이 강했다. 어느 특정 언론사의 누구 누구가 아니라 적어도 자기 스스로 생명력을 갖는 저널리스트여야 한다는 의식이 있었다. 편집국장, 사회부장을 한 사람 스카웃하면 그 분이 자기와 색깔, 취향 등이 비슷한 기자를 몇몇 골라 함께 데려가는 모습도 왕왕 눈에 띄었다. 심한 경우는 어느 편집국장에겐 어떤 컬러의 기자가 따라다닌다는 설이 나돌곤 했을 정도였다. 그만큼 어느 언론사 소속보다는 자신의 컬러를 엄연히 갖고 있는 '독립된 기자'이어야 했다는 말이다.

근년에 나는 이런 성향과는 전혀 다른 어느 특정 신문사 기자들의 모습을 보고 적잖이 실망한 적이 있다. 자기 회사 사장이 탈세 등의 혐의로 검찰에 소환되어 가는데 검찰청 입구에 두 줄로 늘어서서 박수를 치며 "사장님! 힘내세요." 하고 큰 소리로 격려(?)를 하던 모습 말이다.

저널리스트는 일반 기업체의 회사원과는 엄연히 그 입지가 다르다. 또 달라야만 독자가 원하는 글을 전하고 남길 수가 있는 것이다. 그렇지 않고, 자기 회사가 하는 일은 무조건 다 옳은 것으로 치부한다면, 지각 있는 독자는 그 매체와 그 매체에 속한 저널리스트를 신뢰하지 않을 것이다.

육군에서 '종합학교 출신'이 아닌 '정규사관학교 출신'을 우대하는 것처럼 기자의 자격도 어느 매체든 간에 정식 견습기자 과정을 거친 사람이면 대우하는 관례가 있었다. 그렇지 않고 낙하산으로 편집국에 내려온 경우는 왕따를 당했으며 그 꼬리표가 곳곳에 따라다니곤 했다.

아무튼 지금의 젊은이들은 우리네에 비해 얼마나 행복한 세상을 살고 있는가. 글 하나 쓰려고 조사부를 들락날락하지 않아도 된다. 인터넷의 종합검색창에 들어가면 자기가 찾고자 하는 자료가 왕창 쏟아진다. 또 얼마나 글쓰기 좋은 시국인가. 열심히 매진하여 이 다음에 퇴직하더라도 "내가 왜 기자직을 택했냐?"에 관해 추호도 후회가 없기를 바란다.

틈이 나면 "나는 왜 기자직을 택했나"를 곰곰 자문自問해보라. 기자는 첫째로 '좋은 세상 만들기'의 사명이 늘 가슴 속 깊이 못박혀 있어야한다. 이 점은 정치, 경제, 사회 등 어느 부서를 막론하고 모두 일치된 책무다. 그런데도 기자들 중에는 "기회만 있으면 정계政界로 진출하는 발판으로 삼아보겠다"는 자들이 더러 있다. 나의 경험으로 미뤄, 이런 생각을 가진 후배들에게 충고를 해볼까 한다.

얼굴이 철면피인 사람, 거짓말을 천연스레 잘하는 사람, 도박을 했을 때 큰돈을 잃어도 눈 하나 까딱 않는 사람, 이 세 가지 성품을 천성적으로 타고나지 않은 사람은 아예 정치할 생각을 말아야 한다. 이 세 가지 성품을 못 가진 채 "우선 출세 좀 해 보겠다"는 명예욕으로 뛰어든 사람치고 끝이 잘 풀린 사람은 없다. 심한 경우는 '자살'로 정치의 생生을 마감하는 경우도 봤다.

이와는 반대로 "되는 일 없고 안 되는 일 없다"고 할 만큼 온갖 청탁을 돈과 함께 받아들이고 정치판을 한때 농락한 언론인 출신 정치인도 있었다. 설마 이런 사람을 본보기로 정계에 뛰어들겠다는 사람은 드물 줄로 안다. "기자직이 얼마나 좋으냐" 단순히 연봉만 추구하는 다른 기업체 종사원들과는 그야말로 차원이 다르다. 내가 하는 일이 이 나라 이 사회를 바로 세운다는 자긍심을 언론 아니고 또 어디서 구할 수 있을까.

이렇게 따지고 보면 술이나 즐겨 먹고 허송세월하는 기자는 정말 안타깝다. 지난 날의 경험에 비춰보면 공술이나 얻어먹고 희희낙락하던 선배동료들은 거의 칠십을 못 넘기고 별세를 했다. 기자들 가운데는 애주가 못지않게 '담배 골초'도 많았는데 나의 경험으로는 담배보다 술이 훨씬 더 건강을 해치는 게 아닌가 여겨진다. 정년퇴직을 할 때까지 열심히 이 책 저 책을 두루 읽고, 거기서 얻은 지식을 글로 표현하고, 그렇게 해서 이 사회를 보다 밝게 계도하고, 이보다 더 보람된 직업이 어디 있는가?

나는 지금도 어디서든 간에 직업, 직장 얘기가 나오면 주저 없이 언론계의 '큰 역할'을 강조하며, 이것을 지금도 내 자신이 '굳건한 노년'을 지탱하는 긍지로 삼고 있다.

(위 글은 대한언론인회에서 '퇴역언론인의 회고담'을 모아 출간한다면서 본인에게 200자 원고지 30매를 원고 청탁해와, 2011년 9월 5일 E-mail로 발송한 원고임)

『그때 그 현장, 못 다한 이야기』 책을 보고

2011년 11월이던가? 대한언론인회로부터 원고청탁이 들어왔다. 언론계에 종사하면서 겪었던 일, 하고 싶은 얘기 등 남기고 싶은 얘기가 있으면 200자 원고지로 30매를 써달라는 것이었다. 그리고 올해 초에 책이 발간됐다. 『그때 그 현장, 못 다한 이야기』가 주제, 부제는 〈언론, 언론의 길(1)〉이었다.

제 1권에는 내로라 하는 언론인 60여 명의 글이 실렸다. 그중에는 재직 시절 능력이 있었다 할까 노력형에 운이 좋았다 할까, 부장 · 편집국장 · 주필을 거쳐 사장까지 지낸 사람도 있고, 중도에 언론계를 그만두고 외도를 겪은 사람도 있는 등 그야말로 각양각색이다. 언론계 재임 시절에야 승진이며 전보며 인사 때마다 신경이 쓰이고, 일희일비一喜一悲인들 오죽 많이 했던가.

하지만 이제와 생각하니 한바탕 꿈과 같다. 적어도 나로서는 스스로 얼마나 진실하게 살았느냐가 관건이지, 그밖에 자리가 높고 낮은 등의 커리어는 값어치가 얼마 되지 않는다 생각한다. 내가 이전에 친하게 지내던 친구 · 선배들의 글을 읽어봐도 "아! 그때 그런 일이 있었구나" 하고 회고해 볼 뿐 그 이상의 별다른 감상感想은 떠오르지 않는다. 벌써 머리가 노쇠해졌나.

진짜로 궁금한 것은 '이들이 모두 얼마나 건강하게 여생을 보내고 있는가? 자식들은 다 잘 키웠는가?'에 관한 것이다. 모두가 은퇴한 지금에 이르러 '무엇이 귀貴한가' 하고 생각해보니 첫째는 본인의 '건강'이요, 둘째는 '자식농사의 결실'이 아닌가 생각된다. 나이가 팔십에 이른 지금에 와서 본인의 건강과 자식들의 안전한 미래, 이것 빼놓고 더 뭐가 있는가. 더 엄격히 말하면 '자아自我'도 없는 것이다.

불교의 기본 가르침에 '삼법인三法印'이라는 것이 있다. '제행무상諸行無常, 제법무아諸法無我, 일체개고一切皆苦' 이 가운데 무아無我가 유독 가슴에 와 닿는 까닭은 뭘까. 지금 '나'라고 생각하는 것도 문득 '나'랄 것이 없다는 법리法理에 빠지곤 한다. 나 자신이 없다고 할진대 그밖에 무엇이 귀하며 욕구로 남아 있겠는가. 나는 철학자는 아니지만 그리고 불심佛心이 그렇게 깊지도 않지만 적어도 세속의 허욕에서는 떠났다고 자부한다.

팔십 평생이 '감사합니다'

나의 일생을 회고해 보면, 진짜로 진짜로 '감사합니다', '감사합니다' 이 말 밖에는 더 적절한 말이 없다. 작금 어느 개그 프로에서 '감사합니다 감사합니다'로 엮어가는 대목이 있던데 나는 이것을 모방해서가 아니라 진실로 지나온 일생과 현재를 생각해보넌 그저 감시하다는 말 밖에는 표현할 길이 없다.

나는 초년복初年福이 있었던지 비교적 부유한 시골 가정에서 태어나 초중고 · 대학교육을 원만히 마칠 수 있었다. 결혼을 해서는 2남 1녀의 자녀를 두었으며 이들이 별탈 없이 자란 것도 큰 복이라고 생각한다. 모두 대학교육까지 시킬 수 있었고 그

중 장남은 미국으로까지 유학을 보내 박사학위를 따도록 이럭저럭 뒷바라지를 했다.

자식들이 무난히 성장하여 결혼을 하고 집을 장만하는 등 독립을 하는데도 나름대로 기여를 했다고 자부한다. 지금도 이들 2남 1녀는 모두 6명의 자녀를 두어 열심히 아빠 엄마 노릇을 하고 있는 것으로 안다. 특히 두 며느리들은 이른바 현모양처賢母良妻로 가계를 아들보다 더 현명하게 꾸려가고 있다.

그리고 나는 40년 가까이 근속한 언론계를 정년퇴직한 후 내가 이 사회에 기여한 것보다 훨씬 더 안정된 노후를 누리게 되어 늘 고마운 마음이다. 작금의 세상을 내다보면 곳곳에 얼마나 기구한 일들이 많은가. 이런 것을 불교에서는 모두 전생의 업業(가르마)으로 가르친다. 어쨌든 험난한 세파에 비해 비교적 대과 없이 그야말로 큰 탈 없이 지내온 것은 얼마나 다행인지 모른다.

요즘은 산을 즐겨 타는 것이 일과처럼 돼 있는데 산은 아무나 타나? 우선 산을 타고 싶어도 육신이 건강해야 한다. 팔십 성상星霜의 노후를 산에서 푸른 나무와 더불어 맑은 공기와 더불어 노니는 게 어딘가.

부처님에게 감사하는 마음이 절로 난다. 아침저녁 혼자서 예배를 올리는 것도 그 원동력은 '감사하는 마음'이다. 내일 어떻게 될지는 모른다. 그래도 오늘은 감사하는 마음이 나를 감싸고 있다. 감사합니다, 감사합니다. 주변의 모든 것에 감사하는 마음이다.

기협記協회장 선거와 나

한국기자협회는 1964년 8월 17일 정부의 언론윤리위원회법 제정으로 야기된 언론윤리위원회법 파동의 와중에서 창립되어, 지금은 한국신문협회, 한국신문편집인협회와 더불어 당당히 3대 언론기관단체로 꼽히고 있다. 기협은 창립 이후 회원들의 권익옹호와 처우개선에 주력했음은 물론 '언론 자유'라는 큰 틀에서도 적잖은 몫을 했다고 본다.

민주언론 수호를 위해서 1971년 4월 언론자유수호선언, 1973년 언론자유결의, 1974 자유언론실천 등의 활동을 했다. 1964년 11월엔 월간 『기자협회보』를 창간했으며, 1966년 5월에는 국제기자연맹(IFJ)에 가입했다. 기자협회보는 1968년부터는 주간週刊이 되었다가 1973년 3월에는 폐간의 고초를 겪는 등의 수난 끝에 현재는 다시 주간으로 발행되고 있다. 계간季刊 『저널리즘』도 1969년 11월 창간되었으나 1980년 7월 폐간되었다가 1988년 11월 다시 복간되는 등의 고난을 겼었다.

이런 과정을 겪으면서 한국기자협회는 이제 명실공이 기자들의 권익옹호와 언론자유의 수호신으로, 일선 기자들에게 여러모로 방패막이 구실을 하고 있는 것이 사실이다. 이 단체의 초대회장인 이강현 씨(작고)는 4.19의거 전초지인 마산 3.15부정선거 규탄 학생 데모 때 당시 야당지인 동아일보 사회부 차장으로서 자유당의 선거부정을 낱낱이 파헤치는 등 필명을 날렸다.

이런 이유로 해서 기자협회 초대회장에 추대됐으며 그 후로는 정치부, 경제부, 사회부 등 취재부서에서 뜻있는 기자들이 자천타천으로 회장 선거전을 펼친 것으로 안다. 그런데 불초 본인이 사회부 기자 사회에서 기자협회장 후보로 거론되곤 했던 것은 출입처 등지에서 군사정권을 향한 '바른 소리', '아픈 소리'를 자주 하여 이것이 '기협 회장감'으로 회자되곤 한 것으로 알고 있다. 그렇게 해서 1968년이던가? 나는 기협 5대 회장선거에 나섰으나 후보 3명 가운데 꼴찌로 낙선했다. 투표권을 가진 대의원은 당해 신문사의 기협 회원 숫자에 따라 배분되어 전국적으로 1백 명을 약간 넘곤 했다. 제주도 지방지에서 비행기를 타고 상경하는 대의원을 상대로는 각 후보의 선거참모들이 서로 경쟁적으로 예약해둔 호텔로 모시기도 하고, 비록 규모가 작긴 해도 선거는 선거여서 곳곳에 선거비용이 뿌려지기도 했다.

그리고 이듬해는 가정의 우환으로 쉬고, 1970년 7대 회장선거에 다시 도전했다. 그때는 내가 중앙일보 사회부 차장으로 재직해, 당시의 홍진기 사장이 나를 부르며 "회사에서도 밀어줄 테니 열심히 뛰어보라"고 격려하며 지프차 한 대를 선거용으로 내주기도 했다. 그렇게 해서 그해는 후보자 3명 중 최다득표를 했다. 최다득표라 해봤자 과반수를 넘는 후보가 없어 3위 후보자만 탈락시키고 1, 2위자로 결선투표를 해 간신히 당선이 됐다. 비록 규모는 작지만 이 두 차례의 선거를 치르면서 나는 내가 낙선했을 때나 당선됐을 때나 개표직전까지는 '내가 1등' 일 것으로 '확신'을 했다는 것을 알았다.

선거라는 것은 크든 작든 후보자를 들뜨게 하거나 오신誤信케

하는 분위기가 산재해, 후보들은 더더욱 제 잘난 맛에 파묻히게 마련이다. 비록 작은 선거이긴 하지만 두 차례에 걸친 기협회장 선거를 통해 인생을 요모조모로 많이 배우고 터득한 것은 큰 경험이었다고 말하고 싶다.

나는 누구인가?

나이가 팔십 고개를 넘고 보니 새삼 '나는 누구인가?' 돌이켜 보게 된다. 나의 이 반추反芻는 첫째 나를 위해, 둘째 자손들에게 나의 정체政體를 알리기 위해서이다.

나의 천성은 '정의감正義感'으로 단단히 뭉쳐있음을 자부한다. 물론 좁은 의미에서 스스로에게 말이다. 의사義士나 투사처럼 광의廣義로 표출하지 못한 것은 유감이나 이는 가장家長이라는 책무에 지나친 비중을 뒀기 때문이라고 생각한다.

하지만 성장과정에서는 별로 깨닫지 못했다. 그냥 '무슨 일에선 거짓말은 안하는 성격'쯤으로 이해해 왔다. 그리고 사회생활은 언론계, 특히 편집국 사회부 계통이 주 무대였고, 항상 비판하고 고발하는 것이 주된 임무여서 그저 적성에 맞는 업무라고 생각해왔을 뿐이었다. 그리고 일생을 통해 '의롭지 않은 돈은 탐하면 안된다'는 체험을 여러 번 해서 나의 천성인 '정의감'이 한층 공고해졌는지도 모른다.

의롭지 않은 공돈이 생기면 반드시 신상 혹은 가정에 달갑지 않은 일이 생기고, 결국 그만큼의 돈을 쓰게 된다든가, 이와는 반대로 뜻밖의 손재수損財數를 당하면 그 뒤 어느 날 뜻하지 않은 이득이 돌아오는 경험을 여러 차례 해왔기에 나는 올바르게 사는 생활, 다시 말해 항상 '정의감'을 내 마음의 중심으로 삼고 살아왔다고 자부한다.

이런 나의 생활 모토로 인해 부처님의 가르침에 심취하게 되면서 더욱 나의 여생을 편안하게 하고 있다고 믿는다. 그래서 불교의 초보적인 가르침인 '탐진치貪瞋痴'도 비교적 쉽게 생활화할 수 있지 않았나 하는 생각해보는 것이다. 지금도 돈 때문에 죄를 짓고 구속되는 정치인, 고위공직자들을 보면 "어째 저리도 부끄러운 짓을 하는가" 하고 연민憐憫의 정情까지 느껴질 때가 있다. 남의 일에 도리어 내가 수치심을 느끼기도 하고 말이다.

이렇게 살다보니 자연스레 남과 이해관계로 다투는 일은 별반 없다. 자존심 때문에는 더러 다투기는 했지만 말이다. 40여 년의 언론계 생활 동안 고소告訴 한 번 당한 일 없고, 고소한 일도 없다. 그러니까 일생을 통해 경찰, 검찰은 나와는 무관한 곳이었다.

이런 내 삶의 소신所信을 팔십 고개를 넘긴 지금도 자랑스럽게 생각하며 2남 1녀의 자녀들에게도 기회가 있을 때마다 "의롭게 살라, 욕심내지 말라"며 가훈家訓처럼 당부하고 있다. 지나고 보니 참으로 '떳떳한' 생애가 아닌가 싶다. 나의 아들 딸, 손자 손녀들은 이 점을 명심했으면 한다.

음력으로 팔십이 되는 설날에

내가 우리나라 나이로 80세가 되는 날이 오고 말았다.

아침 9시 강남에 있는 장남 집에 가기로 되어 있었는데, 새벽 4시 눈이 떠져서 시간이 많이 남아 부처님의 계시인줄 알고 〈나의 회고담〉에 이 글을 보탠다.

솔직히 말해서 나는 오늘까지 팔십 평생을 그다지 후회할 일 없이 살아왔다고 자부한다. 유년 시절은 부모님 덕분에 비교적 유복하게 보냈고, 대학 과정도 그런대로 마쳤다. 그리고 약 40년의 언론계 생활 또한 무난히 보냈지 않았나 싶다. 결혼해서는 슬하에 2남 1녀를 두어 모두 무난히 짝을 지어주는 등 나름대로 부모의 의무를 다했다고 생각한다. 지금까지 모두 제대로 잘 살고 있는 것을 보면 그렇게 판단해도 대과는 없을 줄로 안다.

요즘 나의 일과는 아침에 컴퓨터를 켜고 블로그에 글을 쓰고, 오후에는 운동을 하는 것이 거의 전부다. 꾸준히 하루도 빠트리지 않고 산행과 공원 산책을 하는 등 운동을 일과로 삼은 것은 '죽는 날까지 건강하게 살기 위해서'이다. 내 의사와 상관없는 아내와의 별거로 인해 혼자 살다보니 건강을 더욱 챙길 수밖에 없다.

그런데 사람의 욕심이 그런 것인지 요즘은 대학 4년생인 장손 도현군의 장래를 은근히 걱정하게 된다. 솔직히 말해 이것은 할아버지의 소관은 아니지만 오래 살다 보니 장손의 장래도 걱정하게 되는 것이 인지상정人之常情인가 보다. 마침 오늘은 우리의 명절 설날이니 장남의 집에서 세배를 받게 되었다. 나는 그 자리에서 장손에 대한 소망을 피력할 작정이다. 다행히 우리 집엔 두 며느리가 모두 현모양처賢母良妻여서 자질구레한 근심은 하지 않는다. 하지만 할아버지의 '염려'가 없을 수는 없다. 세배를 주고받는 자리에서 내 평소의 노파심을 한껏 말해야겠다고 마음을 먹고 그대로 실천했다. 정말 장손이 잘 되기를 바라는 마음에서 말이다.

영산 할머니

나에게는 영산靈山 할머니에 관한 추억이 어렴풋이 남아있다. 나는 취학 전 6, 7세 때 할머니 집에서 자랐다. 우리 집에 식구가 너무 많기도 하고 할머니의 생계를 도울 겸해서 나를 할머니 집에서 양육토록 맡긴 듯하다. 할머니는 우리 할아버지 6촌 동생의 아내로, 남편이 별세한 이후로 삯바느질 등으로 어렵게 생계를 이어간 것으로 기억된다.

할머니에게는 형권이라는 이름의 아들이 있었는데, 이 아저씨는 일제시대 때 부산의 한 일본인 대형약국에서 종업원으로 일한 경력이 있다. 해방 후에는 '약종상 면허'를 취득해 우리 집과 가까운 영산에서 개업을 했다. 그 뒤부터 할머니는 '영산 할머니'로 불리게 되었고, 그곳에서 돌아가셨다.

할머니의 남편은 과거 상당한 재력가로 '지폐로 뒤를 닦기도 했다'는 일화가 전해올 정도였다고 한다. 그런데 나는 할머니 집에 살면서 늘 겨울에 방이 차다는 생각을 했다. 그래서 인근 50m 거리에 있는 우리 양조장에 많이 쌓여있는 장작개비를 어린 몸에 두서너 개씩 할머니 집으로 날랐던 모양이다. 할머니는 이런 나의 모습에 감동해 "짐승을 거두면 은혜를 갚고 사람을 거두면 악물惡物이 된다던데" 하며, 나의 장작개비 운반에 눈물을 씻으시고 여느 자리에 앉을 때마다 나를 자랑하던 기억이 떠오른다.

그 후 나이가 들어 대학생이 되어서도 방학 때 집에 오면 어머니가 "영산 할머니 댁에 가서 인사하고 오라" 하여 영산 아저씨의 '소생약국'에 들르곤 했는데, 그때마다 어찌나 반가워하시는지. 그러다가 할머니가 돌아가신 후로는 나도 모르게 발걸음이 뜸해져 지금은 거의 내왕이 없다.

임진강

우리 집안은 고향이 모두 경상도 남녘이어서 임진강을 그리워하거나 임진강 노래를 부르며 향수를 달래는 사람은 없다. 나도 여태껏 임진강을 한 번도 가본 적이 없다. 그런데 내가 어릴 때 친척 중에 술만 한 잔 했다하면 임진강 노래를 구성지게 부르는 아저씨가 한 분 계셨다.

"임진강 얼음장에 팽이 치는 아해야 / 삼각산 가는 길에 백설이 쌓였더냐 / 새파란 손을 꼽아 따져보는 그 세월 / 굳세게 빛나거라 사나이 별빛…"

대충 이런 내용의 가사로 기억된다. 하지만 이북, 특히 평안도를 고향으로 둔 사람들에게는 여간 그리운 노래가 아닐 것이다.

최근 일본영화 〈박치기〉의 주제곡으로 쓰여 국내에서도 제법 알려진 북한 노래 〈림진강〉 1절에는 남쪽 고향을 향한 사무치는 마음이 담겨 있다.

"림진강 맑은 물은 / 흘러흘러 내리고 / 뭇새들 자유로이 넘나들며 날건만 / 내 고향 남쪽 땅 / 가고파도 못 가니 / 림진강 흐름아 / 원한 싣고 흐르느냐."

그리움은 쌍방향으로 흐르는 법. 쌍방향으로 흐르던 실향과 이산離散의 아픔은 임진강에서 만난다. 해마다 임진각 망배단에서는 실향민들의 합동 차례가 거행된다. 숭조崇祖와 사향思鄕이라는 네 글자가 북녘 고향을 향한 그리움과 피붙이에 대한 애틋함을 담고 있다. 이곳과 저곳 사이에 놓인 것이 자유의 다리건만 진정한 자유는 실향과 이산의 아픔이 없는 곳에나 깃들까.

남북 모두 '설'이라는 전통의 명절 이름을 되찾아 휴일로 지정한 것은 1989년부터이다. 남쪽에서는 방앗간에서 갓 뽑아온 가래떡을 썰어 떡국을 끓인다. 북에서는 장국에 가래떡을 썰어 넣거나 온면을 만들어 먹는다던가. 요즘은 김일성 주석과 김정일 국방위원장의 동상이나 대형 모자이크를 찾아 경의를 표하는 것이 주된 행사라고 한다.

북녘과 남녘의 설 풍경이 다를지라도 다른 한 켠에서는 아픔을 달래야 하는 이산가족 문제는 걱정이다. 정부의 이산가족정보통합시스템에 따르면 상봉 신청을 한 이산가족 12만8787명 중에서 생존자는 현재 7만4844명이고 평균 연령이 77.89세라고 한다. 지난해 설 즈음에 비해 4천여 명이 유명幽明을 달리했다고 한다.

이산가족들은 정치적 상황에 예민하다. 특히 최근처럼 북녘이 한바탕 전쟁을 해보자고 미쳐 날뛸 때는 더더욱 그렇다. 따지고 보면 이산가족 상봉은 지난 5년간 겨우 두 차례 있었고 2015년 10월에 다시 열리기를 기다리고 있다. 이산가족들의 아픔을 남녘 사람들이 깊이 알 리는 없을 터이다. 그래서 같은 〈임진강〉 노래를 불러도 그 맛은 전혀 다를 것이 당연하다.

사느냐 죽느냐 그것이 문제로다

"To be or not to be, that is a question!"

6.25동란으로 천막촌에서 공부하던 고교 1학년 시절, 영어선생이 혼자 이 구절을 읊으며 "무슨 뜻이냐?"고 학생들에게 물었을 때 모두 어리둥절해하자 몽둥이로 마구 매타작을 하며 그 뜻을 가르쳐주던 기억이 생생하다. 우리말로 직역하면 "사느냐 죽느냐 그것이 문제로다" 이런 뜻이다.

이 말은 영국이 낳은 대문호 셰익스피어(1564~1616)가 남긴 명언 중의 하나로 오늘에 이르기까지 널리 회자되고 있다. 문학에 문외한인 나도 아니까 그럴만하다. 대영제국은 "인도를 다 준다 해도 안 바꾼다"면서 그를 자랑해왔다. 가히 세계가 알아주는 극작가요 시인이다. 그런데 이 대문호가 최근 '악덕 지주이자 고리대금업자였다'는 사실이 밝혀져 화제다.

영국 한 대학의 연구팀이 당시의 법원과 세무기록을 살핀 결과 1598년 2월의 법원 기록을 보면 셰익스피어는 고향 스트랫퍼드 어폰 에이번(Stratford upon Avon)의 대지주였으며, 오랫동안 곡물을 매점매석하고 고리대금으로 부당이득을 취한 혐의로 기소된 적이 있다는 내용이 있었다.

특히 유명 극작가가 되기 전의 기록은 별로 없어 온갖 추측과 이론異論이 더욱 많은 모양이다. 각종 기록을 추적한 결과 그가 런던에서 극작가와 배우로 활동한 1590년대 이후의 삶은 비교적 정확하게 밝혀졌다는 것이 정설이다.

셰익스피어는 부유한 상공인이던 아버지와 지주의 딸인 어머니 사이에서 태어났다고 한다. 태생부터 유족했던 자산가 계급으로 볼만하다. 하지만 그의 성장과정은 자세히 알려진 것이 없다. 그러나 1950년대 초부터 런던에서 시와 극작, 배우 활동으로 유명해졌다. 극단과 극장을 운영하던 런던 여러 곳에 집을 산 기록을 남기고 있다. 또 극장이 문을 닫는 기간에는 자주 고향에 머물며 가족과 가산家産을 돌본 자취가 있다고 한다. 그는 그즈음 스트랫퍼드에 많은 땅을 사들여 흉년과 기근이 잦던 시절에 대비했다고 한다. 하지만 지주들과 소작농 사이의 분쟁에서는 '선의의 중재자' 역할도 많이 했다는 기록이 있다고 한다. 그리고 교회에도 헌신해서 사후 교회묘지 앞자리에 묻히는 예우를 받았다고 한다. 아무리 역사적 인물이라도 그 자취를 쫓다 보면 명암이 엇갈리는 경우가 있는 모양이다.

겐또見當

우리의 말 속에는 아직도 일본어의 잔재殘滓가 더러 남아있는데 특히 건설기술 계통에 그런 말이 많다. 한 예로 '발 받침대'를 '足場(아씨바)' 라고 하는 것 등이 그것이다. '겐또(見當, 미리짐작, 지레짐작)' 라는 일본어도 자주 쓴다. 나는 국어학자가 아니지만 이런 등속의 잔재어는 되도록이면 우리말로 고쳐써야 한다고 생각한다.

얼토당토않은 합성어도 많은데 흔히 쓰는 '와따리가따리'라는 말은 같은 뜻의 일본어 말미에 붙어있는 '…리' 라는 토시를 우리말 끝에 붙인 것이다. 이것은 우리말도 일본말도 아닌, 속어(slang)인 셈이다. 우리말로는 '왔다갔다' 라고 하면 된다. 내가 이런 이야기를 하는 것은 고교시절 실언(?)한 것이 생각나서이다.

나는 고교 2년 말에 부산釜山에서 마산馬山으로 전학을 했다. 당시는 6.25동란 직후로, 모두 천막 교실인데다 교통도 불편하여 집에서 먼 부산보다 가까운 마산을 택한 것이다.

3학년 때의 어느 '옛글' 시간이었다. 교과서는 같지만 부산고교 때의 진도가 약간 빨라 아리송한 단어 밑에는 토를 달아놓았었다. 옛글에는 현대어와 표기는 유사한데 그 뜻이 정반대인 것이 있기 때문이다. 그런데 그 아리송한 옛글 단어의 뜻을 새로 전학간 학교의 옛글 선생은 현대어처럼 거꾸로 해석하는 게 아닌가. 이 순간 나는 나도 모르게 혼잣말로 '겐또見當' 라고 말해버렸다. 이때 우리 반 학생들이 모두 깔깔대며 한바탕 웃는 것이었다. 옛글 선생은 무척 난감한 표정을 지으셨고 수업시간이 끝난 뒤 알고 보니 옛글 선생의 별명이 '겐또'인데 나는 그런 줄도 모르고 선생의 별명을 부른 셈이 된 것이다. 얼마나 민망했던지 지금도 그때를 기억하면 기분이 썩 좋지는 않다. '겐또' 라는 일본말을 그래서 잊을 수가 없다.

막걸리

막걸리 하면 나는 언제나 고향(경남 창녕군 남지)과 선친이 창업한 양조장이 생각난다.

옛날에는 막걸리 보관과 저장 방법이 요즘 같지 못했다. 특히 여름철에는 아침에 사뒀다가 저녁에 마시면 시어서 못 먹기도 했다. 요즘같이 페트병에 든 막걸리를 냉장고에 저장하는 방법은 생각지도 못하던 시절이었다. 순박한 촌노村老들은 5일장에 오면 양조장에 들러 막걸리 한 두 사발로 요기療饑를 하고 소금으로 안주 삼는 것이 고작이었다. 이러던 막걸리가 요즘은 큰 인기를 끌고 있다. 얼마 전까지만 해도 대폿집이나 동네 슈퍼마켓의 냉장고에서 접할 수 있었던 막걸리가 이제는 백화점의 식품점에서도 찾아볼 수 있게 되었다.

아시다시피 막걸리는 우리 조상들의 애환이 서려있는 민족 고유의 전통주다. 막걸리란 말은 조잡하게 거른 술을 뜻한다. 막걸리의 '막'은 '마구' 또는 '함부로'의 뜻을 지니고 있고, '걸리'는 거른다는 뜻이다. 막걸리란 이름 외에도 다른 이름이 많다. 빛이 맑지 못하다고 하여 '탁주' 또는 '탁배기' 라고도 한다. 더러는 막걸리를 나라를 대표하는 술이라고 하여 '국주國酒' 라고도 불렀고, 집집마다 담근다고 하여 '가주家酒', 농가에서 없어서는 안 되는 술이라고 하여 '농주' 라고도 불렀다.

이 막걸리는 독특한 맛이 있다. 오직 막걸리만을 위하여 비장해 두었던 맛처럼 느껴지기도 한다. 막걸리는 다른 술에 비해 열량과 단백질의 양이 풍부해 힘든 일을 마친 뒤의 갈증을 씻어주고 배고픔을 달래주는 기호품이었다. 바쁜 일손을 멈추고 막걸리 한 사발을 들이키면 갈증이 가시는 것 외에 영양분을 섭취하는 효과도 거뒀다. 반 식량이라는 말이 여기서 나온다.

이렇게 좋은 막걸리가 일을 하지 않고 놀고먹는 사람들에겐 속이 더부룩하기만 하고 어울리지 않는 술이었다. 그러니까 우리 겨레가 가난하던 시절 우리에게 꼭 어울리는 술이었다.

지금 막걸리의 인기가 급상승하고 있는 것은 막걸리의 성분이 시대의 흐름과 맞아 떨어지기 때문이라고 한다. 막걸리의 성분을 한번 예찬해 볼까. 막걸리는 알코올 도수가 6% 정도이기 때문에 인체에 주는 부담이 적다. 또 막걸리에는 무기질, 비타민, 효모 등 10여 종의 영양소가 함유되어 있고, 특히 유산균이 많이 들어있어 신진대사에 효과가 있다고 알려지고 있다.

아무튼 이런 막걸리의 인기가 상승해 그 소비가 더 늘어나면 남아도는 쌀 문제 해결에도 도움이 될 것이고, 이 일석삼조의 막걸리가 우리 겨레의 사랑을 더욱더 받았으면 좋겠다.

바랐던 일이 안돼서 '다행'

내가 팔십 평생을 회고컨대 정말 바랐던 일이 성사되지 않아서 오히려 '다행'인 경우가 두 번 있었다.

(이 이야기는 죽을 때까지 밝히지 않으려고 했는데, 마음속으로 '유고집遺稿集'을 준비하는 판이어서 나의 모든 것을 털어놓는다는 의미로 밝혀둔다.)

첫 번째는 1953년 1월에 매우 친하게 지내던 동급생 J군의 '해양대학 입학 대리시험'을 치른 일이다. 당시 나는 학교성적이 평균 90점 내외였고, J군은 70점 대여서 J군의 부탁을 거절할 수가 없었다. J군은 당시 가세가 어려워 학비가 들지 않는 국립해양대학이나 사관학교에 진학할 수밖에 없는 사정이었다.

나는 J군의 간곡한 부탁을 거절하지 못해 그의 요구를 우정으로 실천에 옮겼다. 입시원서를 동시에 접수하여 수험번호를 나란히 받았다. 당시의 시험과목은 국어, 영어, 수학으로 기억된다. 답안지 작성 도중 시험 감독관이 교실을 돌아다니며 "수험 번호와 이름을 먼저 쓰라"고 하여 연필로 썼다. 이런 식으로 국어, 영어시험을 그런대로 치렀는데 수학 과목을 잘못 보아 결과는 낙방하고 말았다. 이야기는 여기서부터 재미있게 전개된다. 이런 일이 있은 뒤 J군은 진해鎭海에 피난 내려와 있던 육군사관학교(27기)에 응시해 자력으로 합격했다. 진해에 있는 해군사관학교는 비교적 좋은 성적을 가진 학생들이 응시했으나, 육군사관학교는 6.25 동란 휴전 직후여서 인기가 없었던 탓이다.

육사 입학을 계기로 J군은 승승장구하여 고교를 같이 나오고 육사에 진학한 동기생 몇 명 보다 훨씬 빠르게 진급하여 그야말로 출세의 가도를 달렸다.(구체적인 계급, 직급 등은 J군의 명예를 위하여 언급하지 않기로 한다.) 이것이 나로서나 J군의 입장에서 봐도 해양대학에 불합격한 것이 천번 만번 잘된 결과를 가져왔다고 믿는다. 만약 대리시험으로 해양대학에 합격했으면 기껏해야 외항선의 항해사, 선장이 고작 아니겠는가.

두 번째는 나 자신에 관한 일이다. 군사정권이 한창 득세하던 1970년대로 기억된다. 모 대기업에서 홍보이사를 언론인 출신으로 물색하고 있다는 정보를 입수하고 자천타천으로 응모를 했다. 당시 나는 군사정권에 거슬러 사고를 낼만한 용기는 없었지만, 군사정권에 시달리면서 언론인 생활을 하는 것이 정말 싫어서 언론계를 떠날 결심으로 전직轉職을 간절히 원했던 것이다.

그러나 한 가지는 알고 둘은 몰랐다 할까. 당시 대기업 역시 군사정권 앞에서는 언론보다 더 꼼짝을 못했으니 대기업 홍보니뭐니 하는 업무가 기대한 대로 안될 것임을 미리 짐작하지 못했다. 그럭저럭 세월이 흘러 결국 나는 그 홍보이사 자리를 얻지 못했다. 당시로서는 실망이었다. 하지만 몇 년의 세월이 흐르고 난 뒤 지금 이대로 언론계에 머물러 있는 것이 나의 처지로는 백 번 낫다는 것을 깨달았다.

옛 속담에 "하루 종일 궁리한다는 게 맞아 죽을 궁리한다"는 말이 있다. 내가 자칫 잘못했으면 이 어리석은 속담대로 헤매다가 '언론계 40년의 외길 인생, 명예로운 종신終身'도 못하고 낙마落馬할 뻔하지 않았나 말이다.

이 두 가지가 내가 간절히 원願한 것이나 원했던 대로 되지 않아 다행이었다는 것이다. 지금 생각해도 내 뜻대로 안된 것이 얼마나 다행인지 모르겠다.

사설社說

'사설社說'은 나에게는 숙명宿命처럼 여겨지는 낱말이다.

8.15 해방 직후 내가 초등학교 4학년 때 우리 집에서 경영하던 시골 양조장에서 처음 '신문'이란 것을 대했고, 그 신문을 통해 '사설'이라는 것을 접하게 됐다. 정치, 경제, 사회, 문화 할 것 없이 쾌도난마快刀亂麻의 논리로 사태를 풀이하고 비판해 나가는 폼이 여간 매력적인 게 아니었다.

어린 나이인데도 '어떤 사람이 이런 사설을 쓸까? 나도 공부를 열심히 해서 사설을 쓰는 사람(논설위원)이 되어야지' 하고 마음을 먹었다. 그러고는 한참동안 이런 '인연'을 잊어버리고 지냈다. 그런데 사람에겐 날 때부터 정해진 그 무엇이 있는 것인가. 학업을 끝낼 무렵, 우연히도 신문사 견습기자 시험을 거쳐 언론계에 입문하게 됐고 말년에는 논설위원, 논설실장으로 언론계를 마무리했다.

지금 돌이켜 생각하면 이것이 숙명이요 크나큰 인연이 아니었나 하는 생각을 지울 수가 없다. 내가 신문기자를 시작할 때는 자유당 말기인 1958년이었고, 세상은 이승만 대통령과 자유당 독재를 규탄하는 데 민심이 한껏 쏠려있는 그런 때였다. 그러니 일본 제국주의에 의해 을사보호조약이 강제로 체결된 뒤 사흘만에 세상에 나온 〈시일야 방성대곡是日也 放聲大哭〉이라는 제목의 황성신문 사설(1905년 11월 20일자)은 심금을 울리고도 남았다.

그 암울하던 시대에 어떻게 민중을 향해 이런 사자후獅子吼를 외칠 수 있었을까? 이런 지사志士들의 정신은 4.19 의거 때 절정을 이루었다고 본다. 치열한 비판정신을 간직했던 그 시절의 대선배들에게 저절로 고개가 숙여진다. 당시는 사설이 '신문의 얼굴'이라 하여 더러 1면을 장식하기도 했다. 신문의 논조, 색깔이 독자층을 좌우하기도 했기 때문이다.

하지만 세월은 흐르고 변하여 사설을 통해 민중에게 사자후를 토하던 시대는 지나갔다. 지금은 "신문의 사설이 신문의 구색 맞추기 '액세서리'로 전락했다"고 혹평하는 학자도 있다. 아시다시피 지금은 다매체多媒體 시대이다. 그리고 인지人智가 발달하여 수많은 매체를 통해 자신의 판단을 내리곤 하여 신문의 사설쯤은 더 이상 여론을 주도하거나 향도向導의 역할을 하지 못하게 된 것이다.

최근의 한국일보 분규 때 사측이 편집국을 봉쇄하여 일부 제작진이 뉴스와 사설까지 연합뉴스로 메우는 사태가 벌어지자, 한 논설위원은 "언론사의 얼굴인 사설을 다른 매체로부터 베끼는 것은 있을 수 없는 일"이라며 개탄했다는 소리도 들린다. 이렇듯 세월이 변하여 '사설'이 한갓 신문의 구색으로 전락한 것은 참으로 유감이다.

하지만 나는 이 '사설'이란 단어에 매료되어 오래도록 신문기자로 그리고 말년엔 논설위원, 논설실장 등의 직함으로 정년퇴직하게 된 것을 '숙명'이요 '영광'으로 생각한다. 그래서 남들은 뭐라해도 각 신문의 사설에는 지금도 눈이 가며 색다른 제목이 있으면 통독을 한다.

무관無冠의 제왕帝王

한참 지난 얘기지만 한때는 신문기자를 '무관無冠의 제왕帝王'이라고 일컫던 시절이 있었다. 내가 현역 생활을 하던 7~80년대만 해도 그랬다. 왜 기자를 일컬어 '무관의 제왕'이라 했을까? 그 옛날 공자孔子가 쓴 중국 고대의 역사서를 『춘추春秋』라고 일컫는데, 당시 공자가 『춘추』를 쓰자 권력을 찬탈한 무도한 왕들이 두려워하여 공자를 소왕素王으로 칭했다 한다. 역사를 기록한 공자를 '흰옷 입은 왕'이라 칭했다는 말이다.

지금은 '무관의 똥파리'라고 비하되기도 하지만 한때나마 기자들에게 '무관의 제왕'이라는 칭호가 붙게 된 것은 그들이 왕조시대에 언관言官·사관史官을 겸했을 것으로 본 데서 기인한 것 같다. 공자는 당시 천하의 도덕이 무너지자 붓을 들었다. 요堯, 순舜, 우禹, 주공周公으로 이어온 왕도정치가 무너지고 신하가 임금을, 자식이 아비를 시해하고 권력을 찬탈하는 세상을 더 방치했다가는 명덕明德의 세상은 요원할 것으로 여겨, 작심하고 역사를 기록하기 시작했다는 것이다.

그 역사서를 『춘추』라 일컬음은 생명이 태동하고 결실을 맺는 봄과 가을이 사계절을 함축할 만하고 또 역사를 기록할 때 '인仁'과 '의義', 봄볕과 가을 서릿발 같은 마음가짐을 잃지 않아야 한다는 뜻을 담았다고 한다. 이 이후로 『춘추』는 역사기술의 표준이 되었다. 그후 세월이 흘러 오늘에 이르면서 신문이 상품이 된 지 오래되었고 또 그것이 어쩔 수 없는 현실이긴 하다. 하지만 언필칭 언론이라고 하는 이상, 신문이든 방송이든 쓰고 말하고 평을 하는 본보기를 『춘추』로 삼아야 할 것이다.

박정희 전 대통령 시절에 J일보의 창간기념일 행사 때 지금도 명성을 얻고 있는 한 논객이 사장 B씨에게 허리를 굽혀 악수를 청하면서 "밤의 대통령 각하"라고 호칭했다는 이야기가 언론가에 나돌아 쓴 웃음을 자아낸 적이 있다.

지금 우리 사회의 일부 언론인 가운데 자신이 '무관의 제왕'이요 자신이 소속된 언론사 사장을 '밤의 대통령'이라 착각하고 사는 사람은 없는지 궁금하다. 자신이 혹여 지난날 역사를 왜곡하는 글을 쓴 적은 없는지 '춘추필법春秋筆法'을 거스른 적은 없는지 곰곰이 반성해야 한다. 역사 왜곡의 죄는 당대로 끝나지 않음을 늦게나마 각성해야 할 것이다.

울 엄마가 생각난다

아침 TV 드라마에서 엄마 생신을 축하하며 케이크의 촛불을 끄는 장면을 보고 갑자기 울 엄마 생각이 났다. 울 엄마는 시골에서나마 부잣집 마님으로 통했다. 이웃들도 엄마를 보며 "성님은 무슨 옷을 입어도 태가 난다"며 칭찬하던 소리가 귓가에 들려오는 듯하다.

그러던 엄마지만 내가 엄마 생신을 축하한 기억은 도통 없다. 우리 엄마에게 생일이 없는 것도 아닐텐데 말이다. 옛날의 여느 엄마처럼 평소 자신에 관해서는 무관심한 엄마였던가.

오늘따라 엄마가 몹시 그리워 이 글을 쓴다.

울 엄마는 슬하에 8남매를 두었다. 나는 아들 4형제 중 셋째이다. 엄마에 대한 기억은 몇 가지 되지 않지만 밤늦게까지 공부를 하면 "몸 상한다 빨리 자라!"고 말씀하시던 기억이 생생하다. 한번도 "공부하라"고 다그치던 기억은 없다. 자식에 관해서는 "그저 건강하면 그만"이라는 게 엄마의 신조였던가 보다. 감기가 들어 열이 조금만 나도 허겁지겁 의사를 부를 정도였다. 학창시절 방학을 하고 대문을 들어설 때면 "구이가?"(나의 이름 '진규'를 어릴 때 '구이'라고 불렀다)하고 버선발로 반기던 기억이 생생하다.

그런 어머니는 1988년 88올림픽이 서울서 열리던 그해에 88세를 일기로 돌아가셨다. 돌아가시기 몇 해 전부터 어머니는 내가 객지에서 보내드린 얼마 안 되는 용돈이라도 그냥 찾아서 쓰는 경우는 거의 없었다고 한다. 큰방 책상 위에 등기우편물을 얹어놓고 동네 아줌마들이 이 등기를 보며 "서울 아들한테서 또 돈이 부쳐왔군요." 하며 부러워하는 소리를 몇 번 듣고야 우체국에 돈을 찾으러 간다는 것이다. 그러면서 이웃 아줌마들이 "성님은 다달이 용돈을 보내는 효자 아들을 두어 좋겠소." 하면, 그 대답은 "자식의 효도는 대체로 그 아이에게 투자한 교육비 양육비와 반비례한다"고 위무했다는 것이다.

최근에 부산 누님한테서 들은 얘긴데 "자랄 때 부모 속을 덜 썩인 자식이 성장해서도 효도를 한다"면서 나를 은근히 칭찬했다는 말을 전해준다. "내가 무슨 효도를 했나?"를 반성하며 어머니가 새록새록 그리워진다. 어머님이 살아계실 적에 비교적 돈이 많이 드는 의료비 등은 거의 내가 자진해서 도맡다시피 해왔지만 그래도 지금에 와선 지극히 미미하게 여겨진다.

어머니, 어머니의 은혜를 기린 노래나 시詩가 얼마나 많은가? 그 가운데서도 어버이날 때 즐겨 부르던 노래가사가 떠오른다. "높고 높은 하늘이라 말들 하지만 / 나는 나는 높은 게 또 하나 있지 / 낳으시고 기르시는 어머님 은혜 / 푸른 하늘 그보다도 높은 것 같아"

이 얼마나 뜻 깊은 가사인가? 나는 요즘도 가끔 "어버이 살아실 제 섬기기를 다하여라…"로 시작되는 옛 시를 생각하며 이따금 어머님 모습을 떠올린다.

내가 자란 고향집

지금도 성묘를 하러 고향에 내려가면 내가 어려서 자란 우리 집에 덩그렇게 큰 마치 문화재같은 대문, 널찍한 위채, 아래채, 매우 넓은 마당이 나를 반긴다. 집 전체 평수가 4백 평 가까운 것으로 알고 있는데, 현재도 인구 2만의 남지읍 주택 가운데서는 내가 자란 이 옛집만이 문화재적 고옥古屋으로 남아있다.

건축년수는 확실히 모르나 내가 태어나기 전에 완공을 했다니까 1930년 전후가 될 듯하다. 내가 초등학교 다닐 때 공부하던 방이며 동네 아이들이 마구 뛰놀던 널따란 마당이 인상적이다. 어느 해던가 수재로 낙동강 물이 범람하여 온 동네가 침수됐을 때는 이웃주민 여러 가구가 가축 등과 함께 우리 집 마당으로 피난 와, 마치 이재민 수용소처럼 북적댄 적도 있다. 이 마당이 설 · 추석 명절 때는 대소간 친척들이 모두 모여 제사를 지내느라고 법석이었다.

우리 할아버지는 3형제 중 막내로, 순서에 따라 차례를 지내다보니 우리 집은 점심때쯤 되어야 차례가 올려졌다. 그리고 그 당시는 가족 친척들이 많아 마당에 덕석을 4장 이상 깔아야 나를 비롯한 미성년 친척들이 차례에 동참할 수가 있었다. 차례를 끝내고 점심때가 되면 일일이 밥그릇을 챙겨 상을 차릴 수 없어 커다란 양푼에 숟가락을 10여 개 꽂아 일찍 오는 사람이 먼저 점심을 먹곤 한 기억이 난다.

지금은 모두가 소가족 시대인데다 친척들도 모두 뿔뿔이 흩어져 그 옛날의 정감情感은 사라졌다. 당시 이 마당에선 제사를 올린 후에 가족 씨름판이 벌어져 친척들이 저마다 힘을 자랑하고 웃음을 자아내던 기억이 생생하다. 요즘엔 장조카 내외가 살면서 그 넓은 마당에 고운 잔디를 입혀 옛 모습은 사라졌지만 흘러간 시절의 추억은 고스란히 남아 있다.

원래 조선집의 마당은 그 기능이 복합적이어서, 집의 구조와 관계된 기능 외에도 당대의 사회경제적 조건과 관련된 기능도 있었다고 한다. 서양집처럼 잔디도 깔지 않고 나무도 잘 심지 않았다. 마당은 일을 하는 곳이기도 했고 벼나 땅콩 등 곡식을 말리는 용도로도 많이 이용되었으니 말이다. 그 옛날의 조선집 마당에선 관혼상제의 의례도 치러졌으니까 한마디로 우리 집 마당은 노동과 의례의 복합적인 기능을 수행했던 셈이다.

지금 와서 생각해보면 숱한 감회들이 떠오르고 문득 친척들의 안부도 궁금해진다.

스트라디바리

나는 고전음악에 문외한이다. 하지만 바이올리니스트인 중형仲兄한테서 '취침 중 귀동냥'으로 익혀 〈멘델스존의 바이올린 협주곡〉 쯤은 처음부터 끝까지 외울 정도이다. 형은 6.25 직전 서울대 음대에서 바이올린을 전공하여 당대의 대가이던 계정식 박사를 사사하여 명성을 얻었다.

형님은 방학 때면 고향집에서 나와 함께 방을 쓰면서 밤새워 바이올린을 연습하였는데 그래서 바이올린 협주곡 등을 수없이 들었다. 당시 형님은 자기가 쓰던 바이올린을 자랑하며 "이 바이올린은 은사이던 계정식 박사께서 교수직을 은퇴하면서 나에게 준 것인데, 이것이 이른바 '스트라디바리'라고 하는 엄청 비싼 바이올린이야." 라고 말하던 것을 지금도 기억하고 있다. 그러나 후일 형님이 돌아가시게 되어 형수님이 형님이 쓰던 바이올린을 부산 광복동 악기점에 팔았는데, 그 값이 형님이 남기고 간 아파트 값보다 더 비쌌다는 소리를 들었다. 이런 연유로 나는 바이올린 '스트라디바리'가 명품인 줄은 안다. 명품 바이올린 스트라디바리는 이탈리아 크레모나 출신으로 바이올린의 표준 모형을 창시한 안토니오 스트라디바리우스(1644?~1737)의 작품이며, 그는 평생 540여 개의 바이올린을 만들었다고 한다.

바이올린 스트라디바리에 필적하는 명기名器는 같은 스승 아래서 성숙한 '안드레아 과르네리(1623~1698)'가 만든 '과르네리'이다. 20세기 최고의 바이올리니스트 '아이작 스턴(1920~2001)'은

"스트라디바리는 사랑해야 하지만, 과르네리는 강간해야 한다"는 알쏭달쏭한 말을 남겼다는 기록이 전해온다.

담배에 얽힌 이 얘기, 저 얘기

나는 6.25 전란이 한창이던 고교 2년 시절에 이미 담배를 배웠다. 당시는 학교 수업도 천막으로 만든 가교실에서 행해져 이래저래 담배를 피우는 고교생이 많았다. 나도 그들의 일원이 되어 줄곧 담배를 피우다가 56세 때 담낭 절제 수술을 받으면서 담당 의사의 강권으로 담배를 끊었다.

물론 대학에 다닐 때도 담배를 피우긴 했으나 종종 금연도 했는데 다른 친구들에 비해 비교적 쉽게 할 수 있었다. 고향집에서 부쳐오는 하숙비와 용돈이 늦게 오면 친구들에게 담배 한 가치 달라고 하기가 싫어 일정 기간 담배를 끊고 지냈던 것이다. 이것이 잦은 습관이 되어서인지 나의 경우에 담배 끊기는 식은 죽 먹기였다.

담배 이야기를 하자니 J일보 재직 시절에 희한한 습성을 지닌 동료 기자 이야기를 해야겠다. 그는 자기 담배를 호주머니에 넣어두고도 친구를 만나면 "어이! 담배 있어?" 하고 손을 내밀었다가 없다고 하면 그때서야 "그럼, 내 것 피워야지." 하며 자기 담배를 꺼내곤 했다. 이것이 화제가 되어 흡연자끼리 "담배 없어?" 하고 묻고는 "없다"면 "그럼 내 것 피워야지." 하는 농담이

널리 유행했다.

그 기자가 진짜 얌체여서 그랬는지 아니면 장난삼아 그랬는지 속뜻은 알 길이 없다. 그렇게 생활 주변에 필수품처럼 통용되었던 담배가 오늘에 와선 '천덕꾸러기'로 전락했다. 이제는 금연이 건강상의 이유 등으로 대세가 되어, 온 세계가 금연구역을 넓히고 담뱃값을 올리는 등 금연바람이 득세하고 있다.

우리나라도 이 대세를 좇아 모든 음식점에서는 담배를 피울 수 없도록 했으며, 공군에서는 흡연자를 조종사 선발에서 배제키로 했다. 서울에서만도 강남대로를 비롯해 광장, 공원, 버스정류장, 학교 주변 등지를 금연구역으로 정하고 목하 다른 지역으로도 확대하는 추세다.

한 통계에 따르면 2015년부터는 서울 전체 면적의 20% 가량이 금연구역이 된다고 한다. 이런 추세는 가히 세계적이어서 실외에 이어 옥상으로, 길거리를 벗어나 특정 지역에서만 담뱃불을 붙일 날도 머지않았다. 하지만 흡연자들을 너무 적대시하지는 말자고 당부하고 싶다. 가뜩이나 팍팍한 현실 속에 담배마저 없다면 무슨 낙으로 살라는 거냐고 항변하는 심정도 이해는 할 것 같다.

돈키호테 회상回想

내가 이 세상에서 태어나 가장 먼저 읽은 소설이 「돈키호테」

이다. 내 나이 열 살 무렵에 나보다 10년 연장이던 큰형님이 어느 날 나를 보고 대뜸 “너! 돈키호테라는 책 한번 읽어 보아라”라고 말한 것을 지금도 생생히 기억하고 있다. 그때만 해도 나는 이 말이 무슨 뜻인지를 몰랐다. 한 번도 소설을 읽은 적이 없었기 때문이다. 호기심에 가득 찬 나는 며칠 뒤 「돈키호테」를 사서 읽어봤다.

지금으로부터 약 4백년 전 스페인 작가 세르반테스가 쓴 「돈키호테」는 영국의 세계적인 대문호 셰익스피어가 쓴 「햄릿」을 능가하는 대작으로 전 세계에 회자되고 있다.

그때의 내 기억으로는 책의 내용이나 뜻을 제대로 알 수가 없었다. 다만 내가 하도 자유분방하게 노니까 형이 던져본 말 같았다. 그때 책의 내용은 다소 황당하고 과대망상적인 그런 내용이었던 것으로 기억된다.

아무튼 나는 큰형한테서 이 말을 듣고 “내가 ‘돈키호테’와 같은 기질을 갖고 있었던가?” 하고 지금도 생각해 본다. 그러던 중 얼마 전 TV에서 새해의 책으로 「돈키호테」가 대화의 장에 올라 무척 관심이 갔다. 소설 중에 가장 기억나는 대목은 돈키호테가 거대한 풍차를 보고 대장군이 쳐들어온다며 자기의 칼을 빼들고 치려고 하는 대목이 아닌가 싶다.

지금의 나는 그런 과대망상적인 사람은 전혀 아닌데 어릴 때 나를 큰형이 보기에 그런 점이 없지 않았던 것 같다. 하지만 나의 청 · 장년시절은 돈키호테의 성격과는 거리가 아주 먼 매우 실리적인 사람이 아니었나 싶다. 오히려 큰형님이 본 어린 시절의 나처럼 돈키호테로 살았으면 또 다른 재미가 있지 않았을까 회상해 볼 수는 있겠다.

아버지의 추억

아버지는 내가 9살 때 돌아가셔서 내게 아버지와의 추억이라 할 것이 별로 없다. 하지만 몇 가지 아직도 아버지를 추억하는 소재가 있다.

내가 6, 7세 때 초등학교에 취학하기 전까지는 사랑채의 아버지 방에서 자곤 했던 모양이다. 그래서 아버지 방 책상머리에 놓인 약용음료 '네오톤(일제 때의 건강음료)'을 자주 얻어 마실 수가 있었다. 당시는 네오톤이 아주 귀한 약용음료였지만 형들은 아버지 방 주변에 얼씬도 하지 못해 그 음료에 손을 댈 수가 없었다고 한다.

또 어머니에게서 들은 얘기가 있는데 한번은 큰형이 여름방학이 되기도 전에 유학하던 일본에서 왔던 모양이다. 어머니는 반갑게 맞이하는데 반해서 아버지는 "너 어떻게 왔느냐?"고 묻고는 형이 어물어물하자 "돈 들여 일본까지 유학시켜 놨더니 공부하기 싫어서 왔구먼." 하고는 그 길로 신발과 양말을 벗게 하고는 일꾼들이 일하고 있는 밭으로 데려간 적이 있었다고 한다.

어머니에게서 들은 우리 아버지는 지극한 효자였으나 자식들에게는 매우 엄격했다고 한다. 하지만 나는 너무 어릴 때 아버지가 돌아가셔서 아버지에 관한 추억이 별로 없다. 그저 자식들에게는 엄격하였고 이재理財에 밝아 돈을 잘 번 것으로만 알고 있다. "너희 아버지는 항상 다섯 배의 장사를 했다"고 어머니는 생전에 자주 회고했다.

일제시대 때 양조장을 운영할 때는 막걸리 1되 값과 쌀 1되 값이 같았는데 쌀 1되면 막걸리 5되를 만들었으니까 외견상 5배 장사를 한 셈이 아니냐는 것이다. 또 2, 3년에 한번씩 드는 낙동강 홍수로 인해 그 이듬해가 되면 강 주변의 땅콩 모래밭이 헐값 매물賣物로 많이 나오곤 했는데 이 매물을 많이 사들여 후일 땅콩 1천 석을 거둬들였다는 것이다. 당시 땅콩 1되는 쌀 5되와 값이 맞먹었으니 5배 장사가 아니냐는 것이 어머니의 논리셨다.

옛말에 아버지의 특기는 대개 외손外孫에게 대물림 되는 경우가 많다고 들었다. 그래서 아버지의 뛰어난 이재 능력이 큰 누님의 차남에게 전수되지 않았나 하는 생각을 종종 해본다. 큰누님의 차남은 부산 해양대학을 나와 외항선을 타다가 외항선 선원들의 인맥을 이용하여 외항선 선박의 각종 일용품을 컴퓨터로 미리 주문받아 조달하는 사업을 해서 크게 성공을 했다고 한다. 이 조카가 외할아버지의 이재를 타고난 것이 아닌가 싶다.

일본 헌법의 집단자위권 해석을 놓고 마치 전쟁을 치를 듯이 날뛰던 자민당 아베 수상도 2차대전 전범인 기시(전 자민당 수상)의 딸이 낳은 외손으로 알고 있다. 아버지의 특성이 아들보다는 딸에게 더 많이 전수되어 그것이 다음 세대로 이어진다는 말이 맞는 것도 같다.

마음을 달래는 가족사진

정년퇴직 후 어느 날 가족사진을 찍고 싶은 생각이 들어서 나의 2남 1녀 가족들을 불러 모았다. 그리고 서교동 어느 사진관을 택해 포즈를 취했다. 멤버는 부부와 2남 1녀, 그리고 며느리와 사위 등 3명, 이들 사이에서 태어난 손자 4명 등 모두 12명이었다.

사진사가 시키는 대로 포즈를 취했다. 사진 아래엔 '1998년 12월 20일'이라고 촬영 날짜를 기입하도록 부탁했다. 내가 만 64세 생일 때를 택한 듯했다. 15년의 세월이 흐른 요즘의 나에게 이 가족사진을 한번씩 들여다보는 것이 큰 낙이요 추억을 떠올리는 계기가 된다.

부부는 가운데 앉고 자식들이 그 둘레를 빙 둘러싸서 찍은 가족사진은 언제 보아도 정겹다. 상해 임시정부 요인들이 김구 선생을 중심으로 함께 찍은 기념사진처럼. 한 가지 유감인 것은 이 사진에 예쁜 두 손녀의 모습이 빠져있는 점이다. 당시엔 두 손녀가 태어나지 않았으니까 도리가 없다. 하지만 명절날 가족들이 다 모였을 때는 두 손녀가 빠진 경위를 누군가가 손녀들에게 설명하곤 한다.

나는 거실 벽에 걸어둔 가족사진을 볼 때마다 '이것이 한 시절 행복했다는 물증이구나' 싶기도 하다. 가족사진에는 절대로 괴로움이나 회한이 앉아 있을 자리가 없나보다. 한 가족을 최대한 평화롭게 담아내는 게 가족사진의 임무 같다. 사람은 늙어가도 가족사진은 늙지 않는다.

1998년 나의 생일 때 어째서 가족사진을 찍고 싶었는지는 나도 잘 기억이 나지 않는다. 다만 한 가족을 찍은 가족사진이 오래오래 기념이 되고 좋을 것 같아 그렇게 했나 보다.

오늘도 이 가족사진을 보며 나는 지난날의 좋은 기억들만 떠올린다.

세상을 향해 쏜 노인의 물총

1판 1쇄 발행 2015년 12월 20일

글 김진규

발행처 새녘출판사 **발행인** 권희준
출판등록 2011년 10월 19일 (제406-2011-000164호)
주소 경기 파주시 미래로 562
전화 02-323-3630 **팩스** 02-6442-3634 **이메일** books@saenyok.com

편집 조옥임 **디자인** 씨오디 **인쇄** 천일문화사

ISBN 978-89-98153-20-5 03810

책값은 뒤표지에 있습니다.
잘못된 책은 구입하신 곳에서 바꾸어 드립니다.

이 도서의 국립중앙도서관 출판시도서목록(CIP)은 e-CIP 홈페이지
(http://www.nl.go.kr/cip.php)에서 이용하실 수 있습니다.
(CIP제어번호: CIP2015033707)